準拠

記入に役立つ！

4歳児の指導計画

CD-ROM付き

横山洋子 編著

ナツメ社

はじめに

　指導計画を立てることは、若い保育者には難しいことかもしれません。今、目の前で泣いている子どもにどう対応すればよいのかで精一杯で、「何とか泣きやんで笑顔になってほしい」という願いはもつものの、そのためにはどのような経験がこの子には必要か、そのためにはどのような環境をつくり、どのような援助をしなければならないのか、などということは、なかなか考えられないでしょう。

　それでも、いやおうなしに指導計画を立てるという仕事は付いてまわります。保育は行き当たりばったりではなく、計画的でなければならないからです。計画を立てて環境を準備しなければ、子どもたちが発達に必要な経験を十分に積むことができないからです。そう、計画は大切なのです！

　では、どうすれば適切な計画を立てることができるのでしょうか。苦労に苦労を重ねなくても、「スルスルッと自分のクラスにピッタリの計画が魔法の箱から出てくればいいのに」「自分が担当してる子どもの個人案が、明日の朝、目覚めたら、枕元に置いてあればいいのに」と、誰もが一度や二度は思ったかもしれません。

　その願いにこたえて、本書は生まれました。どのように考えて書けばよいのか、文章はどう書くのか、個人差にはどう対応するのかなど、難しそうなことを簡単

　に説明しています。年間指導計画から月案、保育日誌、防災・安全、食育計画などの実例を数多く載せました。また、それぞれのページに、「保育のヒント」や「記入のコツ」を付けました。さらに、文例集のページがあるので、自分のクラスにぴったり合う文を選べるようになっています。

　それから、大切にしたのは「子ども主体」の考え方です。これまで、保育園においては、「養護」は保育者の側から書くことになっていました。「養護」は「保育者がするもの」だったからです。けれども本書では、あえて「養護」も子ども主体で書きました。「快適に過ごす」のは子どもであり、子どもは自分の人生を主体的に生きているからです。子どもを「世話をされる存在」としてではなく「自らの生を能動的に生きる存在」としてとらえ、そのような子どもに、私たち保育者がどのように手を差しのべたら、その生を十分に輝かせられるのかと考えることが、これからの保育にふさわしいと確信するからです。また、このような記述により「教育」との統一が図れ、「ねらい」もすっきりと子ども主体で一本化できました。

　本書が、指導計画を立てることに喜びと手ごたえを感じて取り組める一助となることを願っております。

　　　　　　　　　　　　横山洋子

2018年実施 3法令改訂

幼児期の教育が未来の創り手を育てる

幼児教育施設として、未来を見据えて子どもの力を育む必要があります。幼児期での学びの連続性を考えていくことが重要です。

資質・能力の3つの柱とは

今回の改訂で、日本の幼児教育施設である幼稚園、保育園、認定こども園のどこに通っていても、同じ質やレベルの保育・幼児教育が受けられるよう整備されました。「資質・能力」の3つの柱は、小学校、中学校、高校での教育を通して伸びていくものです。幼児期には、その基礎を培います。

1.「知識及び技能の基礎」
豊かな体験を通じて、感じたり気付いたり分かったりできるようになる力です。

2.「思考力、判断力、表現力等の基礎」
1の力を使い、考えたり試したり工夫したり表現したりする力を育みます。

3.「学びに向かう力、人間性等」
心情・意欲・態度が育つ中で、学んだことを活かし、よりよい生活を目指す姿勢です。

●幼児教育において育みたい資質・能力

小学校以降
知識及び技能 / 思考力、判断力、表現力等 / 学びに向かう力、人間性等

保育・幼児教育（幼稚園・保育園・認定こども園）
知識及び技能の基礎 / 思考力、判断力、表現力等の基礎 / 学びに向かう力、人間性等

10の姿を視野に入れて

「幼児期の終わりまでに育ってほしい姿」が提示されています。5領域の「ねらい」「内容」にも含まれていることですが、改めて先の「10の姿」と目の前の子どもを照らしてみると、もっとこの面を育てたいという方針が見えてくるでしょう。そこに、意味があるのです。

だからといって、子どもに欠けている部分を見つけて補強するという考え方は危険です。させられている活動では、身に付かないことが多いからです。子どもが自分からやりたくなるような環境や状況をつくって、発達に必要な経験が自ら積み重ねられるような援助が求められます。

「ねらい」を考える際、これは「10の姿」のどれに関連するのかということを意識しながら、計画を立てていきましょう。

●幼児期の終わりまでに育ってほしい姿

健康な心と体（健康）
充実感をもって自分のやりたいことに向かって心と体を十分に働かせ、見通しをもって行動し、自ら健康で安全な生活をつくり出せるようになる。

自立心（人間関係）
身近な環境に主体的に関わる活動の中で、しなければならないことを自覚し、自分の力で行うために考え、工夫し、やり遂げることで達成感を味わい、自信をもって行動する。

協同性（人間関係）
友達と関わる中で互いの思いや考えなどを共有し、共通の目的の実現に向けて、考えたり、工夫したり、協力したりし、充実感をもってやり遂げるようになる。

道徳性・規範意識の芽生え（人間関係）
してよいことや悪いことが分かり、自分の行動を振り返る。決まりを守る必要性が分かり、自分の気持ちを調整し、友達と折り合いを付けながら、決まりをつくり、守る。

社会生活との関わり（人間関係・環境）
家族を大切にしようとする気持ちをもつと共に、地域の人とも触れ合い、自分が役に立つ喜びを感じる。遊びや生活に必要な情報を取り入れ、判断し伝え合い役立てる。公共の施設の利用を通し、社会とつながる。

思考力の芽生え（環境）
物の性質や仕組みを感じ取り、多様な関わりを楽しむ。自分と異なる考えがあることに気付き、判断したり、考え直したりしてよりよい考えを生み出す。

自然との関わり・生命尊重（環境）
身近な事象への関心を高め、自然への愛情や畏敬の念をもつ。生命の不思議や尊さに気付き、身近な動植物を命あるものとして大切にする気持ちをもって関わる。

数量や図形、標識や文字などへの関心・感覚（環境）
数量や図形、標識や文字などに親しむ体験を重ねたり、標識や文字の役割に気付いたりし、自らの必要感に基づきこれらを活用し、興味や関心、感覚をもつようになる。

言葉による伝え合い（言葉）
絵本や物語に親しみ、豊かな言葉や表現を身に付け、経験したことや考えたことを言葉で伝え、相手の話を注意して聞き、言葉による伝え合いを楽しむ。

豊かな感性と表現（表現）
様々な素材の特徴や表現の仕方に気付き、感じたことや考えたことを自分で表現したり、友達と表現する過程を楽しんだりする。表現する喜びを味わい、意欲をもつ。

アクティブ・ラーニングの視点を

小学校以降の学校教育で、座ったままで教員の説明を聞くというスタイルから抜け出した**子ども主体型の「アクティブ・ラーニング」**が注目されています。保育の場では、子どもは動き回り、遊びの中から学んでいるのですから、十分「アクティブ・ラーニング」をしているといえます。

ただ、自分たちで遊びを見つけて活動しているから放っておいてよいわけではありません。そこでどのように心を動かし、何を感じているかを読み取らなければなりません。その子にとって発達に必要な経験ができているかを確かめなければならないのです。

まず、主体的に関わっているかを確認します。いやいやしているのでは、意味がないからです。誘われた活動でも、そこでおもしろさを見つけて目を輝かせていれば、主体的な取り組みといえるでしょう。積極的に働きかけ、見通しをもって粘り強く取り組んでいれば、よい学びが得られているはずです。

次に、人との関わりを見てみましょう。自分の思いや考えを友達に伝えているでしょうか。相手の気持ちに気付き、話に耳を傾けているでしょうか。力を合わせて活動するよさに気付いたり、みんなでやり遂げた喜びを味わったりする場にしたいものです。さらに、うまくいかなかった場合の様子を見ましょう。すぐにあきらめるのではなく、違う方法を試しながら、遊びを意味あるものとしてとらえる姿勢が、深い学びにつながるのです。

積み木遊びの姿から

 ### 主体的な学び

並べたり積んだりして、形をつくるおもしろさを味わっている。「並べたら電車になったぞ」「周りを囲って家にしよう」とイメージを膨らませ、自分の考えを友達に伝えている。

援助の例
積み木をいくつか出して、並べたり積んだりし、遊びかけの状態にしておく。触ってみたくなる環境にする。

 ### 対話的な学び

「ここが玄関だよ」「うん、じゃあこっちにおふろをつくるね」など、何をイメージしてつくっているかを伝え合いながら遊ぶ。お母さん役、お姉さん役などが決まることもある。

援助の例
トントンとノックして、子どもがつくった家を訪ねて会話を引き出す。イメージを言語化し、両者へ伝える。

 ### 深い学び

「角をぴったりくっつけると、高く積めるぞ」「三角の積み木を二つ合わせたら、四角の積み木と同じ形だ」、「あと四つ、四角の積み木をつなげれば最後までつながる」などと、自ら気付く。

援助の例
「どうして積み木は落ちちゃうのかな？」など、子どもに考えるきっかけを与え、気付きを促す。

小学校との連携

今回の改訂では、小学校との連携・接続も強化されました。**小学校へ入学した子どもたちが、スムーズに小学校教育へと移行できるように、配慮する必要があります。**そのためには、保育者が小学校一年生の生活を理解していること、小学校一年生の教員が5歳児の生活を理解していることが望まれます。お互いに参観しながら、情報交換ができる環境をつくりましょう。「10の姿」の内容を示しながら伝えると、理解が深まります。

また、子どもたちが小学校へ出かけ、児童と交流したり、校内を探検したりすることで不安が軽減され、小学校に親しみをもてるようにもなります。積極的に交流しましょう。

カリキュラム・マネジメント

園では園長の方針の下に、全職員が役割を分担し、相互に連携しながら**「全体的な計画」や指導の改善を図るカリキュラム・マネジメントを進めます。**各種の指導計画も、Plan（計画）－Do（実施）－Check（評価）－Action（改善）という、「PDCAサイクル」を活用し常によりよいものを目指しましょう。

また、「環境を通して行う教育」が基本ですから、人的・物的な環境をいつも吟味する必要があります。子どもたちが興味をもって関わりたくなる空間をつくりたいものです。さらに、園外の人材も積極的に活用し、新たな刺激や専門的な技術からの学びも得られるようにコーディネートします。

はじめに	2
2018年実施3法令改訂 幼児期の教育が未来の創り手を育てる	4
本書の使い方	10

第1章 指導計画の考え方 … 11

4歳児の指導計画を立てるには	12
指導計画はなぜ必要なのでしょう？	14
指導計画の項目を理解しよう	20
年間指導計画の考え方	24
月案の考え方	25
週案・日案の考え方	26
保育日誌の考え方	27
防災・安全計画の考え方	28
保健計画の考え方	30
食育計画の考え方	32
特別な配慮を必要とする幼児への指導の考え方	34
異年齢児保育の指導計画の考え方	36
子育て支援の指導計画の考え方	38
指導計画の文章でおさえておきたいこと	40
4歳児の環境構成	42
4歳児の発達を見てみよう	46
4歳児 保育者の援助の方針	48

第2章 年間指導計画の立て方 … 49

保育園
年間指導計画	52

幼稚園・認定こども園
年間指導計画	54

保育園
年間指導計画文例	56

幼稚園・認定こども園
年間指導計画文例	58
こんなときどうする？ 年間指導計画 Q&A	60

第3章 月案の立て方 … 61

保育園
4月月案	64
5月月案	66
6月月案	68
7月月案	70
8月月案	72
9月月案	74
10月月案	76
11月月案	78
12月月案	80
1月月案	82
2月月案	84
3月月案	86

幼稚園・認定こども園
4月月案	88
5月月案	90
6月月案	92
7月月案	94
8月月案	96
9月月案	98
10月月案	100
11月月案	102
12月月案	104
1月月案	106
2月月案	108
3月月案	110

保育園

4月月案文例	112
5月月案文例	114
6月月案文例	116
7月月案文例	118
8月月案文例	120
9月月案文例	122
10月月案文例	124
11月月案文例	126
12月月案文例	128
1月月案文例	130
2月月案文例	132
3月月案文例	134

幼稚園・認定こども園

4月月案文例	136
5月月案文例	138
6月月案文例	140
7月月案文例	142
8月月案文例	144
9月月案文例	146
10月月案文例	148
11月月案文例	150
12月月案文例	152
1月月案文例	154
2月月案文例	156
3月月案文例	158
こんなときどうする？ 月案 Q&A	160

第4章 保育日誌の書き方 …… 161

4・5月保育日誌	163
6・7月保育日誌	164
8・9月保育日誌	165
10・11月保育日誌	166
12・1月保育日誌	167
2・3月保育日誌	168

第5章 ニーズ対応 …… 169

防災・安全計画① 避難訓練計画	172
防災・安全計画② リスクマネジメント計画	174
事故防止チェックリスト	175
防災・安全 ヒヤリ・ハット記入シート	176
保健計画	180
食育計画①	184
食育計画②	186
食育計画③	188
特別支援児の指導計画①	192
特別支援児の指導計画②	196
異年齢児保育の指導計画 3・4・5歳児混合	202
子育て支援の指導計画① 在園向け	206
子育て支援の指導計画② 地域向け	208
こんなときどうする？ ニーズ対応 Q&A	210

CD-ROMの使い方	211

本書の使い方

1 カラーの解説ページで指導計画を理解

本書ではカラーページを使って、「指導計画の必要性」からはじまり、「年間指導計画」「月案」「防災・安全計画」などの考え方を説明しています。また「項目の理解」「文章の書き方」など、初めて指導計画を立てる保育者の方にも分かるように、イラストや図を使いながら丁寧に説明しています。

2 記入の前に計画のポイントを整理

それぞれの指導計画の前には、子どもの姿をどのように見て、それをどのように計画へ反映していけばいいのかを「おさえたい3つのポイント」として解説しています。さらに各項目に記入すべき内容を、分かりやすく説明しています。

3 「保育園」「幼稚園・認定こども園」別に紹介。CD-ROM付きで時間も短縮

「年間指導計画」「月案」(12か月分) は、「保育園」「幼稚園・認定こども園」に分けて指導計画を紹介しています。「年間指導計画」「月案」には、文例集も付けていますので、多くの文例の中から子どもに即した計画が立てられます。CD-ROM付きですのでパソコンでの作業も簡単。データを収録してあるフォルダ名は各ページに表記しています。

第1章

指導計画の考え方

ここでは「指導計画」が子どもにとってなぜ必要なのか、各項目にはどのように記入していけばいいのかについてまとめています。

4歳児の指導計画を立てるには

自意識が芽生えると共に、周りの人の存在が気になりはじめます。不安や葛藤を感じる一方で、主張が強くなり、友達とのトラブルが増えていきます。子どもの思いに共感しながら、相手の思いにも気付けるように導きましょう。また、想像力や情緒が豊かになる時期。遊びを通して積極的に育みましょう。

自分で判断して行動する

　自分以外の人や物をじっくり見つめるようになると、逆に見られている自分にも気が付きます。つまり、**自意識が芽生えてくる**のです。すると、今までのようなふるまいができなくなり、恥ずかしくなったり、体が固まってしまったりすることがあります。

　また、「こうしたい」という願いをもって行動しようとしますが、「うまくいかないかもしれない」「だれかに何か言われるかもしれない」という不安が生まれ、葛藤を体験することにもなります。

　そのような場面では、保育者が子どもの思いを察知し、共感したり励ましたりすることが大切です。だれにだって不安はあることなどを伝え、タフな心を育てていきたいものです。そして、**だれかに寄り添ってもらった経験**は、困っている人に自分が寄り添うことへとつながるのです。

アニミズムの心

　このころの子どもたちは、**命のないクレヨンやコップ、あるいは花や虫にも、人間と同じように心があると思う幼児期特有の「アニミズム」という思考様式**をもっています。人形に話しかけたり、水をやった花が喜んでいると感じたりするのです。

　また、絵本の世界を存分に楽しみ、登場人物と同化して、喜んだり悲しんだりします。さらに、おばけや海賊など、想像による恐れが増してくるのも、このころです。

　このように、空想力や想像力が大きく育つので、園庭を探検しても、穴を見つけたら「モグラが住んでいるかも」と思ったり、秘密の国の入り口だと考えたりして、おもしろい遊び

へと展開することも多くなるでしょう。

また、自分が安定しているときには、泣いている友達を見て「悲しいんだな」と感じ、ハンカチを差し出すという優しさを表すこともあります。身近な人の気持ちが分かることで、情緒が一段と豊かになっていく時期なのです。

トラブルはチャンス！

4歳児は周りの人の存在をしっかり意識できるようになり、自分のやりたいことも主張するのでトラブルが増える時期です。「ブロックを黙って取った」「何もしないのにたたかれた」など、あちらこちらでトラブルが発生し、保育者の出番は増えるでしょう。その際、どちらが悪かったかと裁判官になってさばいたり、「ごめんなさい」と言わせることが解決だと思ったりすることは避けなければなりません。

トラブルになると、両者共に困っているはずです。まずはその気持ちに寄り添い、「どうしてこうなっちゃったのかな？」と、どちらにも悪気はないものとして、優しく両者の思い

を聞きます。そして、相手の思いにも気付けるようにします。その上で、「じゃあ、こんなときにはどうすればよかったんだろう？」と、どう言えばよかったか、**どう行動すればよかったかを導き出す**のです。

そして、「今日はケンカになっちゃって、ちょっと嫌な気持ちになったけど、こんなときはどうすればいいか、分かってよかったね」と言葉をかけます。子どもたちはトラブルを経験することで、どう行動すればお互いに嫌な気持ちにならず、トラブルを回避できるかということを学んだのです。

そして、人と共に暮らすには、自分だけが楽しさを追求するのではいけない。相手も楽しめなければいけない、自分も相手も納得できるようにするにはどうしたらいいかを、考えなければならないのです。

トラブルを早く解決することよりも、この経験をどう子どもたちの学びにつなげようかと考える保育者の援助こそ、指導計画の中にしっかりと位置付けていきたいものです。

指導計画はなぜ必要なのでしょう？

指導計画とは？

　園には、保育の方針や目標に基づき、保育の内容が発達を踏まえて総合的に展開されるよう作成された「全体的な計画」があります。これは、子どもや家庭の状況、地域の実態、保育時間などを考慮し、子どもの育ちに関する長期的な見通しをもって適切に作成されなければなりません。

　また、その「全体的な計画」に基づき、具体的な保育が適切に展開されるよう、子どもの生活や発達を見通した「長期的な指導計画」と、より具体的な子どもの日々の生活に即した「短期的な指導計画」を作成することも必要です。さらに、保健計画や食育計画なども、各園が創意工夫して保育できるようにつくることになっています。

　長期指導計画（年・期）は、年齢（学年）ごとに一つつくります。同じ年齢のクラスが複数ある場合でも、担任たちが集まって共同で作成します。ただし月案は、クラスごとに一つ作成します。

　短期指導計画（週・日）は、同じ年齢のクラスが複数あればクラスごとに、異年齢児クラスでは各クラスに一つ作成します。クラス担任が一クラスに複数いる場合は、相談してつくります。

　大切なのは、計画のできばえではありません。どんな「ねらい」がふさわしいか、その「ねらい」を達成するためには、どのような「内容」を設定するか、その「内容」を子どもたちが経験するためには、どのような環境を構成すればよいのか、もし子どもが嫌がったら、どのような言葉でどのように対応すればよいのかということを、悩みながら考え、書いては消すという作業をくり返す過程にこそ、計画を立てる意味があるのです。

　経験年数の少ない保育者は、この指導計画作成の過程で、先輩保育者の「ねらい」の立て方や援助の仕方を知り、どのように文章に表現していくかを学ぶことができます。

　ですから、急いでさっさとつくってしまおうという取り組み方ではなく、目の前の子どもの姿を

全体的な計画からの流れ

全体的な計画

園独自の全体計画。園の理念、方針、保育の目標などを一覧にしたもの。

長期指導計画（年・期・月）

「全体的な計画」を実現するために立案する年・期・月を単位とした指導計画。年・期の計画は年齢（学年）ごとに、月の計画はクラスごとに一つ作成する。

短期指導計画（週・日）

「全体的な計画」を実現するために立案する週・日を単位とした指導計画。クラスごとに作成する。

保育園では厚生労働省の「保育所保育指針」を基に、幼稚園は文部科学省の「幼稚園教育要領」を基に、認定こども園は、内閣府と前出2省の「幼保連携型認定こども園教育・保育要領」を基にすべての計画がつくられます。年間計画や月案など何種類もの計画が、なぜ必要なのでしょうか。それらの必要性について、もう一度考えてみます。

しっかりと見つめ、次にどのように援助をすることが、この子たちの成長につながるのかをよく考えることが望まれます。

個別の指導計画を作成する場合もあります。他にも、食育計画、保健計画など、テーマごとに作成する指導計画もあります。

保育園における「養護」と「教育」の一体化

保育園における「養護」とは、子どもの「生命の保持」および「情緒の安定」のために保育者などが行う援助や関わりです。「生命の保持」「情緒の安定」が「ねらい」となっています。一方「教育」とは、子どもが健やかに成長し、その活動がより豊かに展開されるために行う活動の援助です。「ねらい」は、「健康」「人間関係」「環境」「言葉」「表現」の5領域から構成されています。

「養護」の中身を一つ一つよく見てみると、「人間関係」の芽生えであったり、「健康」の領域の活動であったりします。ですから、目の前の子どもが今していること、今育っていることが、どの領域の出来事であるかを分類することに苦心する必要はありません。「養護」と「教育」を一体化したものとしてとらえ、相互に関連をもたせながら、「ねらい」や「内容」を考えていけばよいのです。

● 「養護」と「教育」の関わり

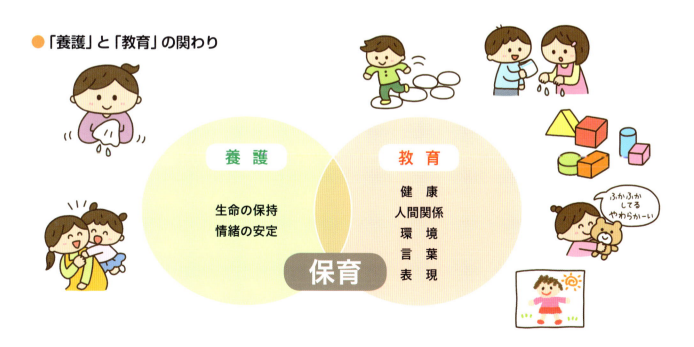

指導計画はなぜ必要なのでしょう？

遊びの中の「10の姿」

「幼児期の終わりまでに育ってほしい姿」は、5歳児後半になっていきなり表れるものではありません。そのようなことが身に付くまでには、ささやかだけれど確かな経験の積み重ねが必要なのです。

子どもが何気なくしている遊びの中から、今していることは一体、何の育ちにつながっているのだろうかと考える習慣を付けましょう。花壇のチューリップに関心をもっていたら、「『自然との関わり・生命尊重』の芽だな」ととらえればよいのです。二つ、三つに関連する場合もあるので、厳密に分ける必要はありません。

そろそろこの面にも気付いてほしいと感じたら、さり気なく環境の中にしのばせ、子どもがその経験ができるよう導きます。5領域を意識すると共に「10の姿」を念頭に置き、子どもの姿を見つめてください。

● 幼児期の終わりまでに育ってほしい姿　（　）は対応する5領域

● 健康な心と体（健康）

やりたいことに向かって心と体を十分に働かせ、自ら健康で安全な生活をつくり出す。

保育の場面　転がしドッジボールに自ら加わり、思い切り体を動かして楽しむ。ボールをよけて転び、ひざに血がにじむと、「手当てしてもらう」と言って、ひざを流水で洗ってから職員室へ行った。

● 自立心（人間関係）

自分で行うために考え工夫し、やり遂げることで達成感を味わい、自信をもって行動する。

保育の場面　砂山にトンネルを掘る。途中、山が崩れてもあきらめず、「そうだ、水をかけて固くしよう」と言ってじょうろを使う。トンネルが貫通すると「やったー！」と満面の笑みで叫んだ。

● 協同性（人間関係）

友達と思いや考えを共有し、共通の目的に向けて協力し、充実感をもってやり遂げる。

保育の場面　三人でペープサートを始める。「私はタヌキとウサギをやるね」と役割を決めた。中で歌を入れることも相談した。お客さんを呼んで演じ切り、三人で顔を見合わせて笑った。

● 道徳性・規範意識の芽生え（人間関係）

自分の行動を振り返り、気持ちを調整し、友達と折り合いを付ける。決まりをつくり、守る。

保育の場面　おうちごっこで、お母さん役をしたい子が二人いた。自分もやりたかったが昨日やったことを思い出し、「いつもやってないAちゃんにさせてあげようよ」と提案した。

●社会生活との関わり（人間関係・環境）

役に立つ喜びを感じ、地域に親しみをもつ。必要な情報を取り入れ、判断し伝え合う。

保育の場面 近くの公園へドングリ拾いに出かける。道で出会う地域の人に「こんにちは」と元気にあいさつする。途中、落ちていた空き缶を進んで拾い、「きれいな町にしよう」と言い合う。

●思考力の芽生え（環境）

物の性質や仕組みを感じ取り、多様に関わる。異なる考えに気付き、よりよい考えを生み出す。

保育の場面 紙でつくった魚にクリップを付け、磁石を付けた竿で釣ることを楽しむ。クリップは磁石にくっつくことを実感。「クリップ二個ならもっと釣れる？」という友達の意見にうなずき、試してみる。

●自然との関わり・生命尊重（環境）

自然への愛情や畏敬の念をもつ。身近な動植物を命あるものとして大切に関わる。

保育の場面 保育者が抱っこしているウサギに、こわごわ触ってみる。「フワフワ」と言いながらなでる。「ここ、あったかいよ」と言われ手をずらすと、ウサギの体温を感じ、びっくりして保育者を見た。

●数量や図形、標識や文字などへの関心・感覚（環境）

数量や図形、標識や文字などに親しむ。それらの役割に気付き、活用し、興味や関心をもつ。

保育の場面 パズルに積極的に取り組み、三角を二つ合わせると真四角になることに気付く。近くにいる友達に「見ててね」と見せ、「ほら、こうするとうまくはまるよ」と嬉しそうに教える。

●言葉による伝え合い（言葉）

絵本や物語に親しみ、豊かな言葉や表現を身に付け、相手の話を聞き、伝え合いを楽しむ。

保育の場面 引っ張る子を見て、「おおきなかぶのまねだ」と言い、「私は、ネズミになる」「ぼくは、ゾウになる」と加わる。「重そうにやってね」と言われ、「うーんとこしょ」と大げさに動作し、笑い合う。

●豊かな感性と表現（表現）

様々な素材の特徴や表現の仕方に気付き、表現する喜びを味わい、意欲をもつ。

保育の場面 段ボール箱をつなげて電車をつくる。セロハンテープを持ってきた友達に、「ガムテープのほうが強いよ」と伝える。「ライトをつくるにはアルミホイルがいい」と提案し、取り掛かる。

指導計画はなぜ必要なのでしょう？

保育者の自己評価

「自己評価」とは、保育者が自分で立てた指導計画に沿って保育をした結果、**子どものどこが育ったのか、それにはどのような援助があったのかを振り返って洗い出してみること**です。よい姿が表れた場合は、援助が適切であったと評価できます。一方、援助が空振りに終わっている場合は、不適切だったと考えられます。

それらの評価を踏まえ、次の指導計画を立案する際に生かしていきます。

PDCAサイクルを確立しましょう。記録を書きながら反省することは、Check（評価）です。「次には、こうしたい」と新たな援助を考えられたら、すでにAction（改善）です。「あの遊具の置き方はよくなかった。他の遊びとの間にもっとスペースをとろう」と遊具を2m移動させるのも、Action（改善）です。さあ、次のPlan（計画）を立てましょう。今日を踏まえ、今週を踏まえ、今月を踏まえ、次からの子どもたちの「もっといい生活」のために、環境も援助も考え直すのです。そして、Do（実践）！ 何と楽しい営みでしょう。目の前の子どもたちにぴったり合う保育は、このようにしてつくられるのです。

☆記録を通して

一日、一週間、一か月などの計画に対応して、子どもの姿を思い浮かべ、そこで見られた成長や、これからしなければならないと気付いた援助などを具体的に記述します。保育者は一瞬一瞬、よかれと思う方向へ判断を下しながら保育していますが、そのすべてが最善であるとは限りません。「あのとき、別な判断をしていれば」と反省することもあるでしょう。そのようなことも、しっかり書き込み、**「次にそのような場面と出合った際には、このように援助したい」**と明記しておくことで、援助の幅を広げられるのです。

● PDCAサイクル

☆ **保育カンファレンスを通して**

　気になる子どもへの援助や、保護者への対応など、クラス担任だけでは行き詰まってしまうことがあります。定期的に、あるいは必要に応じて、**問題や課題に関係する職員が集まって話し合うことが大切**です。

　期や年の評価の際は、同じ年齢を担当する保育者が集まり、計画したことが十分に行えたか、子どもの育ちが保障されたか、援助は適切だったかなどについて、一人一人が具体的に意見を述べ、評価につなげていく必要があります。

園としての自己評価

　園は、保育の質の向上を図るため、保育内容などについて自ら評価を行い、その結果を公表するよう努めなければなりません。その地域の人々から期待された保育ニーズを果たしているのか、保育者等の自己評価などで挙がった課題を把握し、期あるいは単年度から数年度の間で実現可能な計画の中で進めるようにしているかなどを、評価する必要があります。

　施設長のリーダーシップの下に、第三者評価などの外部評価も入れるなど、保育の質を高めると共に、職員一人一人の意欲の向上につながるようにしなければなりません。

　園の自己評価は、なるべく園だよりやホームページなどを利用して、保護者や地域の人々に公開します。そうした行為が、人々との対話や協力関係づくりに役立つでしょう。地域の力を借りながら、地域に愛される園になることが、お互いの生活を豊かにしていくことにつながります。

指導計画の項目を理解しよう

計画表には様々な項目が並んでいます。それぞれの欄に何を書けばいいのか正しく理解していますか？　ここでは各項目に何を書くのかを、イラスト付きで分かりやすく説明します。

　指導計画を書くには、一つ一つの項目を理解し、何のためにそれを書いているのかを意識しなくてはなりません。どこにでも同じようなことを書いていては、意味がありません。

　指導計画の項目は、目の前の子どもの姿をしっかりとらえることから始まります。医師が患者さんの治療方針を立てるときに、まず現在の症状を正しく理解し、それから治すための薬や治療の方法を選んでいく過程と同じです。私たちも目の前の子どもの現在の育ちを読み取り、今月はこのような「ねらい」を立てよう、と決めていくわけです。それぞれの項目は保育者の考えに沿ってビーズを糸に通し一本に流れていくように組み立てられています。月ごとに一つのストーリーを予測しながら記しましょう。

● 月案の場合

保育園

幼稚園・認定こども園

① 前月末（今月初め）の子どもの姿には何を記入する？

現在の子どもの様子を知る

していたことを羅列するのではありません。子どもがどこまで育っているのかが分かる姿を事実として書きます。また、子どもが何に興味をもち、何を喜んでいるのかをとらえます。どのようなときにどのような行動をとるかも書くとよいでしょう。「ねらい」を立てるに当たり、その根拠となる姿であるべきです。
※4月は「今月初めの子どもの姿」となります。

例文
友達と一緒に運動遊びを楽しむ子もいるが、遊びに入りたがらない子もいる。

② ねらいには何を記入する？

子どもの中に育つもの・育てたいもの

「ねらい」には、保育者が子どもの中に育つもの・育てたいものを子どもを主語にして記します。「前月末の子どもの姿」や「期のねらい」を踏まえて導き出します。こういう姿が見られるといいな、という保育者の願いをいくつか書いてみると、「ねらい」にしたくなる文が出てくるでしょう。

例文
気の合う友達と、互いに思いを出し合いながら遊ぶ楽しさを味わう。

③ 内容には何を記入する？

「ねらい」を達成させるために経験させたいこと

「ねらい」を立てたなら、どうすればその「ねらい」を子どもが達成することができるかを考えます。具体的に日々の生活でこのような経験をさせたい、ということを挙げます。

生活と遊びの両面を見ていきますが、保育園では「養護」と「教育」にきっちりと線引きすることは難しいものです。総合的に考え、近いと思われるほうに書いておけばよいでしょう。

例文
円形ドッジボールで、ボールを当てたり当てられたりすることを楽しむ。

④ 環境構成には何を記入する？

やりたくなるような環境を準備する

「内容」に挙げたことを、子どもが経験できるよう環境を整えます。主体的に行動できるような物的環境や時間・空間的な雰囲気などを書きます。

例文

タンバリンやカスタネットを五つずつ準備し、子どもたちの好きな曲が流せるようにする。

⑤ 予想される子どもの姿には何を記入する？

「子どもたちは、どう動くかな」と考える

環境設定したところへ子どもが来た際、どのような動きをするかを予測します。喜んで入る子やためらう子もいるでしょう。「万一こうなったら」と想定して書くと、心の準備ができます。

例文

「さんぽ」の曲に合わせて、足踏みをしたり踊ったり、楽器を鳴らしたりと自由な表現を楽しむ。

⑥ 保育者の援助には何を記入する？

子どもたちに何を配慮して関わるか

子どもが「ねらい」を達成するように、「内容」で挙げた事柄がより経験できるための援助を考えます。予想される負の姿への対策など様々な想定をしておくと援助の幅が広がります。

例文

友達の鳴らし方のよさに気付けるような言葉をかけ、まねをしてリズム打ちなどができるよう関わる。

⑦ 食育には何を記入する？

食に関わる援助を書く

食に対する取り組みは、今後の食習慣を形成していくために重要です。野菜を育てる、バランスよく食べるなどを発達に応じて促し、食は楽しいと感じられる援助を挙げます。

✏️例文
収穫した野菜を食べる機会を設けたり、旬の野菜について知らせたりする。

⑧ 職員との連携には何を記入する？

今月、特に留意する連携について書く

保育はチームプレーです。他の職員との情報交換や仕事の引き継ぎ、分担など、円滑に保育が進むように配慮しなければなりません。通年で心がけることではなく、今月、特に留意する事柄について書きます。

✏️例文
水遊びでは、プールに入る係と、水鉄砲や魚釣りコーナーを担当する係を決めておく。

⑨ 家庭との連携には何を記入する？

保護者と共に子育てをするために

保護者との情報交換や、園の行事などを積極的に行うために伝えておきたいこと、用意してほしい物などを記載します。

✏️例文
朝夕と日中の気温差が大きいので、自分で調節しやすい衣服を用意してもらう。

⑩ 評価・反省には何を記入する？

一か月の子どもの育ちと保育を振り返ろう

月案に基づいて保育を行ってきて、子どもの育ちを感じられたところ、変更した点やハプニングなど、いろいろなことがあったでしょう。それらを記して、今後の改善策を考えたり、来月の保育で心がけたいことを書いたりします。

✏️例文
グループでの製作が多く、保育室だけでは狭かった。廊下や玄関ホールなどを利用すればよかった。

年間指導計画 の考え方

「年間指導計画」は園で作成している「全体的な計画」に基づき、子どもの成長を踏まえて1年間の計画をつくります。各年齢で一つ作成します。

「全体的な計画」を軸に考える

年間指導計画は、それぞれの園の「全体的な計画」を基に、各年齢でその年度にどのような保育を行っていくのかを明記した計画表です。その年齢の発達を踏まえ、一年間の育ちを見通して、「子どもの姿」と「ねらい」「内容」などを記載します。同じ年齢が複数クラスあっても、担当する保育者全員で話し合い、各年齢で一つ立案します。

本書では、一年を4期に分けています。4〜6月を1期、7〜9月を2期、10〜12月を3期、1〜3月を4期とし、それぞれの期にふさわしい「ねらい」「内容」を挙げます。

「ねらい」を立てるには、まず目の前の子どもがどのような姿なのかを把握することから始まります。そのような子どもたちに、**一年後にはどのような姿に育っていることを期待するのかを明確**にし、期ごとにその過程となる「期のねらい」を挙げていきます。そして、その「期のねらい」の姿に近づくためには、どのような環境を設定し、どのような援助を心がけることが大切かを書いていきます。

「内容」のとらえ方

子どもが「ねらい」を達成するために「経験する必要があること・経験させたいこと」が「内容」です。本書では、保育園の計画に「養護」と「教育」の欄を設けて記載しています。従来は、「養護」は保育者が行うものとして、保育者の視点から書かれていましたが、**本書では子ども主体をポイントとし、「教育」と同様に子どもを主語とした文体で統一**しました。「快適に過ごす」ということも、子どもが能動的に生きている延長線上にあるからです。一年間の育ちの道筋を頭の中に入れて、月や日の保育に当たることが肝要なのです。

● 年間指導計画の流れ

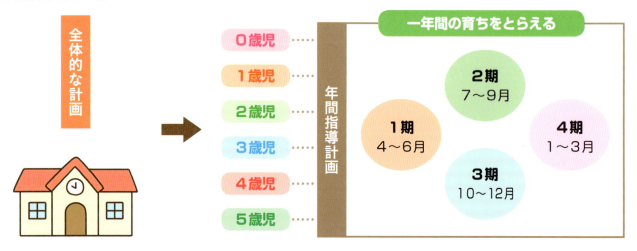

月案 の考え方

「年間指導計画」を基に、クラスごとに月単位で立案します。先月末の子どもの姿をとらえながら、今月のねらいを立て、一か月の保育の展開を考えていきます。

そのクラスならではの月案を

月案は、年間指導計画を基にクラスごとに月単位で立案する指導計画です。クラスの実情に応じて作成するものですから、同じ園の同年齢クラスと違いがあっても当然です。クラスにいる子どもの一人一人の特徴やクラスの雰囲気なども考慮に入れ、クラスに応じた月案を作成することが望まれます。

月案の作成に当たっては、担任全員が話し合って、共通理解の下で立案することが重要です。その月の柱となるわけですから、知らないまま中身を理解しないで保育することは不可能です。同じ方針の下、同じ援助の仕方で子どもに対応しなければ、子どもたちが混乱してしまうでしょう。ですから、**立案の際には前月の気付きを全員が出し合い、情報を共有**して、最善の計画を作成するというチームワークが大切になります。

「予想される子どもの姿」のとらえ方

本書では、まず「前月末の子どもの姿」を最初に挙げ、「ねらい」と「内容」を考えています。そして、その「内容」が経験できるように、「環境構成」を考えて設定します。次に、そのような環境の中で、子どもたちはどのように動き、どのような姿を見せるだろうかと予想します。同じ環境にあっても喜ぶ子もいれば、不安を示す子もいるからです。そして、そのような様々な姿を表す子どもたちに対して、どのように援助するかを記載しています。「予想される子どもの姿」は園の月案の形式により、書いても書かなくてもかまいません。予想に基づいた援助が書かれていればよいのです。

このような**流れで保育を考えることによって、保育者はより鮮明に子どもの動きがイメージでき、その際に必要な援助を考えやすくなる**のです。

● 月案の流れ

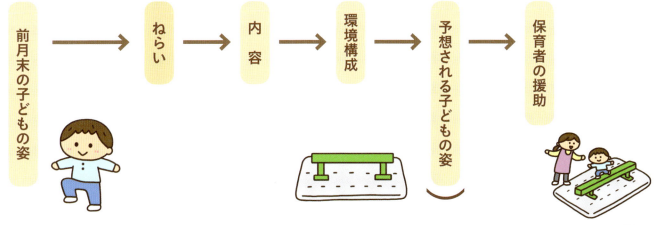

前月末の子どもの姿 → ねらい → 内容 → 環境構成 → 予想される子どもの姿 → 保育者の援助

週案・日案 の考え方

「月案」を基に週ごとにつくるのが「週案」、一日単位でつくるのが「日案」です。必要に応じて書きます。成長が著しい年齢ですから、計画ばかりにとらわれず、柔軟な対応も必要です。

週案

「環境構成」などを具体的に示す

週案とは、月案を基に週の単位で作成した指導計画です。「最近の子どもの姿」をまず把握し、「今週のねらい」を立てます。そして、それに近づく「内容」、「環境構成」、「保育者の援助」を書きます。クラスに一つ作成します。

週案の下半分を一週間分の保育日誌として活用している園もありますし、一週間の予定を日ごとに書いている園もあります。

園内の保育者同士で相談し、負担なく書けて役に立つスタイルを、独自に編み出していくとよいでしょう。週の「評価・反省」は、次週の「ねらい」の基となるので、具体的に書いておくことが望まれます。

● 週案

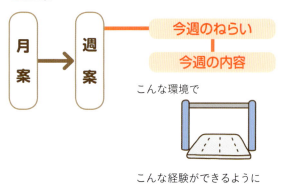

日案

登園から降園までの流れをつくる

日案とは、月案や週案を基に作成する一日分の指導計画で、クラスごとに作成します。「予想される子どもの生活」では、登園から降園まで子どもたちがどのように一日を過ごすのかを記します。室内遊びではどのような遊びが予想されるのか、外遊びではどうかを考え、環境設定しなければならないことや用意しなければならない遊具を決定していきます。

一日のうちの部分案であることもありますが、どちらも子どもの動きを予想し、必要な援助を具体的に考えて記さなければなりません。時刻を書いたからといってその通りに子どもを動かすのではなく、あくまでも子どもの育ちや気持ちを優先します。

● 日案　・一日の流れの例

保育日誌の考え方

保育日誌は、保育後にその日一日を振り返りながら記入します。保育の内容はもちろん、子どもの姿を具体的に分かるよう記入することで、次の保育につながる新たな課題が見えてきます。

子どもと暮らす喜びをかみしめる

　子どもと一緒に一日を過ごすと、嬉しいこともあれば、思うようにいかず苦労することもあります。保育者の一日は、子どもたちの泣き笑いに彩られた小さな出来事の積み重ねです。てんやわんやで終えた一日も、子どもたちが帰った後で振り返ってみると、ちょっとした子どもの一言を思い出して吹き出したり、鉄棒の練習を何回もしている子どものエネルギーに脱帽したり、いろいろな場面がよみがえってくるでしょう。

子どもの姿と課題を具体的に考える

　一日のたくさんの出来事の中から、今日書いておくべきことを選び出します。「ねらい」を達成した嬉しい場面や、うまくいかなかったことで保育者が手立てを講じなければならない場面を、**子どもの表情やしぐさなども分かるように書く**のです。
　そして、そのような姿が表れたのは、**どのような要因があったのか、どのような援助や環境が有効だったか**を考察します。うまくいかなかった場合には、どうすればよかったのか別の援助の可能性を考えて記したり、明日からはどのように関わろうと思うのかを書いたりします。

保育者間での共通理解を図って

　保育日誌のスペースは限られています。複数の保育者がチームで保育をしている場合は、共通理解しておくべきことを中心に書きましょう。
　保育日誌は、計画が適当だったかを実施の結果から検証していくものです。子どもの実際の姿をとらえて考えることで、確かな保育となります。

●保育日誌の流れ

今日の保育 → 振り返ってみる → 保育後

- 嬉しかった場面
- 育ちが見えた場面
- うまくいかなかった場面　など

→ 子どもの言動・表情・しぐさなどが分かるように記入

子どもの実際の姿

ニーズ対応

防災・安全計画の考え方

園ごとに、火災や地震などの災害の発生に備え、緊急時の対応の具体的なマニュアルを作成しておきましょう。そして、子どもの命を守る安全対策を様々な角度から考えます。

避難の仕方を明確にする

地震や豪雨による土砂災害などは、いつ起きるのか分かりません。万一の場合に備えて、園の近辺で大きな災害が起こることを想定した備えや安全対策を考える必要があります。

まず、**どのような災害の危険があるか、洗い出しましょう**。異常な自然現象のほか、人為的原因によって受ける被害も含まれます。毎月、**避難訓練を実施する際、どのような想定でするかを吟味し、年間計画を立てておくことが望まれます**。同じように非常ベルが鳴ったとしても、保育者の指示により、いくつもの避難の仕方のうちの一つを迅速にとれるようにしておかなければならないのです。

必要以上に怖がらせる必要はありませんが、「大切な○○ちゃんの命を守るために、ちゃんと逃げる練習をしておこうね」と、子どもにも分かる言葉で伝えましょう。言われるがままに動くのではなく、子どもが自分の意志で危険から身を守れるようになる方向で働きかけるのです。避難した後は「上手に逃げられたね」とよい点を認め、自信がもてるようにしたいものです。

ヒヤリ・ハットを今後に生かす

どんなに安全な環境づくりを心がけていたとしても、保育中にヒヤリ・ハットすることはあるものです。それを大事に至らなかったからと、「なかったこと」にするのではなく、「一歩間違えたら危険に陥る出来事」として丁寧に記録する習慣を付けましょう。書いたことで非難される雰囲気をつくってはいけません。「あなたが不注意だったからでしょ」で済ますことも厳禁です。情報をオープンにして共有することで、危険を防ぐ対策がとれるのです。二重三重の対策を考え、子どもの安全を守っていきましょう。

園の安全対策

緊急時の行動手順、職員の役割分担、避難訓練計画等に関するマニュアルを作成したか。

ハザードマップで地域を知る

自治体が発表している、ハザードマップを見て、自分の園に必要な防災対策をしているか。

避難場所の確認

火災時、地震時、津波時など、場面に応じた避難場所を設定し、職員間、保護者へも周知しているか。

避難訓練

緊急の放送や保育者の声かけに対して、何のための訓練か、どう行動すべきか、子どもに伝えているか。

園の防災チェック

実際に火災や地震が起きた際に、安全に慌てず対処できるよう、日ごろから準備や訓練が必要です。

保護者との連携

災害発生時の連絡方法、および子どもの引き渡しを円滑に行えるよう確認しているか。

非常用品

薬品や絆創膏、タオル、クラス名簿や連絡先等の非常持ち出し用リュックは点検日を決めて確認しているか。

防災教育

子どもへ避難する大切さを伝え、頭を守るダンゴムシのポーズや防災頭巾のかぶり方などを知らせているか。

協力体制

地域（町内会、近隣の小・中学校、集合住宅等）や警察、消防の力を借りられるよう連携しているか。

ニーズ対応
保健計画の考え方

発達の著しい子どもたちの健康を支援するために、保健指導や各種検診など、看護師・家庭等と連携し、年間を通しての取り組みを計画しましょう。

季節に応じた活動を

心身が健全に成長しているか、毎月の身体測定の他にも、各種の検診が予定されていることでしょう。同じ時期に重なり、子どもに負担をかけないよう、バランスに配慮しましょう。また、水遊びが始まる時期や蚊に刺されやすくなる時期、風邪が流行する時期など、**季節に応じて必要なことを適切に計画する必要**があります。

園だけで行えないことは、家庭にも知らせ、同じ方針で子どものケアをしてもらえるようにしましょう。第一子などの場合、保護者が異常に気付かないことも多いもの。また、気付いてもどう対応すればよいのか分からないということもよくあります。"困ったことなどは何でも相談してください"のスタンスで、子どものために一番よい対応を、園と保護者で力を合わせて行います。

健康を自分で守るために

いつも保育者にしてもらっている立場から、徐々に自立へ向かう大切な時期です。自分の体を病気やけがから守るのは、自分自身であることを知らせます。また体の仕組みと働きについても伝え、どのように生活することが健康でいられることかを、理解できるようにします。幼児の生活習慣が身に付くように、計画を位置付けましょう。

食に対する配慮を

食中毒にならないよう、給食室の環境に留意することや給食を扱う保育者の手洗い、マスク着用は徹底したいもの。アレルギー児の食事は、他児と取り違えることのないよう注意が必要です。嘔吐や下痢の処理はどのように行うのか、全職員で共有し、すべての子どもの健康を守る意識をもちましょう。

子どもの健康支援

健康状態・発育及び発達状態の把握
- 身体測定
- 健康診断
- 配慮を必要とする子どもの把握

健康増進
- 手洗い・うがい
- 虫歯予防
- 生活リズム

疾病等への対応
- 予防接種の奨励
- 登園許可証の必要な病気の把握
- 与薬についての管理

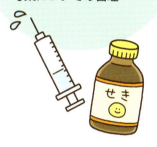

安心できる空間づくり

環境
- 適正な湿度・温度の管理
- 換気
- 掃除用具の整理

衛生管理
- 消毒薬の扱い
- 食事等の衛生的取り扱い

安全管理
- 園内の危険箇所の確認
- 遊具の安全
- 子どもの衣服等の安全確保

ニーズ対応
食育計画の考え方

園の「食育計画」は、生きることに直結する重要な計画の一つです。まずは、楽しくおいしく食べることを考えましょう。

食べることは楽しい

園における食育は、健康な生活の基本としての「食を営む力」の育成に向け、その基礎を培うことが目標とされています。「保育所における食育に関する指針」では、「おなかがすくリズムのもてる子ども」、「食べ物を話題にする子ども」、「食べたい物、好きな物が増える子ども」、「一緒に食べたい人がいる子ども」「食事づくり、準備に関わる子ども」の5つの目標を掲げています。**子どもが主体的に食に取り組むことができ、食べることを楽しめるような計画**が望まれます。

食のマナーを楽しく身に付ける

決まった時刻に食事をすることで、正しく成長スイッチが入ります。マナーは、「こうしなければならない」と押しつけるのではなく、困ったことが起こりそうなときに、「こうしたほうがかっこいいね」と知らせていきましょう。保育者が正しく箸を持ち、美しい姿勢で食べてみせることは、それだけで立派な食育。みんなが笑顔でおいしく食べられるよう、継続的に取り組みましょう。

野菜を育ててクッキング

野菜嫌いな子どもでも、自分で育てた野菜なら、口にすることができたという事例もあります。毎日自分たちで水やりをし、世話をしてきた中での生長過程を見ていくと、野菜に興味がわいてきて「食べたい」「残したくない」という気持ちが出てきます。また育てた野菜で、カレーライスをつくったり、イモ料理に挑戦したりするのは、子どもたちにとっても楽しい活動でしょう。まな板や包丁などの調理用具を知り、使い方も学んでいきます。計画の中にもぜひ入れていきたいものです。

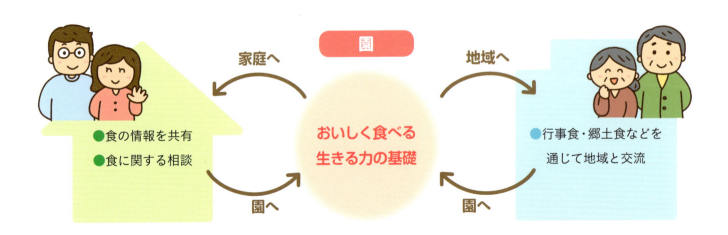

おなかがすくリズムのもてる子ども
食事の時間になったら「おなかがすいた」と感じられるような生活を送る。

食べ物を話題にする子ども
食べ物に対する関心が深まり、会話できるような体験をする。

食育の目標

食べたい物、好きな物が増える子ども
栽培・収穫した物を調理する体験を行う。

一緒に食べたい人がいる子ども
みんなと一緒にいる楽しさを味わう経験をする。

食事づくり、準備に関わる子ども
食事づくりや準備に対して興味が持てる体験をする。

食と人間関係
食を通じて、他の人々と親しみ支え合うために、自立心を育て、人と関わる力を養う。

食と健康
食を通じて、健康な体と心を育て、自ら健康で安全な生活をつくり出す力を養う。

食と文化
食を通じて、人々が築き、継承してきた様々な文化を理解し、つくり出す力を養う。

食育の5つの項目

食育のねらい及び内容はこの5つの項目ごとに挙げられています。

いのちの育ちと食
食を通じて、自らも含めたすべてのいのちを大切にする力を養う。

料理と食
食を通じて、素材に目を向け、素材に関わり、素材を調理することに関心を持つ力を養う。

ニーズ対応

特別な配慮を必要とする幼児への指導の考え方

発達が気になる、日本語がよく分からないなど特別な配慮が必要な子どもには、個別の教育支援計画を作成しましょう。その子らしい成長が遂げられるよう、担任をはじめ、チームで取り組む姿勢が大切です。

援助に戸惑わないように

成長の過程で、目が合わなかったり、落ち着きがなかったりすることから、何らかの障がいがある可能性を感じる場合があります。0～2歳児では障がいに関係なく、すべての子どもについて個人案を作成しますが、3歳児以上でも、**特別に配慮を要する場合には、個人案を作成することが望まれます**。障がいの有無や程度にかかわらず、一人一人の育ちを保障する保育の基本は、他の子どもたちと変わりはありません。けれども、保育形態が移行する際や新規の保育者が入った場合に、その子に対する援助の仕方で戸惑わないように、その子のための指導計画があったほうがよいのです。

チーム態勢での支援

特別支援児の指導計画を作成するに当たっては、クラスの担任だけでなく、園の責任者、保護者、更に地域の専門家にも入ってもらい、チームで取り組むとよいでしょう。保護者がそれを望まない場合もありますが、子どもが抱える困難さと、これからの生活のしやすさを考え、できるだけ同意を得られるようにします。家庭でも、子どもへの対応に困る場合があるので、計画の内容を保護者も利用できるようにするとよいでしょう。

「子どもの姿」を記録する

その子はどのようなときにどのように行動するのか、何が好きで何が嫌いなのか、ということを生活の中から読み取り、子どもが安心できる環境をつくることが重要です。そのためには、**行動をよく見て記録する必要**があります。この援助ではうまくいかなかったが別の援助では納得した、などということも書き留めておくと立案に役立ちます。

● 障がいのある子どもへの対応

現在の姿をとらえる　→　戸惑わないようにする　→　適切な援助と環境を

指導計画の形式は様々

　特別支援児の指導計画は、このように書かなければならないという決まった形式はありません。地域の専門家と相談しつつ、保育者が使いやすい形式であることが大切です。それはそのまま、他の保育者にとっても分かりやすいことにつながるでしょう。本書では、二つの計画を載せています。

　また、**障がいのある子も、障がいのない子どもたちの中で教育を受ける「インクルーシブ教育（統合保育）」を進めていきたいもの**です。障がいもその子の個性ととらえ、助け合いながら生活することが当たり前になるよう、計画にも位置付けていきましょう。

日本語がよく分からない子への配慮

　海外から帰国したばかりの子や、外国から来日した子の場合、日本語で話しかけても意味が分からないことがあります。子どもだけではなく、保護者にも通じない場合もあるでしょう。家庭ではどのような言語で話しているのかを把握し、意思の疎通を図る必要があります。

　保育者も歩み寄る気持ちで、「おはよう」「こんにちは」「ありがとう」程度は、その言語で声をかけましょう。すると、子どもも保護者も嬉しさを感じ、より心を開いてくれるに違いありません。また、その子の国について、「パンダのふるさと」（中国）、「カレーの本場」（インド）など、親しみがもてるようなテーマで子どもたちに話します。困っている際に親切にした子どもを認め、クラスの大切な一員であることも伝えます。

　このような配慮点を、計画の中にしっかり記していきましょう。その子が臆することなく園生活で存分に自己発揮できるように、味方になって支え続けるのです。

●日本語がよく分からない子への対応

世界にはいろいろな国があることを知る

ニーズ対応

異年齢児保育 の指導計画の考え方

異年齢児との関わりを通して、互いを認め合い、主体的に生活できるような計画を立てましょう。発達段階が異なることを踏まえ、各年齢や子どもに合った援助を具体的に予想することが大切です。

異年齢児保育のよさを生かす

　一昔前はきょうだいがたくさんいたり、近所の子どもと集団で遊んだりと、異年齢児が関わる場面が多くありました。その中で、年上の子は年下の子を手助けしたり、下の子は上の子のまねをしたりしながら大切なことを学んでいました。現在は少子化の影響で、そのような関わりは期待できない状況です。そこで、3、4、5歳児が混在する異年齢児クラスをつくり、年上の子や年下の子との関係を日常的にもちながら生活することを目指したのです。

　上の子は、下の子の様子を見て必要なことを伝えながら、リーダーとしての役割を身に付けていきます。下の子はあこがれの気持ちを抱きつつ、それを見ていて、自分が大きくなった際には同じように下の子と接することができるのです。このようなよさを十分に生かしながら、それぞれが自信をもって生活できるように、指導計画を立てていきましょう。

生活の基地であることを中心に据える

　子どもたちは自分の興味や関心に基づいて、園庭や遊戯室などで様々な遊びを展開しますが、片付けた後にホッとして戻ってくるのが、自分たちの保育室です。そこにはいつものメンバーがいて、自分たちの暮らしがあります。「あの子は今日お休みなんだ」「この子は今日は張り切っているぞ」など、毎日顔を合わせる仲間だからこそ感じることがあります。「おもしろい遊びになったから誘ってあげよう」と思うこともあります。このクラスが、自分の生活の基地なのです。その所属感と安心感を中心に据え、計画を考えましょう。

異年齢児がどのように関わるか予想する

　いろいろな活動を計画する中で、3歳児はどのような動きをするか、それを見た5歳児はどのように関わるか、4歳児はどうか、一人一人の顔を思い浮

● 異年齢児保育での子どもの思い

年下の子の思い
- かっこいいな
- 優しいな
- 私もこんなふうになりたいな
→ 年上へのあこがれ

年上の子の思い
- 小さくてかわいいな
- ぼくも前はこんなに小さかったんだ
- ぼくも役に立てるんだ
- ありがとうって言われた
→ 年上としての自覚

かべて予想する必要があります。5歳児でも、年下の子に無関心な子もいるかもしれません。そのような子に、どのように気付かせていくのか、どのような方法で**異年齢児と活動を共にする喜びや満足感を味わえるようにするのか、その手立てを援助の欄に書いておかなければなりません**。環境を用意するだけでは、保育は成立しないのです。

　有機的な関わりを促すには、保育者の適切な働きかけが必要です。特定の子とペアにして活動する方法もあります。子どもの動きを予想しながら、よりよい関わりが生まれるような計画にしましょう。

　また、**発達段階が異なる子どもたちの集団ですから、それぞれへの援助も違ってきます**。「3歳児には〜する」というような年齢による援助や、「○○しない子には〜」「戸惑っている子には〜」など、子どもの姿を予想し、それに対応する援助が出てくるはずです。役に立つ計画、使える計画にするためには、そのような具体的な援助で記すことが大切なのです。

ハプニングを大切にする

　年齢の異なる子どもたちの集団では、同年齢のクラス以上にドラマチックなハプニングが起きるでしょう。それを困ったこととしてとらえるのではなく、おもしろいこと、それをどう子どもたちがとらえて対処するか、そこで何を学ぶのか見極めよう、と考えるとよいでしょう。突拍子もないことをしでかした3歳児に、周りの子はどのように言い、どのように行動するのか、じっくり観察しましょう。そして、3歳児は何を学んだのか、周りの子の何が育ったのか、考察してみましょう。計画通りに淡々と過ごす毎日よりも、いろいろなハプニングにびっくりしたり、ドキドキしたりという経験ができたほうが、豊かな生活といえます。ハプニングの後始末をみんなでしっかりすることにより、次に生かされ、また絆がつくられると心得ましょう。保育者自身が「しめた！」と思うことが肝要です。

●それぞれの年齢に合った活動

4歳児が手本を見せてから3歳児が跳ぶ

4、5歳児が大縄を跳んで、
3歳児は歌ったり、数を数えたりする

ニーズ対応

子育て支援 の指導計画の考え方

園の特性を生かし、子どもも保護者も安心して楽しく遊べる場づくりを目指します。計画には「次回も行ってみたい」と感じられるよう、季節の行事や保護者同士が関われる活動を盛り込みましょう。

保護者同士のつながりを

　親になると子どもと向き合う時間が増え、ストレスを抱えている保護者も少なくありません。園は在園向け、地域向け両方の保護者を支援していく必要があります。ここに来たら、保育者が子どもと関わってくれる、という安心感と、子どもから少し離れて客観的に子どもを見られるという解放感がうまれます。こうした時間も保護者には大切なことです。

　また保護者同士をつなぐのも、保育者の役割です。「○くんと△くんは、同じ年齢ですね」「お住まいはお近くですね」などと、共通点を見付けながら、保護者同士が話をしやすい雰囲気をつくります。「うちもそうです」というように、話がはずんだら大成功！話すことで、心が軽くなることが多いからです。何度か会うと顔なじみになり、近くに座ることもあるかもしれません。そのきっかけを上手につくることも、大切な支援です。

相談には適切な対応を

　「うちの子、こういうところが困るのです」。保育者と信頼関係ができると、心を開いて相談をもちかけられることがあります。**親身になって話を聞き、相づちを打ちながら悩みを共有**しましょう。そして「こういうことで、お悩みなのですね。よく分かりました」とまず受け止めます。そのうえでこれまで保育者として子どもと関わってきた経験から、自分の思いと、これからどのようにしていけばよいかという方向性を丁寧にアドバイスしたいものです。**経験が少なくて答えられない場合は、先輩保育者に引き継ぎます。**

　これまでの保護者のやり方を否定せず、より子どものためになる対応を示唆します。そして、よい方向に向かったら、共に喜び合いましょう。

●子育て支援の役割

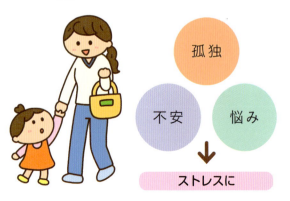

在園児の保護者のために

　登降園の際に、家庭での子どもの様子をたずねたり、園での様子を伝えたりなど、保護者と情報を共有することが大切です。引っ込み思案でなかなか保育者に話しかけられない保護者もいるので、こちらから積極的に声をかける必要があります。保育者を避けるタイプの保護者もいますから、子どもの嬉しい成長などを伝え、呼び止められることは喜びだと思ってもらえるようにしたいものです。

　園の行事も、子育て支援につながります。作品展や運動会、発表会などの姿を見てもらい、普段話せない父親などとも言葉を交わしましょう。園の活動を理解してもらうよい機会になるはずです。

　また、子どもの成長した姿を日々のおたよりで知らせるなど、保護者が子育てを楽しめるように、様々なサポートを計画に記していきましょう。

　もし保護者に不適切な養育等が疑われる場合は、市町村や関係機関と連携し、適切な対応を図る必要があります。虐待が疑われる場合には、速やかに市町村や児童相談所に通告しなければなりません。子どもたちを救う使命も、私たちに課せられているのです。あらゆることを想定し、計画に位置づけておくことが望まれます。

地域の保護者へ向けて

　園は、在籍していない地域の子どもたちの保護者へ対しても、保育の専門性を生かした子育て支援を積極的に行うことが義務付けられています。地域に開かれた支援が求められているのです。

　一時預かり事業を行う際は、一人一人の子どもの心身の状態などを考慮し、日常の保育に参加させることもできます。その子にとって質の高い保育環境となるよう配慮しましょう。

●在園児の保護者への対応

- **個別の支援**　保護者一人一人の状況を理解し、園全体でサポートする。
- **不適切な養育が疑われる家庭の支援**　児童虐待などの発見や抑制につなげる。
- **保護者との相互理解**　毎日のやりとりの中で園と家庭での子どもの様子を共有する。

●地域の保護者への対応

- **地域に開かれた支援**　一時預かりや子育て支援を行う。
- **地域との連携**　保護者と地域の人とのつながりをつくる。

指導計画の文章でおさえておきたいこと

ポイントは6つ!

指導計画は、他の保育者や主任・園長に伝わるように書かなければなりません。そのために、おさえておきたい6つのポイントを確認しましょう。

指導計画は、誰が読んでも分かりやすいということが大前提です。このクラスは現在、どのような発達の過程にあり、子どもたちは今、何に興味をもっているのか、保育者はこれからどのような環境を準備し、子どもたちの何を育てようとしているのか、子どもたちにどのような経験をさせたいと思っているのかが、一読して理解できなければなりません。毎日、生活を共にしている担任だけに分かるものでは、役に立たないのです。

そこで、**ここに気を付けたいこと6項目**を挙げました。前向きな保育観を出しながら、読みやすく伝わる書き方を目指しましょう。**書いた後にはもう一度読み返し、チェックする**ことも忘れないようにしましょう。

1 計画は現在形で書く

指導計画は、明日のこと、一週間先のことなど、未来に起こることを想定して書くものです。けれども、文章は未来形ではなく現在形で書きます。現在進行形にもなりがちですが、文が長くなるので、避けた方がすっきり読めます。

> NG　色水遊びやシャボン玉遊びを楽しむだろう。
> ▼
> GOOD　色水遊びやシャボン玉遊びを楽しむ。

2 子どもの姿が目に浮かぶように書く

書いている本人はいつも子どもを見ているので具体的な様子も分かりますが、主任や園長など、毎日接していない人には、どういう姿なのかイメージできないことがあります。リアルに様子が浮かぶような記述を心がけましょう。

> NG　他のクラスで、のびのびと好きな遊びを楽しんでいる。
> ▼
> GOOD　5歳児クラスのジュースやさんに立ち寄り、やり取りを楽しむ。

3 「〜させる」を控える

成長を促すために、様々な経験をさせたいと保育者は願いますが、「〜させる」という文が多いと、保育者が指示をして、子どもは従わされているような印象になります。「〜するよう促す」や「〜できるように配慮する」など主体的に行動する子どもを保育者がサポートするニュアンスを大切にしましょう。

- NG　水や泥の感触を味わわせる。
- GOOD　水や泥の感触を味わえるようにする。

4 「〜してあげる」を控える

保育者は子どもに様々な援助をしますが、それを、「〜してあげている」と思っているようでは困ります。子どものために保育するのが仕事ですから、恩着せがましい表現をせず、どちらかというと、「保育させていただいている」という謙虚な気持ちで書きましょう。

- NG　弁当箱の置き方を教えてあげる。
- GOOD　弁当箱の置き方を知らせる。

5 「まだ〜できない」という見方でとらえない

子どもは常に成長の過程にいます。「まだ〜できない」という目で見ないで、ここまで発達したところだ、と肯定的に育ちをとらえましょう。そして、次の課題に向かおうとする子どもを温かい目で見つめ、立ち向かえるように陰ながら応援するのです。

- NG　気に入った遊具で遊ぶが、長続きしない。
- GOOD　いろいろな遊びに興味があり、少しずつ試している。

6 一つの文に同じ言葉を重複して使わない

状況を細かく説明しようとするあまり、同じような表現が続くと、ワンパターンな記述になってしまうことがあります。一文の中やその後に続く文にも、同じ言葉を2回以上は使わないように心がけるとよいでしょう。

- NG　積極的に運動遊びに取り組み、友達と積極的に関わる。
- GOOD　積極的に運動遊びに取り組み、自ら友達に働きかける。

4歳児 の環境構成

4歳児が安全に、楽しみながら活動できる保育環境を整えることが大切です。保育室や共有スペースなど、実例アイデアを参考に工夫しましょう。

物を大切にできる環境を

様々な素材を使う体験をしながら、イメージした物を自分の力でつくろうとする時期です。一日でき上がらないことも多いでしょう。そんなとき、「途中の物置き場」に置くことで明日も続きをしようという気持ちが強まります。さらに、名前を付けることで自分の製作物を友達に見てもらうという意識も生まれるでしょう。

物を大切にし、集中力のある子どもを育てたいと思うなら、そのための環境を工夫しましょう。

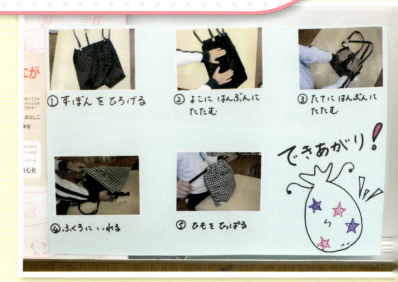

制服のたたみ方や片付け方など、全員が行う活動は、やり方がきちんと分かるように写真付きで掲示します。／I

生活習慣

集団生活を気持ちよく送るために身に付けたいことを、環境で知らせます。分からなくなったら、自分から見に行けるような場に設定しましょう。

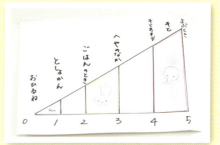

活動ごとの「声の大きさ」の目安を視覚的に伝えます。／K

トイレ用サンダルの長さに合わせてテープを平行にはります。脱いだサンダルをきちんとその中に並べる意識が芽生えます。／B

保育室の見やすい位置に掲示された「正しい箸の持ち方」。絵を見ながら持ち方を確認するなど意識が高まります。／E

遊び ① 室内

豊かな遊びは、環境によって支えられるものです。つくった物を大切にできるのは、置き場所が確保されているから。一目でわかる環境づくりを意識しましょう。

ままごとコーナーにランドセルを用意。憧れの小学生気分を味わえると、子どもたちに大人気！／H

「完成した物」と「つくっている途中の物」の置き場所をそれぞれ決めることで、製作状況が一目で分かります。／D

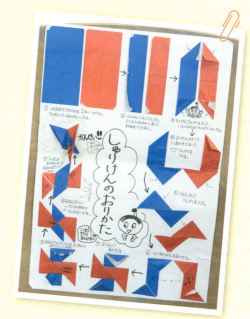

折り紙で子どもからリクエストの多い「手裏剣」。説明が難しいものは一工程ずつ、折り方をのせて丁寧に伝えます。／J

はさみの刃先が中に隠れるよう、穴を開けた箱に立てて保管。個人マークを見ながら自分で出し入れします。／J

遊び❷ 屋外

遊びやすさを追求した道具を提供します。どこに置くと便利なのか、子どもの動線を考えながら設置します。片付けも自分たちでできるように配置しましょう。

外遊びで使った玩具や道具は水で泥を洗い流したり、数を確かめたり、子ども自身が行います。片付けも遊びの一環です。／I

子どもの背の高さに合わせたテーブルを設置。砂場の砂や鍋などを持ち寄り、ままごと遊びを展開します。／A

保護者への伝達

保護者が知りたい情報が、すぐにわかるよう工夫しましょう。迎えに来た保護者がチェックできるように、出入り口に設置。写真があるとよりリアルに伝わります。

季節の行事や特別な遊びを行った日は、その日のうちに写真付きで掲示。目につきやすいようイーゼルに立てます。／C

各クラスの毎日の報告や連絡は、バインダーにはさんで玄関へ。保存ができるので、あとから振り返るのに役立ちます。／G

防災・安全

自分の命を自分で守る指導はもちろんのこと、いざというときの備えも万全にしておきましょう。子どもたちへも何のためにそうなっているのか、知らせておく必要があります。

取っ手付き上履き入れが、各保育室の入り口前に置いてあります。地震などの際に避難を優先させ、保育者が持ち運べば後から履くこともできます。／D

地震の際の転倒を防ぐため、子どもたちの上着をかけたワゴンなどは、ひもで柱やドアにくくりつけます。／D

防災セットを入れたリュックなどは、すぐに保育者が持ち出せるよう、まとめて出入り口のそばに用意。／G

「走らない」「歩いて移動する」「友達を押さない」など、日ごろから伝えていることをポスターで示し、意識付けます。／F

4歳児の発達を見てみよう

4歳

自分で体をコントロールできるようになり、運動量も増えてきます。精神面でも、保育者や友達などの存在をしっかり意識できるようになり、社会性を身に付けていきます。

　全身のバランスをとる能力が発達し、体を自分の意のままに動かせるようになり、体の動きが巧みになります。話をしながら食べるなど、二つのことが同時にできるようにもなります。

　また、自分の周りの物にも鋭い関心を向け、探索活動を好んで行います。ですから、土や水などの自然物や素材などの特性を知り、それらとの関わり方や遊びへの取り入れ方を豊かに体得していきます。

　そのような遊びの中で、友達とのつながりができ、喜びや楽しさを共有しますが、競争心や占有権などをめぐって、トラブルも増えます。同時に、嫌なことがあっても自分の気持ちを抑える力も徐々についていきます。

養　護

生命の保持
- 基本的な生活習慣がほぼ身に付き、自分の健康に関心をもつ
- 視力が1.0前後になり、遠近の区別がつくようになる

情緒の安定
- 人に見られていることを意識して、行動することが多くなる
- 目的をもって行動するが、うまくいかないのではないかと不安が生じるなど、葛藤を体験する

教　育

健康
- 手と足、及び左右の協応運動が巧みになり、異なる2種以上の動きができる
- 平衡感覚が高まり、片足立ちが5〜10秒くらいできはじめる

人間関係
- 人の気持ちを気にするようになり、使いたい物も貸してあげられるようになる
- 友達と一緒にいることを喜び、つながりが強まるが、トラブルも多くなる

環境
- 数を10まで数えられるようになる
- 大・中・小が分かるようになり、いくつかの物を比べることを楽しむ

言葉
- 語彙数は約1500〜2000語となる
- 乱暴な言葉や汚い言葉（バカ、うんち、ババアなど）を好んで使う

表現
- 人物画では、胴体を表現するようになる
- アニミズム（人間以外のすべてのものにも心があると思う）が特徴的な時期で、想像力、空想力が高まる

指導計画を立てるには、まず子どもの発達を理解することが大切です。月齢や保育歴などで、一人一人の発達の内容や速度には個人差があります。今、この子はどの側面がどのように成長しているところなのか、ということをしっかりとらえなくてはなりません。そして、**その姿がやがてどのような姿に育っていくのか、という道筋**が見えていなくてはならないでしょう。

ここでは、保育園における**「養護」**と**「教育」**の観点から、その月齢の子どもたちが見せる育ちの姿を示してあります。各項目に分けてありますが、それぞれの要素はきちんと分けにくく、2〜3の項目を含んでいることもよくあります。

指導計画を作成する際に、大まかな発達の全体像を知り、見通しをもった上で、クラスに応じた「ねらい」や「内容」を設定していきましょう。

5歳

身辺の自立はほぼ確立し、して良いこと悪いことなどを自分で考え、批判する力も芽生えます。友達と協調して遊ぶこともできます。知的好奇心が強くなり、様々なことを吸収していきます。

自分のことは自分で行えるので、安心して見ていられます。運動能力はますます伸び、運動遊びを喜んで行い、ドッジボールやサッカー、跳び箱やなわとびもできるようになります。その中で、お互いが自分のやらなければならないことに気付き、ルールを守る大切さも分かってきます。そして集団の中で、自分の考えを話したり、相手の思いを聞いたりという対話能力が培われるのです。

また、文字に対して興味をもち、自分の名前を読んだり書いたりすることを楽しみます。図鑑などで興味をもったことについて調べることもあります。知識を貪欲に吸収していく時期といえます。

養　護

 生命の保持
- 日常生活での基本的な習慣はほとんど自立し、自分で危なげなくできる
- 経験や学習によって、前頭葉ではニューロンの回路網が形成される

 情緒の安定
- 大人の言われるままに従うのではなく、自分の頭で考えられるようになる
- 納得できれば、嫌なことも少しは我慢できる

教　育

 健康
- 自転車や竹馬などに乗り、両手や両足を交互に前進させるための体の制御ができはじめる
- 登り棒を、援助されながら上まで登ったり降りたりできる

 人間関係
- 仲間と同じ目的に向かって活動する
- 人の役に立つことに、喜びを感じる

 環境
- 過去―現在―未来の中での「自分」について、大きさの変化に注目してとらえはじめる
- 自分の左右が分かりはじめる

 言葉
- 幼児語が減り、ある程度、筋道を立てて話すようになる
- 語彙数は、2000を超える

 表現
- 家から園までの道順を絵にかいて表現し、その間にある道や目印となるものをかき加えられる
- 斜め線がかけるようになり、三角形もかける

4歳児 保育者の援助の方針

各年齢の発達を理解し設定した「ねらい」や「内容」に応じて、おさえておきたい保育者の援助を「遊び」「生活習慣」「保護者」のポイント別に紹介します。

遊び

子ども同士が思いを伝える援助を

友達との関わりが増える分、トラブルも多くなります。言葉で自分の思いを表現することをしっかり伝え、相手の気持ちにも気付けるようにしましょう。また、五感を使って様々な素材体験ができるように、環境を整えることが大切です。

生活習慣

自分たちで生活する意識を育てましょう

ほぼ生活習慣は確立していますが、面倒に感じてさぼることもあるので、なぜそうすることが必要なのかをしっかり伝える必要があります。また、忘れている友達に優しく教えてあげるとよいことも知らせ、自分たちで自分たちの暮らしをつくる意識を育てましょう。

保護者

園での援助を家庭でもお願いして

トラブルの状況について伝える場合、困ったこととして話すのではなく、トラブルを経験してどのように育ったかを語るようにします。園で力を入れている援助についても伝え、家庭でも同じ方針で接してもらえるよう、協力を依頼しましょう。

第2章

年間指導計画の立て方

各年齢で一つ作成する「年間指導計画」。一年間を4期に分け、年間の表と項目ごとの文例を掲載しています。

4歳児の年間指導計画

おさえたい ③ つのポイント

年間指導計画は、4歳児のクラス担任全員で話し合って作成します。一年間の集団としての育ちを見通しながら計画を立てていきます。

❶ 生活の流れを理解する

園の暮らしには、流れがあり手順があります。朝の活動をしてから好きな遊びへ、片付けてからおやつへなど、生活の流れを自分なりに把握し、見通しをもって生活できるようにします。そのためには、明日の予告をしたり、先の行事を楽しみにしたりできるようにしましょう。

❷ 友達の存在に気付く

友達も自分と同じように思いがある存在なのだ、と気付くようになります。したいことがあり、されると嫌なことがあります。泣いているこの子は今、どんな気持ちかなと考えることができるよう、相手の思いに気付く姿を認めていきましょう。

❸ 葛藤や経験をしながら育つ

やりたいけれどできない、入りたいけれど拒否されるかもしれない。子どもは揺れ動きながら、行動しています。その中で、自分なりに考えたり試行錯誤したりしながら葛藤を乗り越えていきます。温かく見守りながら、自分で乗り越えられるように導きましょう。

保育園

		1期（4〜6月）	2期（7〜9月）
♣ 年間目標		●健康的で安全な環境のもとで、安定して過ごす。① ●生活に必要な基本的習慣と態度を身に付ける。	
	子どもの姿	●進級したことを喜び、張り切って生活をする子、新しい環境に戸惑う子がいる。 ●自己主張が強く②トラブルが起きる。	●夏ならではの遊びに意欲的で、毎日楽しみに登園する。 ●プール遊びの際は水着に着替えるなど、身の回りのことはほとんど自分でできるが、中には保育者の援助が必要な子もいる。
◆ ねらい		●保育者との信頼関係のもと、自分の気持ちや要求を伝え、安定した気持ちで生活する。 ●好きな遊びを③、友達や保育者と関わりながら楽しむ。	●梅雨期や夏期の健康と安全に留意し、清潔な環境の中でのびのびと生活する。 ●友達と、夏ならではの遊びや戸外遊びを思いきり楽しむ。 ●お年寄りと触れ合い親しみをもつ。
★内容	養護	●安定した気持ちで過ごす。 ●身の回りの始末のやり方が分かり、自分でできること④ようとする。	●食事のマナーに気を付け、友達と楽しく食事をする。 ●排便後の始末を、保育者と一緒にする。
	教育	●春の草花（シロツメクサなど）でおままごとをしたり、虫（アリやダンゴムシ）などを観察したりして楽しむ。	●お年寄りにあいさつをしたり、話を聞いたりする。 ●砂、土、水などの感触を味わい、友達と関わり合いながら存分に楽しむ。
環境構成		●子どもが自分で⑤たい遊具を取り出せるような環境にする。 ●個人の靴箱やロッカーにはるシールを用意しておき、子どもと一緒に場所を決めるようにする。 ●遊具や用具は、安全に使えるよう点検しておく。	●様々な素材に触れる機会をつくり、夏の遊びを十分に楽しめるようにする。 ●夏の昆虫や草花などの自然物に興味や関心をもち、遊ぶことが予想されるので、それらの図鑑や虫かごなどをそろえておく。 ●プールなど夏ならではの遊びを安全に楽しむため、健康チェック表をつくり、保護者と確実に連絡を取る。
保育者の援助		●子どもの緊張や不安な気持ちを受け止め、一人一人⑥して過ごせるように信頼関係を築く。 ●新しい環境での生活の仕方や決まりを丁寧に知らせ、できたときには十分に認め、自分でしようとする気持ちを育てる。	●プールや水遊びを安全に楽しむため、衛生面や健康面について、職員間で共通理解する。 ●暑さにより体調を崩しやすいので、健康状態に気を配り把握する。 ●お年寄りに感謝の気持ちを言葉で表すよう伝える。

❶ 年間目標

園の方針を基に、一年間を通して、子どもの成長と発達を見通した全体的な目標を記載します。

❷ 子どもの姿

1〜4期に分けて、予想される子どもの発達の状況や園で表れると思われる姿を書きます。保育者が設定した環境の中での活動も予測します。

❸ ねらい

「年間目標」を期ごとに具体化したもの。育みたい資質・能力を子どもの生活する姿からとらえたものです。本書は「幼児期の終わりまでに育ってほしい姿」と関連のある「ねらい」にマークを付けています。

④ 内容

「ねらい」を達成するために「経験させたいこと」です。環境に関わって展開する具体的な活動を通して、総合的に指導されるものです。

⑤ 環境構成

「ねらい」を達成するために「内容」を経験させる際に、どのような環境を設定したらよいのかを考えて記載します。

⑥ 保育者の援助

「ねらい」を達成するために「内容」を経験させる際に、どのような援助をしたらよいのかを考えて記載します。

幼稚園・認定こども園

	3期（10〜12月）	4期（1〜3月）
	●自己主張をしてトラブルになることは多いが、友達の話を聞いて相手の気持ちが分かるようになる。 ●友達への思いやりの気持ちが出てきてルールのある遊びを楽しんだり、共同で取り組む活動ができるようになったりする。	●クラスの友達との関係が強くなり、みんなで共通の目標に向かって協力する。 ●5歳児クラスへの期待が出てきて、自主的に生活する。
	●友達と一緒に集団のルールを守り、戸外で体を動かして運動遊びを楽しむ。 ●身近な自然物を見たり触れたりして、興味や関心を高める。 ●玉入れなどを通し、数に興味をもつ。	●話し合いなどを通じて友達との関わりを深め、共通の目標に向かって協力しながら活動をする。 ●自分の健康や安全に必要なことを知り、意識して行おうとする。 ●生活に必要な習慣や態度が身に付き、進級することへの喜びと自信をもつ。
	●自分でできることに喜びを感じながら、生活に必要な身の回りのことを行う。 ●食べ物にはいろいろな栄養素があり、自分の体に大きく影響していることを知る。	●身だしなみや清潔を意識して生活する。 ●危険なこと、物、場所を判断して、気を付けて行動する。
	●体育的な遊具や道具を使って、体のいろいろな部分を動かす遊びを楽しむ。 ●簡単なルールを守りながら遊ぶ。	●ルールを守ると楽しく遊べることを知り、友達と集団遊びを楽しむ。 ●友達とイメージを共有して遊ぶ。
	●運動用具は一人一人の子どもの発達に合ったものを準備する。 ●子どもがそれぞれの力に応じたものをイメージしてつくれるよう、素材や道具を十分に用意し、満足感を味わえるようにする。 ●秋の自然物を使い玩具や飾りなどをつくったり飾ったりして楽しめるようにする。 ●生活や遊びの中で、子どもが数などに興味をもてるようにする。	●冬や春の自然物に関心をもてるよう、図鑑や絵本を用意したり、散歩などを通してその様子に気付いたりする。 ●お正月遊びを楽しめるよう玩具を用意し、伝承遊びのよさを味わえるようにする。
	●一人一人の運動遊びの発達を把握し、それぞれの子どもにあるような誘いかけや励ましの言葉かけ、集団の中での子どもの育ちあい、成長の喜びを共有する。 ●保護者に運動会などの行事を通じて集団の中での子どもの育ちあい、成長の喜びを共有する。	

♣ 年間目標
① ●園生活のリズムや決まりが分かり、基本的な生活習慣を身に付ける。
●友達と関わり合いながら、一緒に遊んだり生活したりすることを楽しむ。
●身近な自然事象や社会事象に関心をもち、見たり触れたりして遊びに取り入れたりする。
●思ったことを表現し、相手の思いにも気付いて受け入れようとする。

	1期（4〜6月）	2期（7〜9月）	3期（10〜12月）	4期（1〜3月）
子どもの姿 ②	●初めての保育室、人、空間に不安を感じながら入園してきた子が、担任と接したり好きな遊具で遊んだりしながら、安心して過ごせるようになる。 ●保育者に対し、安心感を求め、存在を目で追う子がいる。	●砂場で遊具や水を使って、泥や水で遊ぶことを好む。 ●友達と一緒に、同じ動きをくり返し楽しむ。 ●小動物や昆虫、草花を見たり、触れたりして遊ぶことを楽しむ。	●木の葉が落ちる様子を見たり、触れたり、落ち葉やドングリなどを使って遊ぶようになる。 ●友達に思いを伝えようとするが、うまく相手に伝えられず、トラブルが多くなる。	●休み明け、友達と会うことを楽しみにし、遊びたい欲求をもって登園してくる。 ●簡単なルールを理解し、遊びを楽しむようになる。 ●こま回しや製作では、自分なりに目的をもって試す。
ねらい ③	●園や保育者に親しみをもち、喜んで登園する。 ●好きな遊びを見つけて遊んだり、保育者や同じ場にいる友達と一緒に遊んだりする。 ●園での過ごし方が分かる。	●いろいろな活動に興味をもち、自分のしたいことを存分に行う。 ●園生活の流れが分かり、安定して遊ぶ。 ●日常の生活習慣を身に付け、自分でできることは自分でしようとする。 ●草花や小動物と触れ合い親しみをもつ。	●友達と遊ぶ中で、自分の思いや考えを伝え、相手を意識して遊ぶ。 ●ゲームや集団遊びに喜んで参加し、楽しみながら友達との関係を深める。 ●寒さに負けず、戸外で楽しく遊ぶ。 ●様々な素材を特徴を生かし、試しながら自分のイメージしたものを表現する。	●友達の考えを受け入れながら、目的をもって遊ぶ。 ●クラスの中で自分の存在を意識し、みんなと一緒に行動する。 ●5歳児になるという意識をもって、園生活を送る。
★ 内容 ④	●保育者とあいさつをしたり、名前を呼び合ったりする。 ●保育者の歌を聴いたり、知っている歌を一緒に歌ったりする。 ●今まで経験したことのある遊具、用具を使って遊ぶ。 ●春の草花や虫に触れ、親しむ。	●自然物の生長に気付き、野菜、草花の形や色、様子などに関心をもつ。 ●砂や泥などで、感触や解放感を味わし、楽しむ。 ●プール遊びで水の冷たさを感じ、水に親しみをもつ。 ●簡単な鬼ごっこや集団遊びをする。	●家族ごっこ、宇宙ごっこ、電車ごっこなどのごっこ遊びで、気の合う友達と考えを出し合いながら、遊びをつくる楽しさを味わう。 ●工夫したり試したりして、遊びに必要なものをつくって遊ぶ（空き箱製作、動物園づくり、車づくり、切り紙など）。	●戸外遊びで十分に体を動かす（マラソン、サッカー、氷鬼、助け鬼、なわとび、リレー、どろけいなど）。 ●こま回しやなわとびなどで、くり返し試して遊ぶ。 ●友達の動きや言葉を受け止め、イメージを広げながら遊びを進める。
環境構成 ⑤	●明るく楽しい雰囲気になるように、また安全に遊べるように室内の環境を整える。 ●家庭で経験していると思われる遊びや、興味のある遊具や用具や配置などの環境設定に留意し、子どもたちが遊べるように準備しておく。 ●子どもの様子に合わせて、遊具の種類、内容、道具に配慮する。	●水や泥の感触が十分に味わえるように、時間を確保する。 ●園庭で体を十分に動かして遊べる時間と場所を整えておく（クラスごとに時間を調整する）。 ●物を大切にする気持ちがもてるよう、子どもたちと一緒に片付け場所を整えたり、分かりやすく表示したりしておく。	●いろいろな色、大きさ、形などを考えて素材や用具を用意しておく。 ●学期末であることを知らせながら、3学期も気持ちよく遊びに関われるように、保育室や遊具を整理する。	●2学期末に親しんでいた遊びが始められるように、環境を整え、自分から遊びに取り組み、遊びを通して友達と関わる楽しさを感じ取れるようにする。 ●劇遊びの中で、必要な物に気付き、友達と力を合わせてつくれるように、材料や用具を準備する。子どもが「こうしたい」という思いに合うような素材、材料を提示し、つくれるような環境を整えておく。
保育者の援助 ⑥	●一人一人にできるだけ多く名前で呼びかけ、スキンシップを図る。 ●子どもの行動を肯定的に受け止め、保育者との関わりをもてるようにする。 ●保育者が丁寧に愛情が伝わるように関わり、しだいに安心して自分で動き出し、気持ちよく過ごせるように配慮する。	●水遊びは個人差を配慮し、一人一人が無理なく、水に親しめるようにする。 ●着替えに慣れるまで温かく励ます。 ●保育者もごっこ遊びに参加し、思いきり遊んだりなりきったりして遊びを十分に楽しむ。 ●不安定な子どもに声をかけ、スキンシップを図り丁寧に関わる。	●自己主張する時期だからこそ、トラブルが多く、やり取りを見逃せない。場に応じて相手の思いにも気付かせ、その中でどうしたらいいか双方と保育者とで話をするなど、場に応じた援助を行う。 ●保育者も進んで戸外に出て、子どもが体を動かす心地よさを感じ取れるようにする。	●自分の力を十分に発揮できるような素材を用意し、やり遂げた満足感を味わえるように援助する。 ●寒さや慣れから、手洗い、うがいなどがおろそかにならないように、そのつど声をかける。 ●5歳児になることを意識し、当番活動を意欲的に取り組めるように励ます。

保育園 年間指導計画

年間指導計画（保育園） → P052-P053 年間指導計画

♣ **年間目標**
- 健康的で安全な環境のもとで、安定して過ごす。
- 生活に必要な基本的習慣と態度を身に付ける。

	1期（4〜6月）	2期（7〜9月）
子どもの姿	●進級したことを喜び、張り切って生活をする子、新しい環境に戸惑う子がいる。 ●自己主張が強く、トラブルが起きる。	●夏ならではの遊びに意欲的で、毎日楽しみに登園する。 ●プール遊びの際は水着に着替えるなど、身の回りのことはほとんど自分でできるが、中には保育者の援助が必要な子もいる。
◆ねらい	●保育者との信頼関係のもと、自分の気持ちや要求を伝え、安定した気持ちで生活する。 健康 表現 ●好きな遊びを見付け、友達や保育者と関わりながら楽しむ。 健康 協同	●梅雨期や夏期の健康と安全に留意し、清潔な環境の中でのびのびと生活する。 健康 ●友達と、夏ならではの遊びや戸外遊びを思いきり楽しむ。 協同 自然 ●お年寄りと触れ合い親しみをもつ。 社会
★内容 養護	●安定した気持ちで過ごす。 ●身の回りの始末ややり方が分かり、自分でできることはしようとする。	●食事のマナーに気を付け、友達と楽しく食事をする。 ●排便後の始末を、保育者と一緒にする。
★内容 教育	●春の草花（シロツメクサなど）でおままごとをしたり、虫（アリやダンゴムシ）などを観察したりして楽しむ。	●お年寄りにあいさつをしたり、話を聞いたりする。 ●砂、土、水などの感触を味わい、友達と関わり合いながら存分に楽しむ。
環境構成	●子どもが自分でやりたい遊具を取り出せるような環境設定にする。 ●個人の靴箱やロッカーにはるシールを用意しておき、子どもと一緒に場所を決めるようにする。 ●遊具や用具は、安全に使えるよう点検しておく。	●様々な素材に触れる機会をつくり、夏の遊びを十分に楽しめるようにする。 ●夏の昆虫や草花などの自然物に興味や関心をもち、遊ぶことが予想されるので、それらの図鑑や虫かごなどをそろえておく。 ●プールなど夏ならではの遊びを安全に楽しむため、健康チェック表をつくり、保護者と確実に連絡を取る。
保育者の援助	●子どもの緊張や不安な気持ちを受け止め、一人一人が安心して過ごせるようにして信頼関係を築く。 ●新しい環境での生活の仕方や決まりを丁寧に知らせ、できたときには十分に認め、自分でしようとする気持ちを育てる。	●プールや水遊びを安全に楽しむため、衛生面や健康面について、職員間で共通理解する。 ●暑さにより体調を崩しやすいので、健康状態に気を配り把握する。 ●お年寄りに感謝の気持ちを言葉で表すよう伝える。

記入のコツ!!
「幼児期の終わりまでに育ってほしい姿」の10項目を意識し、何を育てることにつながるのか見通して書くようにします。

記入のコツ!!
自然環境を生かした保育をしていることが伝わるようにします。そして、具体名もなるべく挙げて、活動が目に浮かぶようにするとよいでしょう。

「幼児期の終わりまでに育ってほしい姿」の 健康：健康な心と体　自立：自立心　協同：協同性　規範：道徳性・規範意識の芽生え　社会：社会生活との関わり　思考：思考力の芽生え

- 友達とのつながりを広げ、集団で遊び、生活することを楽しむ。
- 生活や遊びの中で、必要なルールやマナーがあることを知り、守ろうとする。

3期（10～12月）	4期（1～3月）
●自己主張をしてトラブルになることは多いが、友達の話を聞いて相手の気持ちが分かるようになる。 ●友達への思いやりの気持ちが出てきてルールのある遊びを楽しんだり、共同で取り組む活動ができるようになったりする。	●クラスの友達との関係が強くなり、みんなで共通の目標に向かって協力する。 ●5歳児クラスへの期待が出てきて、自主的に生活する。
●友達と一緒に集団のルールを守り、戸外で体を動かして運動遊びを楽しむ。健康 規範 ●身近な自然物を見たり触れたりして、興味や関心を高める。自然 ●玉入れなどを通し、数に興味をもつ。数・字	●話し合いなどを通じて友達との関わりを深め、共通の目標に向かって協力しながら活動をする。協同 言葉 ●自分の健康や安全に必要なことを知り、意識して行おうとする。健康 自立 ●生活に必要な習慣や態度が身に付き、進級することへの喜びと自信をもつ。健康 自立
●自分でできることに喜びを感じながら、生活に必要な身の回りのことを行う。 ●食べ物にはいろいろな栄養素があり、自分の体に大きく影響していることを知る。	●身だしなみや清潔を意識して生活する。 ●危険なこと、物、場所を判断して、気を付けて行動する。
●体育的な遊具や道具を使って、体のいろいろな部分を動かす遊びを楽しむ。 ●簡単なルールを守りながら遊ぶ。	●ルールを守ると楽しく遊べることを知り、友達と集団遊びを楽しむ。 ●友達とイメージを共有して遊ぶ。
●運動用具は一人一人の子どもの発達に合ったものを準備する。 ●子どもがそれぞれの力に応じたものをイメージしてつくれるよう、素材や道具を十分に用意し、満足感を味わえるようにする。秋の自然物を使い玩具や飾りをつくり、遊んだり飾ったりして楽しめるようにする。 ●生活や遊びの中で、子どもが数、量、形などに興味をもてるようにする。	●冬や春の自然物に関心をもてるよう、図鑑や絵本を用意したり、散歩などを通してその様子に気付いたりする。 ●お正月遊びを楽しめるよう玩具を用意し、遊びのコーナーを整理しておく。 ●今まで使ってきた自分の靴箱やロッカー、引き出し、保育室の玩具などを友達と一緒に掃除する中で、次に使う人が気持ちよく使えることに気付かせる。
●一人一人の運動遊びの発達段階や興味を把握し、それぞれの子どもが意欲をもてるような誘いかけや励ましの言葉をかける。 ●保護者に運動会などの行事に参加を呼びかけ、集団の中での子どもの姿を知ってもらい、成長の喜びを共有する。	●健康や安全に必要な基本的な生活習慣が身に付いているか、一人一人を確認して見直す。 ●5歳児の当番の仕事や遊びを折に触れて紹介したり、話す機会をつくったりし、進級に期待をもてるようにする。

保育のヒント

この時期はトラブルが多くなりますが、それを否定的に受け止めるのではなく、人との関わり方を学ぶチャンスととらえ、丁寧に援助していきましょう。

保育のヒント

育てたい10の姿を実現するために、どのような環境を用意すればよいのかを考えていきます。

自然：自然との関わり・生命尊重　数・字：数量や図形、標識や文字などへの関心・感覚　言葉：言葉による伝え合い　表現：豊かな感性と表現　を表しています。

幼稚園・認定こども園 年間指導計画

CD-ROM 年間指導計画（幼稚園・こども園） → P054-P055 年間指導計画

保育のヒント
4歳児クラスから入園する子どももいます。まずは安心して園で過ごせるように、保育者に親しみをもてる、頼れる存在であるように努めましょう。

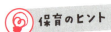

保育のヒント
夏ならではの遊びが存分に楽しめるように、また、泥を汚いと思わずに関われるように配慮します。

年間目標
- 園生活のリズムや決まりが分かり、基本的な生活習慣を身に付ける。
- 友達と関わり合いながら、一緒に遊んだり生活したりすることを楽しむ。

	1期（4〜6月）	2期（7〜9月）
子どもの姿	●初めての保育室、人、空間に不安を感じながら入園してきた子が、担任と接したり好きな遊具で遊んだりしながら、安心して過ごせるようになる。 ●保育者に対し、安心感を求め、存在を目で追う子がいる。	●砂場で遊具や水を使って、泥や水で遊ぶことを好む。 ●友達と一緒に、同じ動きをくり返し楽しむ。 ●小動物や昆虫、草花を見たり、触れたりして遊ぶことを楽しむ。
ねらい	●園や保育者に親しみをもち、喜んで登園する。[健康] ●好きな遊びを見付けて遊んだり、保育者や同じ場にいる友達と一緒に遊んだりする。[健康][協同] ●園での過ごし方が分かる。[健康]	●いろいろな活動に興味をもち、自分のしたいことを存分に行う。[健康] ●園生活の流れが分かり、安定して遊ぶ。[健康] ●日常の生活習慣を身に付け、自分でできることは自分でしようとする。[自立] ●草花や小動物と触れ合い親しみをもつ。[自然]
内容	●保育者とあいさつをしたり、名前を呼び合ったりする。 ●保育者の歌を聞いたり、知っている歌を一緒に歌ったりする。 ●今まで経験したことのある遊具、用具を使って遊ぶ。 ●春の草花や虫に触れ、親しむ。	●自然物の生長に気付き、野菜、草花の形や色、様子などに関心をもつ。 ●砂や泥などで、感触や解放感を味わい、楽しむ。 ●プール遊びで水の冷たさを感じ、水に親しみをもつ。 ●簡単な鬼ごっこや集団遊びをする。
環境構成	●明るく楽しい雰囲気になるように、また安全に遊べるように室内の環境を整える。 ●家庭で経験したと思われる遊びや、興味のある遊具の選択や配置などの環境設定に留意し、子どもたちが遊べるように準備しておく。 ●子どもの様子に合わせて、遊具の種類、内容、道具に配慮する。	●水や泥の感触が十分に味わえるように、時間を確保する。 ●園庭で体を十分に動かして遊べる時間と場所を整えておく（クラスごとに時間を調整する）。 ●物を大切にする気持ちがもてるよう、子どもたちと一緒に片付け場所を整えたり、分かりやすく表示したりしておく。
保育者の援助	●一人一人にできるだけ多く名前で呼びかけ、スキンシップを図る。 ●子どもの行動を肯定的に受け止め、保育者との関わりがもてるようにする。 ●保育者が丁寧に、愛情が伝わるように関わり、しだいに安心して自分で動き出し、気持ちよく過ごせるように配慮する。	●水遊びは個人差を配慮し、一人一人が無理なく、水に親しめるようにする。着替えに慣れるまで温かく励ます。 ●保育者もごっこ遊びに参加し、思いきり遊んだりなりきったりして遊びを十分に楽しむ。 ●不安定な子どもに声をかけ、スキンシップを図り丁寧に関わる。

「幼児期の終わりまでに育ってほしい姿」 [健康]：健康な心と体　[自立]：自立心　[協同]：協同性　[規範]：道徳性・規範意識の芽生え　[社会]：社会生活との関わり　[思考]：思考力の芽生え

- 身近な自然事象や社会事象に関心をもち、見たり触れたり遊びに取り入れたりする。
- 思ったことを表現し、相手の思いにも気付いて受け入れようとする。

3期（10〜12月）	4期（1〜3月）
●木の葉が落ちる様子を見たり、触れたり、落ち葉やドングリなどを使って遊んだりする。 ●友達に思いを伝えようとするが、うまく相手に伝えられず、トラブルが多くなる。	●休み明け、友達と会うことを楽しみにし、遊びたい欲求をもって登園してくる。 ●簡単なルールを理解し、遊びを楽しむようになる。 ●こま回しや製作では、自分なりに目的をもって試す。
●友達と遊ぶ中で、自分の思いや考えを伝え、相手を意識して遊ぶ。協同 言葉 ●ゲームや集団遊びに喜んで参加し、楽しみながら友達との関係を深める。協同 規範 ●寒さに負けず、戸外で楽しく遊ぶ。健康 ●様々な素材を特徴を生かし、試しながら自分のイメージしたものを表現する。思考 表現	●友達の考えを受け入れながら、目的をもって遊ぶ。協同 ●クラスの中で自分の存在を意識し、みんなと一緒に行動する。規範 ●5歳児になるという意識をもって、園生活を送る。自立
●家族ごっこ、宇宙ごっこ、電車ごっこなどのごっこ遊びで、気の合う友達と考えを出し合いながら、遊びをつくる楽しさを味わう。 ●工夫したり試したりして、遊びに必要なものをつくって遊ぶ（空き箱製作、動物園づくり、車づくり、切り紙など）。	●戸外遊びで十分に体を動かす（マラソン、サッカー、氷鬼、助け鬼、なわとび、リレー、どろけいなど）。 ●こま回しやなわとびなどで、くり返し試して遊ぶ。 ●友達の動きや言葉を受け止め、イメージを広げながら遊びを進める。
●いろいろな色、大きさ、形などを考えて素材や用具を用意しておく。 ●学期末であることを知らせながら、3学期も気持ちよく遊びに関われるように、保育室や遊具を整理する。	●2学期末に親しんでいた遊びが始められるように、環境を整え、自分から遊びに取り組み、遊びを通して友達と関わる楽しさを感じ取れるようにする。 ●劇遊びの中で、必要な物に気付き、友達と力を合わせてつくれるように、材料や用具を準備する。子どもが「こうしたい」という思いに合うような素材、材料を提示し、つくれるような環境を整えておく。
●自己主張する時期だからこそ、トラブルが多く、やり取りを見逃せない。場に応じて相手の思いにも気付かせ、その中でどうしたらいいか双方と保育者とで話をするなど、場に応じた援助を行う。 ●保育者も進んで戸外に出て、子どもが体を動かす心地よさを感じ取れるようにする。	●自分の力を十分に発揮できるような素材を用意し、やり遂げた満足感を味わえるように援助する。 ●寒さや慣れから、手洗い、うがいなどがおろそかにならないように、そのつど声をかける。 ●5歳児になることを意識し、当番活動を意欲的に取り組めるように励ます。

記入のコツ!!

ごっこ遊びのおもしろさを経験することで、観察力や協調性が身に付きます。具体的に記入しておくとよいでしょう。

保育のヒント

5歳児になる喜びに満ちた時期、5歳児の仕事を一緒に行いながら、責任感を培っていきます。見守っていきましょう。

自然：自然との関わり・生命尊重　数字：数量や図形、標識や文字などへの関心・感覚　言葉：言葉による伝え合い　表現：豊かな感性と表現　を表しています。

保育園 年間指導計画 文例

一年間の目標や期ごとのねらいや内容を記します。前年度の評価や反省を生かしながら、子どもたちの成長を見据えて計画を立てましょう。

年間目標

- 基本的な生活習慣を身に付け、自分から進んでやろうとする。
- 生活や遊びの中で、必要なルールやマナーを知り、守ろうとする。
- 様々な活動に意欲的に取り組む中で、楽しさや、やり遂げた喜びを味わう。
- 身近な環境や自然に興味をもち、それらのおもしろさや不思議さ、美しさに気付く。

子どもの姿

- 身の回りのことを自分でできる子と、まだ手をかけてほしい子と、育ちに個人差がある。
- 2〜3人の仲のよい友達ができ、長い時間を一緒に楽しく遊ぶことができる。
- 自分のやりたいことを見付け、行動する。
- 強く自己主張して友達とけんかになることが多い。
- できないことにチャレンジして、努力してやり遂げようとする。
- 身のこなしが機敏になり、運動能力が発達する。競争心が芽生え、友達と比較する。

ねらい

- 新しい環境に慣れ、生活の流れを知る。[健康]
- 身の回りのことを自分でしようとする。[自立]
- 自然に触れながら、戸外遊びを楽しむ。[自然]
- 交通安全のルールを知り、守ろうとする。[規範]
- 「なぜ？」「どうして？」と疑問をもつ。[思考]
- みんなで活動する楽しさを味わう。[協同]
- 思ったことや考えたことを言葉にして伝えようとする。[言葉]
- いろいろな経験を通し、友達の前で自分の思ったことを表現し、受け止めてもらえる嬉しさを味わう。[表現]

内 容（養 護）

- 保育者や友達と親しみをもって関わり、安心して遊んだり生活したりする。
- 食事、手洗い、着替え、排泄など、健康に必要な習慣を身に付ける。
- 安心感をもって遊んだり生活したりし、のびのびと友達と関わる。
- 様々な運動遊びを経験しながら全身を使う。
- トイレの使い方を知り、排便後の始末を保育者と一緒にしようとする。
- 自分の体に関心をもち、体調が悪いことを保育者に伝える。
- 遊具や用具を使って、体のいろいろな部分を動かす遊びを楽しむ。
- 危険な行動や物、場所を自分で判断し、気を付けて行動する。
- 表現遊び、運動遊びなど様々な遊びや活動を通して達成感や満足感を味わう。
- 保育者や友達から自分の行動や言葉を認められる喜びを感じ、自己肯定感を育む。
- 毎日の園生活で、「今日は○○が楽しかった」という思いを経験する。
- 年度末を迎え、生活習慣が身に付いているか確認する。
- 生活や遊びに必要な約束事を知り、安全のために守ることの大切さが分かる。
- 友達に励ましてもらったり、友達を応援したりしながら努力する気持ちをもつ。
- 運動会や遠足などの活動を通して、年下の友達に優しく接する。
- 発表会に向けてみんなで取り組み、大勢の人に見てもらい、認められることで自信をもつ。
- やりたい遊びを満足するまで行う。
- 食事の仕方やマナーを知り、身に付ける。
- 家庭で経験した楽しい出来事を、保育者や友達に話す。

内容（教育）

- 散歩や戸外遊びを通して自然に親しみ、触れたり遊びに取り入れたりする。
- プール、泥んこ、色水など、水を使った遊びを十分に楽しむ。
- 季節ごとに咲く花に興味をもったり、木の実を拾ったり、虫探しをしたりして自然に親しむ。
- ごっこ遊びをしながら、役割を担うことを楽しむ。
- 新しい環境や保育者に慣れ、楽しく遊ぶ。
- 自分の気持ちを、相手に伝えようとする。
- ルールを守ると楽しく遊べることを知る。
- 5歳児と行事に参加し、親しみやあこがれを感じる。
- 自分の気持ちを伝えたり、相手の気持ちを聞いたりしながら、相手の気持ちに気付く。
- 花びら、葉、虫など、身近な自然を遊びの中に取り入れる。
- 身近な動植物に親しみをもち、世話をしながら触れたり、育てたり、収穫の喜びを味わったりする。
- 自分の物を大切にし、片付けきちんとする。
- 身の回りの物に触れたり使ったりして遊ぶ中で、物の性質（重い、軽い、硬い、柔らかい、伸びる、縮むなど）に気付く。
- いろいろな材料や素材に触れ、数量、物の色、形、記号、文字などに興味をもつ。
- 日常に必要なあいさつや返事をしようとする。
- 質問や問いかけに自分なりに考え、答えようとする。
- 絵本や紙芝居の読み聞かせを、楽しんで聞く。
- 場面に合ったあいさつや言葉が分かり、気持ちを込めて使う。
- 人の話を注意して聞き、意味を理解して行動しようとする。
- 楽器に触れ、使い方を知る。
- リズムに合わせて、打楽器を打つことを楽しむ。
- 新しい素材や材料に興味をもって関わり、必要な物を使ったりつくったりして遊ぶ。
- イメージを広げてかいたりつくったり、様々な表現を楽しむ。
- 身近な生活や経験を、ごっこ遊びに取り入れて遊ぶ楽しさを味わう。
- 人前で歌ったり踊ったりすることを楽しむ。

 ## 環境構成

- 子どもが自分で遊びを展開しやすいように、コーナーごとに遊具をそろえておく。また、自分で片付けがしやすいよう、どこに何をしまうのか分かるように表示する。
- 身支度を自分でしやすいように動線を考慮する。
- 事故防止チェックリストを作成し、遊具や用具の点検、保育室や園庭の危険箇所などの確認をする。また、保育者のいる場所などを定期的に確認して、安全に過ごせるようにする。
- 子どもが工夫したり考えたりしながら使えるような用具、遊具を用意しておく。
- 生活の中でカレンダーやあいうえお表をはり、文字や数に触れる環境を整える。
- 音楽を気軽に楽しめるよう、楽器やCDプレイヤーなどを用意しておく。

 ## 保育者の援助

- 子どもの気持ちを受け止めながら、一人一人が安心して過ごせるようにし、関係を築く。
- 保育者も一緒に体を動かして遊ぶ中で、遊びの楽しさを伝え、体の動かし方を知らせる。
- 着替えやプールの支度の手順を分かりやすく示し、丁寧にたたむこと、始末することなどを伝える。
- 自然物の変化に気付くことができるよう言葉をかけ、発見や感動を子どもと共有する。
- 運動遊びは、一人一人の発達段階や興味を把握する。それぞれが意欲をもって取り組めるよう誘いかけや励ましの仕方を工夫し、みんなで取り組む楽しさを味わえるようにする。
- 友達とのトラブルでは、保育者が見守る中で、子ども同士で話し合う機会を設け、相手の気持ちを意識できるように働きかける。
- 一年間で経験してきたことの積み重ねにより、自信をもって進級できるよう、一人一人の姿を十分に認める。
- 健康や安全などに必要な基本的な生活習慣や態度が身に付いているかを、一人一人確認して見直す。また、丁寧に行う大切さを知らせる。

年間指導計画 文例

幼稚園 / 認定こども園

自分でできることが広がり、他者との関わりも深まってきます。一年間を見通して4歳児にふさわしい保育ができるように、年間指導計画を作成していきます。

年間指導計画（幼稚園・こども園） → P058-P059 年間指導計画文例

年間目標

- 園生活に慣れ、友達と関わりをもちながら遊びの楽しさを感じる。
- 身近な自然に興味や関心をもち、触れたり遊びに取り入れたりしようとする。
- 毎日の生活や遊びの中で、基本的な生活習慣を身に付ける。
- 自分の思いを言葉や動作で表現し、相手の思いにも気付いて、受け止めようとする。

ねらい

- 自分なりに考えたり試したりしながら、工夫して遊びに取り組む。[思考]
- 身近にいる友達に気付き、関心をもったり一緒にいる心地よさを感じたりする。[協同]
- 園生活の仕方を再確認しながら、リズムを戻す。[健康]
- 保育者や友達の話を興味をもって聞く。[言葉]
- 自分で考え行動しようとする。[自立]
- 自然の変化に気付き、遊びに取り入れる。[自然]
- 友達との関わりの中で、自分の考えを動きや言葉で表現しながら遊ぶ。[言葉][表現]
- 友達と遊ぶ中で、自分の気持ちを表現したり、相手を意識したりして遊ぶ。[規範]

子どもの姿

- 自分中心に物事を考え、全体での行動（集まる順番など）がとれない子もいるが、順番を待ったり、並んだりできる子も多い。
- 自分の思いがうまく言葉で表現できない子もいる。泣いたり、すねたり、たたいたりなどが見られる。
- たまたま目に付いた物、興味をもった物を手にして遊ぶが、長続きしない。
- 好奇心が強く、室内や戸外の遊びに興味をもってとびつくが、持続せずに次々と移りやすい。
- 担任がしていることや言っていることに興味や関心を示し、同じことをしようとしたり、一緒にやろうとしたりする。
- 一つの遊びは長続きせず、次々と遊びを変える。
- 友達と同じ場で、個々に遊ぶが、時には友達と行動を共にしながら楽しむ。一方で、友達の遊びを傍観している子もいる。
- 大まかに役割を分担したり、自分なりにルールをつくったりして遊んでいる。
- 友達と遊びの場を共有し、遊びに必要なものをつくって遊ぼうとする。
- 自分の好きな運動遊びを見付けて夢中になっている。
- トラブルがあっても、自分たちで解決しようとする。

内容

- 保育者の話や紙芝居、絵本を見たり聞いたりする。
- 保育者のまねをして、手遊び、言葉遊びを楽しむ。
- 保育者と一緒に、体を動かして遊ぶ。
- 保育者と共に簡単な鬼ごっこをする。
- 保育者と一緒に、小動物を見たり餌を与えたりする。
- 戸外で遊ぶ心地よさを感じる。
- 友達と一緒に遊ぶ楽しさを感じる。
- こどもの日を知り、こいのぼり製作を喜ぶ。
- のり、はさみ、クレヨンの使い方を知る。
- 自分の靴箱、ロッカー、タオルかけなどの場所を知り、所持品の始末の仕方を覚える。
- トイレの使い方、手洗い、うがいの仕方を知る。
- 遊具、用具の使い方や決まり、片付け方を知る。
- 植物の生長に気付き、野菜や草花の形、色、様子などに関心をもつ（アサガオ、オクラ、ハツカダイコンの種植え、イチゴなど）。
- 友達とのごっこ遊びや劇遊びをする中で、自分のしたい役になって表現する楽しさを味わう。

「幼児期の終わりまでに育ってほしい姿」の [健康]：健康な心と体　[自立]：自立心　[協同]：協同性　[規範]：道徳性・規範意識の芽生え　[社会]：社会生活との関わり　[思考]：思考力の芽生え

- 自分の思ったことを、友達に伝えようとする。
- 周りの友達や遊びに興味をもち、自分から関わったり、良さを取り入れたりする。
- 友達と一緒に、曲に合わせて踊りを楽しむ。
- みんなで一緒に行う活動に、喜んで参加する（共同製作、プールなど）。
- みんなと一緒に行動することを楽しむ。
- 体を十分に動かして遊ぶ楽しさを味わう。
- 簡単な鬼遊びや、ボール遊びを楽しむ（かごめかごめ、あぶくたった、色鬼、折り返しリレー、円形ドッジボール、サッカーなど）。
- 簡単な室内遊びを楽しむ（ジャンケン電車、もうじゅう狩り、おてらのおしょうさん、フルーツバスケットなど）。
- 音楽に合わせて歌ったり、体を動かしたりする。
- 友達の動きを意識して行動する。
- 力いっぱい走ったり、運動的な遊びやリズミカルな動きをしたりして楽しむ。
- 集団の中で話を聞く態度を身に付ける。
- 空き箱や紙などで遊びに必要な物をつくったり、できあがった物で遊んだりする（車、武器、冠、携帯電話、お面など）。

環境構成

- 入園当初は不安な子が多いので、環境を毎日同じように設定することで慣れるようにする。
- なるべく戸外遊びの時間をとり、のびのび遊んで緊張感を解放できるようにする。
- 様々な道具、遊具の扱い方が分かるように、一緒につくりながら教える。
- 新しい素材や材料、保育者のつくった物の出し方を工夫し、自分からやってみたいという気持ちがもてるようにする。
- 製作の場でかいた絵やつくった物は、「〜が上手ね」などと十分に受け止め、それを使って遊びながら満足感が得られるようにする。
- 寒さに負けず、体を動かして遊べるようにリズミカルな曲を流したり、ルールのある運動遊びを提案したりする。
- 園庭での場の配置は、遊びの特徴や安全を考慮する。
- 製作したクリスマスの飾りを、子どもと一緒に保育室に飾る。
- 保育者や友達の話を、落ち着いて聞けるような雰囲気をつくる。
- 個々に考えたり、試したりしている姿を大切にし、それぞれの状態に応じて援助したり、励ましたりすることで、成功感や満足感が味わえるようにする。
- つくった物を遊びに取り入れることで、遊びが変化するおもしろさが感じられるようにする。

保育者の援助

- 保育者のところに集まると楽しいことがある、という期待感がもてるようにする。
- 昼食後、カバンの中を確認しながらコップやお箸の片付け方を知らせる。
- 生活習慣が分かるよう、根気強くくり返し言葉をかける。
- トラブルが起きた際には、一人一人の思いをよく聞いたうえで、それを相手に伝えたり保育者の考えや気持ちを伝えたりしながら、その子なりの言い方で表せるようにする。
- 一人一人の思いや要求を受け止め、それが相手に伝わるような言葉を具体的に示しながら、子どもが「入れて」「貸して」などの言葉で表せるようにする。また、限られた遊具や道具をどのように譲り合うかということにも気付かせる。
- 遊具や用具の使い方や、工夫している点などについて、他の子どもに伝えて気付かせるようにし、よりよい刺激を与える。
- 友達同士で遊べるように、保育者がくり返し、遊びの方法や用具の使い方を伝える。
- 遊びたい仲間と十分に遊べる場や時間を確保するとともに、仲間や状況によって遊び方を変える楽しさを知らせ、遊びに幅があることに気付かせる。
- 当番活動の内容が理解できるように援助する。
- 集団遊びの機会をもち、勝ち負けや捕まったり捕えたりすることを、みんなで楽しめるようにする。

自然：自然との関わり・生命尊重　数・字：数量や図形、標識や文字などへの関心・感覚　言葉：言葉による伝え合い　表現：豊かな感性と表現　を表しています。

こんなとき どうする？
年間指導計画 Q&A

Q 「年間目標」が毎年同じようになってしまいます。見直しのポイントを教えてください

A 前年度の「評価・反省」を読み返してみる

　月、週、日などの計画ごとに「評価・反省」を書いていますから、読み返してみましょう。年間目標が妥当であれば毎年変える必要はありません。担任間で相談し、今年度はぜひここに重点を置きたいということがあれば、「内容」を見直すとよいでしょう。

Q 幼稚園から保育園に移りました。年間計画で異なる点はありますか？

A 園によって項目に違いがある

　保育園では、内容を「養護」と「教育」に分けて書く場合があります。また、保育時間が長いので、午睡や夕方の配慮、室温や湿度の調整などについても記述します。園によって年間計画の形式は違いますので、その園の方針や慣例に従い、必要な項目について計画を立てていきましょう。

Q 年間の4期を通じて、同じ「ねらい」「内容」でもいいですか？

A 4期に分け、細分化した「ねらい」「内容」を記入する

　4期を通じて同じであれば、それは年間の「ねらい」「内容」です。わざわざ4期に分けてあるのですから、その「ねらい」「内容」を更に細分化して書いたほうがよいでしょう。言葉で示せるということは、一つ一つ先の見通しがついているということなのです。

第3章

月案の立て方

クラスで一つ作成する「月案」は、4月から3月までの12か月を、表と各月の文例付きで紹介しています。

4歳児の月案

おさえたい ③ つのポイント

月ごとに特に力を入れて保育をする視点を書き表す月案。前月と同じ記述では意味がありません。当たり前のことにならないよう、その月独自の記述を目指しましょう。

❶ 豊かな素材の体験を

厚い紙や薄い紙、クレヨンや絵の具、木材やペットボトルなど、様々な活動でいろいろな素材を使い、豊かな体験ができるように心がけましょう。接着にはセロハンテープと粘着テープのどちらがよいのか、自分で判断できるようにしたいものです。

❷ 身近な環境に興味がもてるように

知的好奇心が芽生える時期です。季節の自然を十分に味わい、遊びに取り込めるようにしましょう。また、ニュースから得た社会的な事象も知り、話題にしたり調べてみたりという活動も大切にしたいものです。アンテナを張った生活を楽しみましょう。

❸ トラブルは学びのチャンス！

友達とのトラブルが多くなります。早く解決することだけが大切なのではありません。自分の思いを語り、相手の気持ちを知り、こういうときにはどういう行動をとればよかったのかを学ぶ場にしましょう。行動の選択肢が増えることが、その子の成長といえるでしょう。

保育園

今月初めの子どもの姿
- 保育者との信頼関係①、自分の気持ちを受け入れてもらい、安心して生活を①る。
- 簡単な決まりを守ろうとする。

		★ 内 容
養護	生命の保持・情緒の安定	● 新しい保育室、担任に慣れ、生活する。 ● 自分のマークやロッカー、靴箱の場所、持ち物の用意の仕方などが分かり、自分でやろうとする。 ● 自分⑤っていることや困ったことを言葉や態度で表す。 ● 日常生活に必要なあいさつや返事をする。 ● トイレの使い方を知る。 ● 手洗い、うがいの仕方を身に付ける。
教育	健康・人間関係・環境・言葉・表現	● 遊具や用具の使い方を知り、安全に友達と遊ぶ。 ● 保育者や友達と一緒に、体を動かして遊ぶ。 ● 身近な春の自然に気付いたり、触れたりして遊ぶ。 ● 絵本や紙芝居などを、見たり聞いたりして楽しむ。 ● 折り紙でつくりたい物をイメージし、ちぎったり、はったり、折ったりして遊ぶ。 ● いろいろな素材やクレヨン、絵の具などで、こいのぼりをつくる。 ● 季節の歌やリトミックを楽しむ。

▼ 食 育

＜ねらい＞ ● 友達や保育者と一緒に、楽しく食事をする。
＜環境構成＞ ● 楽しい⑨をつくる。
＜予想される子どもの姿＞ ● 友達と楽しく食べる。
＜保育者の援助＞ ● おしゃべりが多いときは、楽しい雰囲気をこわさないよう声をかけ、箸が止まらないように促す。

---

❶ 前月末の子どもの姿
前月末の園生活における子どもの育ちの姿をとらえます。興味や関心、どんな気持ちで生活しているのかなどを詳しく書きます。※4月は「今月初めの子どもの姿」となります。

❷ ねらい／月のねらい
今月、子どもたちに育みたい資質・能力を、生活する姿からとらえて書きます。本書は「幼児期の終わりまでに育ってほしい姿」と関連のある「ねらい」にマークを入れています。

❸ 月間予定
園またはクラスで行われる行事を書き出します。

❹ 週のねらい（幼稚園・認定こども園）
今週、「子どもの中に育つもの・育てたいもの」です。どのように心情・意欲・態度が育つのかを踏まえて、「ねらい」を立てます。

❺ 内容
「ねらい」を達成するために「経験させたいこと」です。環境に関わって展開する具体的な活動を通して総合的に指導されるものです。

❻ 環境構成
「ねらい」を達成するために「内容」を経験させる際に、どのような環境を設定したらよいかを具体的に書きます。

◆ ねらい

- 新しい環境に慣れ、生活の流れや決まりを知り、安心して過ごす。 健康
- 新しい担任や友達に親しみ、好きな遊びを一緒に楽しむ。 健康 協同
- 身近な春の自然に触れて遊ぶ。 自然

② ③

📅 月間予定

- 入園の会
- 身体測定
- 避難訓練
- ありがとうの会

環境構成	予想される子どもの姿	保育者の援助
● 子どもたちが使いやすいように遊具などの環境を整えておく。 ● 個人のマークを用意しておき、靴箱、ロッカーなどに一緒にはりながら、使い方を⑥確認する。 ● うがいや手洗いをする場は、いつも清潔にしておく。	● 進級や入園をして、新しい保育室、担任になったことを喜び、期待して登園してくる子と、戸惑う子や、保護者と離れられずに泣いてしまう子がいる。 ● 身の回りのことを⑦自分でする子、配慮の必要な子など、個人差がある。 ● 春の草花を見たりつんだり、アリやダンゴムシなどに興味をもち、捕まえたり集めたりして遊ぶ。	● 進級や入園をした嬉しい気持ちに共感して接する。また、不安な気持ちにも気付き、優しく受け止めて見守る。 ● 保護者には今の姿を丁寧に伝え、安心感をもって⑧信頼関係の第一歩とする。 ● 身の回りのことを自分でしようとしたり、できたりした際は十分にほめ、認める。 ● トイレの使い方を一緒に確認する。
● 季節に合った絵本をゆったり見られるように、絵本コーナーを設定しておく。 ● イメージしたものがつくれるように、様々な材料をそろえておく。 ● はさみを安全に使うための約束事を子どもたちと確認する。また、安全な場所にしまっておく。 ● みんなで楽しめるような歌やリトミックを準備する。	● 一人一人が自分の気持ちを主張し、いろいろな場面でトラブルが起こる。 ● 友達と戸外で思いきり体を動かして遊ぶ。 ● やりたい遊びを見付けて元気に遊ぶ子、なかなか遊びだせない子がいる。 ● 絵の具を使うが、いろいろな色をパレットに出し、最後は全部を混ぜる。	● 子どもの話を聞くときは、きちんと相手に体を向け、顔を見て聞くようにし、自分の話を聞いてもらったという満足感を味わえるようにする。 ● 一人一人の遊びや興味や関心のあることを把握し、これからの遊びや活動のヒントとする。 ● 興味のある遊びや新しい遊びを取り入れながら、友達や保育者と体を動かして遊ぶ楽しさを味わえるようにする。 ● 身近にいる虫や草花などを観察したり、名前を調べたり、つんできた草花で遊んだりして、関心がもてるようにする。

🔄 職員との連携

- ⑩ 全職員で、年間の指導計画について話し合う。
- クラスの担任間で同じように対応できるように、子どもの様子や姿について確認し合う。

🏠 家庭との連携

- ⑪ 登園時の保護者への対応を丁寧に行い、信頼関係を築く。
- 連絡帳、クラスだより、壁新聞などで、

🏷 評価・反省

- ⑫ 身の回りのことを自分でするが個人差が大きく、一人一人への丁寧な対応に欠けたと反省する。来月は、一人一人のよい

---

⑦ 予想される子どもの姿（保育園）

環境構成された場に子どもが入ると、どのように動き、どのように活動するのかを予想して書きます。

⑧ 保育者の援助

「ねらい」を達成するために「内容」を経験させる際に、どのような保育者の援助が必要かを具体的に書きます。

⑨ 食育

「食育」のための援助について、環境のつくり方から保育者の言葉かけまで、具体的に書きます。

⑩ 職員との連携

担任やクラスに関わる職員間で、子どもや保護者の情報を共有したり助け合ったりできるよう、心構えを記します。

⑪ 家庭との連携

保護者と園とで一緒に子どもを育てていくうえで、伝えることや尋ねること、連携を図って進めたいことについて記載します。

⑫ 評価・反省

翌月の計画に生かすため、子どもの育ちの姿を通して、「ねらい」にどこまで到達できたか、援助は適切だったかを振り返って書き留めます。

幼稚園・認定こども園

😊 今月初めの子どもの姿

- 園生活を楽しみに、保護者からスムーズに離れられる子もいれば、緊張や不安からなかなか離れられない子もいる。
- ① 緊張や不安を感じて、保育者のそばにいることで安心できる子もいる。

◆ 月のねらい

- 園生活を楽しみにし、喜んで登園する。 健康
- 保育者と関わりながら、② 園生活の仕方を知る。 健康
- 春の自然に触れ、五感で味わう。 表現

📅 月間予定

- 入園式
- 迎える会
- 保護者会
- 身体測定
- おひさま会（学年全体の活動）
- 誕生会 ③
- 避難訓練

	第1週	第2週	第3週	第4週
◆ 週のねらい	● 園生活を楽しみに登園する。 ● 保育者と触れ④合い、安心感をもつ。	● 保育者に親しみをもち、喜んで登園する。 ● 保育者と関わりながら、園生活の仕方を知る。	● 保育者のそばで歌ったり、安心して遊んだりする。 ● 一日の生活の中で、自分ですることが分かり、自らやってみようとする。	● 保育者や友達と触れ合って、楽しく遊ぶ。 ● 一日の生活の流れや、生活の仕方を知り、園生活に親しむ。
★ 内容	● 保育者と触れ合い、親しみをもつ。 ● 5歳児と一緒に活動する楽しさを味わう。 ⑤	● 保育者と触れ合ったり、遊んだりしながら、安心して過ごす。 ● 自分の場所や、園内での約束事を知る。	● 保育者や友達の名前、自分のクラスを覚え、親しみをもつ。 ● 持ち物の始末やトイレの使い方が分かり、自分でしようとする。	● 好きな遊びを見付け、同じ場にいる友達に気付く。 ● みんなとお弁当を食べる楽しさを感じる。
🏠 環境構成	● 出席ノートや名札、カラー帽子などの保育用品を準備する。 ● 机や椅子の⑥確認し、配置を考える。 ● ロッカー、くつかけ、荷物かけ、靴箱など、子どもが使用する場所に名前やマークをはる。	● 子どもが興味をもちそうな遊びを楽しめるように、室内の環境を整える。子どもの様子に合わせて、玩具の種類、内容、数などを考え、場所の広さを調節する。 ● 子どもが楽しめるような手遊びや歌、紙芝居などを準備しておく。	● 園内探検、園庭探検をして、園の様子が分かるようにする。 ● 好きな遊びを見付けられるように、玩具を出し、安心して遊べる場所を確保する。	● ブロックやペープサートなど、つくったもので遊べる場所を準備し、楽しめるようにしておく。 ● 「おひさま会」ってこんなことをするんだな、楽しそうだなと感じられるように、事前に内容を配し。
🏛 保育者の援助	● 名前を呼びかけたり、会話を楽しんだり、スキンシップを図ったりして、子どもの行動を温かく受け止める。 ● 保育者と⑧話をしたり、遊んだりすることで、少しずつ環境に慣れるように援助する。 ● トイレに対する恐怖心や不安をもたないように、丁寧に指導する。	● 子どもも保護者も期待や不安を感じているので、笑顔で迎える。 ● その日に口にする楽しいことを話したり、抱っこしたり、スキンシップを図りながら保育室に入れるようにする。 ● 身の回りの習慣は、自分でできるように励ます。 ● トイレの使い方を丁寧に知らせる。	● 保育者といることで安心できるように、子どもに寄り添ったり、一緒に遊んだりする。 ● たくさんの友達、たくさんの保育者、楽しそうな保育室の存在を知り、期待をもてるように話をする。	● 保育者や友達が遊ぶ姿を見て興味をもつ子もいるので、タイミングを見ながら声をかけ、一緒に楽しめるように促す。 ● 昼食後にカバンの中を確認し、お弁当が片付けられているか様子を見る。 ● 衣服の着脱の際には励ましたり、必要なときは援助したりする。

🍴 食育

- 初めての昼食の時間では、子どもと一緒に、ゆっくりと一つ一つ確認しながら準備⑨する。
- 昼食の時間が苦痛にならないように、楽しい雰囲気で食べる。

🔄 職員との連携

- 避難訓練の際は、サイレンの音や緊張感のある雰囲気に恐怖を感じる子がいるので、補助の保育者と連携しながら様子を見ていく。 ⑩

🏠 家庭との連携

- 保護者と話したり質問を受けたりしながら、積極的に関わる。 ⑪
- 食事の様子や必要なときは保護者に様子を伝え、お弁当の量などを調節してもらう。
- 身体測定の前に保護者に声をかけ、脱ぎ着しやすい服装で登園してもらうようお願いする。

🏷 評価・反省

- 鬼遊びや、かくれんぼに積極的に取り組もうとする子と関わり、一緒に遊びを楽しむことができた。他の遊びをしている子の様子をなかなか見ることができなかったので、補助の保育者と連携を図りながら役割を交代し、戸外遊びで関わりの少なかった子どもたちとも関わっていきたい。 ⑫

保育園 4月 月案

4月の月案 ここがポイント！

安心できる居場所づくりを

　新しい保育室や担任になり、すぐに遊び始める子もいれば、なじむまでに時間を要する子もいます。保育室内に、仕切りなどで囲われた空間をつくり、隅っこが好きな子どもや人にあまり見られたくない子どもも安心して過ごせるような居場所づくりに配慮します。そして、担任がいつも優しい笑顔を向けると、子どもは認められていることを感じ、ほっとできるでしょう。

4月月案 さくら組

👦 今月初めの子どもの姿

- 保育者との信頼関係のもと、自分の気持ちを受け入れてもらい、安心して生活をしている。
- 簡単な決まりを守ろうとする。

★ 内容

養護 生命の保持・情緒の安定	●新しい保育室、担任に慣れ、生活する。 ●自分のマークやロッカー、靴箱の場所、持ち物の用意の仕方などが分かり、自分でやろうとする。 ●自分の思っていることや困ったことを言葉や態度で表す。 ●日常生活に必要なあいさつや返事をする。 ●トイレの使い方を知る。 ●手洗い、うがいの仕方を身に付ける。
教育 健康・人間関係・環境・言葉・表現	●遊具や用具の使い方を知り、安全に友達と遊ぶ。 ●保育者や友達と一緒に、体を動かして遊ぶ。 ●身近な春の自然に気付いたり、触れたりして遊ぶ。 ●絵本や紙芝居などを、見たり聞いたりして楽しむ。 ●折り紙でつくりたい物をイメージし、ちぎったり、はったり、折ったりして遊ぶ。 ●いろいろな素材やクレヨン、絵の具などで、こいのぼりをつくる。 ●季節の歌やリトミックを楽しむ。

🍚 食育

＜ねらい＞●友達や保育者と一緒に、楽しく食事をする。
＜環境構成＞●楽しい雰囲気をつくる。
＜予想される子どもの姿＞●友達と楽しく食べる。
＜保育者の援助＞●おしゃべりが多いときは、楽しい雰囲気をこわさないよう声をかけ、箸が止まらないように促す。

4月 月案 ＊保育園

◆ ねらい
- 新しい環境に慣れ、生活の流れや決まりを知り、安心して過ごす。[健康]
- 新しい担任や友達に親しみ、好きな遊びを一緒に楽しむ。[健康][協同]
- 身近な春の自然に触れて遊ぶ。[自然]

📋 月間予定
- 入園の会
- 身体測定
- 避難訓練
- 保護者会
- おめでとうの会

環境構成	予想される子どもの姿	保育者の援助
● 子どもたちが使いやすいように遊具などの環境を整えておく。 ● 個人のマークを用意しておき、靴箱、ロッカーなどに一緒にはりながら、場所や使い方を確認する。 ● うがいや手洗いをする場は、いつも清潔にしておく。	● 進級や入園をして、新しい保育室、担任になったことを喜び、期待して登園してくる子と、戸惑う子や、保護者と離れられずに泣いてしまう子がいる。 ● 身の回りのことを自分でする子、配慮の必要な子と、個人差がある。 ● 春の草花を見たりつんだり、アリやダンゴムシなどに興味をもち、捕まえたり集めたりして遊ぶ。	● 進級や入園をした嬉しい気持ちに共感して接する。また、不安な気持ちにも気付き、優しく受け止めて見守る。 ● 保護者には今の姿を丁寧に伝え、安心感をもってもらい、信頼関係の第一歩とする。 ● 身の回りのことを自分でしようとしたり、できたりした際は十分にほめ、認める。 ● トイレの使い方を一緒に確認する。
● 季節に合った絵本をゆったり見られるように、絵本コーナーを設定しておく。 ● イメージしたものがつくれるように、様々な材料をそろえておく。 ● はさみを安全に使うための約束事を子どもたちと確認する。また、安全な場所にしまっておく。 ● みんなで楽しめるような歌やリトミックを準備する。	● 一人一人が自分の気持ちを主張し、いろいろな場面でトラブルが起こる。 ● 友達と戸外で思いきり体を動かして遊ぶ。 ● やりたい遊びを見付けて元気に遊ぶ子、なかなか遊びだせない子がいる。 ● 絵の具を使うが、いろいろな色をパレットに出し、最後は全部を混ぜる。	● 子どもの話を聞くときは、きちんと相手に体を向け、顔を見て聞くようにし、自分の話を聞いてもらったという満足感を味わえるようにする。 ● 一人一人の遊びや興味や関心のあることを把握し、これからの遊びや活動のヒントとする。 ● 興味のある遊びや新しい遊びを取り入れながら、友達や保育者と体を動かして遊ぶ楽しさを味わえるようにする。 ● 身近にいる虫や草花などを観察したり、名前を調べたり、つんできた草花で遊んだりして、関心がもてるようにする。

⇄ 職員との連携
- 全職員で年間の指導計画について話し合う。
- クラスの担任間で同じように対応できるように、子どもの様子や姿について確認し合う。

🏠 家庭との連携
- 登降園時の保護者への対応を丁寧に行い、信頼関係を築く。
- 連絡帳、クラスだより、壁新聞などで、子どもの姿や取り組んでいる活動などを知らせる。

🏷 評価・反省
- 身の回りのことを自分でするが個人差が大きいため、一人一人への丁寧な対応に欠けたと反省する。来月は、一人一人のよいところを認めながら、できないところを見極め、丁寧に指導したい。
- はさみの使用には個人差があり、そばに付いて指導した。手先を使うのが苦手な子が多い。手先を使った遊びを工夫したい。

[自然]：自然との関わり・生命尊重　[数字]：数量や図形、標識や文字などへの関心・感覚　[言葉]：言葉による伝え合い　[表現]：豊かな感性と表現　を表しています。

保育園 5月 月案

5月の月案 ここがポイント！

行動範囲の広がりを予想して

　新しいクラスに慣れてくると、子どもの視線は外へ向かいます。こいのぼりを見たりさわやかな風を感じたりすると、自然に走りたくなってくるはずです。園庭の隅々を探検する子どもたちもいるでしょう。子どもを外に誘うグッズを用意しながら、新しい出会いや経験ができるように、環境を整えたいものです。室内遊びが多く見られる子も、時には優しく外へ誘ってみましょう。

5月月案 さくら組

前月末の子どもの姿

- 進級したことが嬉しく、興奮して走り回る子がいる。あちらこちらに興味が分散し、動き回る子もいる。
- はさみを使ったこいのぼりづくりをきっかけに、製作が楽しくなる。はさみの使用には個人差がある。

		★ 内　容
養護	生命の保持・情緒の安定	●新しい保育室や保育者に慣れ、安心して過ごす。 ●戸外から戻ったら手洗い、うがいを丁寧に行う。
教育	健康・人間関係・環境・言葉・表現	●身の回りのことを、自分でしようとする。 ●戸外で体を動かして遊ぶ。 ●遊具、用具の正しい使い方を知り、守ろうとする。 ●自分の気持ちや要求などを、言葉で伝えようとする。 ●保育者の話に耳を傾け、聞こうとする。 ●いろいろな素材で、つくったりかいたりすることを楽しむ。

食育

＜ねらい＞●楽しい雰囲気の中で、マナーを意識して食べる。
＜環境構成＞●食べはじめる前に、マナーを再確認する。
＜予想される子どもの姿＞●保育者に声をかけられてマナーを意識する。
＜保育者の援助＞●楽しい雰囲気を保ちながら、自分で気付けるように声をかける。

◆ ねらい

- 生活の流れを知り、身の回りのことを自分でやろうとする。[自立]
- 自分の好きな遊びを、保育者や友達と十分に楽しむ。[健康][協同]

月間予定

- こどもの日の集い
- おめでとうの会
- 避難訓練
- 春の園外保育（遠足）
- 身体測定

5月・月案 ＊保育園

環境構成	予想される子どもの姿	保育者の援助
●自分からやりたい遊びが始められるよう、遊びだしのきっかけになる玩具を、目に付きやすい場所に用意しておく。 ●手洗いやうがいが病気の予防になることを、絵を使って知らせる。	●新しい環境に慣れて、緊張がほぐれて自分の気持ちをストレートに出す子と、まだ自分を出せない子がいる。 ●声をかけられると、意識して丁寧にやろうとする。	●子どもの興味や関心があるものに共感し、一緒に遊びながら安心感がもてるようにする。 ●保育者も進んで行う姿を見せる。また、丁寧に行っている姿を認めながら、習慣となるようにする。
●足洗いの場、着替えの場などの動線を整理する。 ●園庭の整備や安全点検を行う。遊び出す前には準備体操をする。 ●そのつど、遊具や用具の使い方をやって見せながら知らせる。 ●しっかり視線を合わせて話す。全体に向けて話すときには、保育者の立ち位置を工夫する。 ●素材を十分に用意する。	●自分で見通しをもつ子、声をかけられながら行う子がいる。 ●友達や保育者と、走って体を動かすことを楽しむ。 ●遊具や用具の使い方を意識し、違う使い方をしている子を指摘する。 ●自分の気持ちを言葉ではっきり出す子と、なかなか言葉に出せない子がいる。 ●都合が悪いときには、聞こうとしない。 ●つくりたいもののイメージをもって材料を組み合わせる子、材料を集めることで満足している子がいる。	●見通しがもてるように声をかけ、自分でできるように見守る。 ●保育者からも積極的に誘い、一緒に体を動かす。 ●はじめて使う遊具は遊びながら、正しい使い方に慣れるようにする。 ●必要に応じて言葉を引き出したり、付け加えたりする。 ●それぞれの理解力に合わせた話し方をする。 ●イメージを大切に見守り、つくる楽しさにつなげる。はさみの使い方も丁寧に知らせる。

職員との連携
- 一人一人の好きな遊びや身支度の状況などを把握し、担任同士で援助の仕方を共有する。

家庭との連携
- 登降園時に積極的にコミュニケーションを図ったり、クラスだよりを通して園生活の様子を具体的に知らせたりしながら、保護者が安心できるようにする。
- 園外保育時のお弁当の協力を依頼する。

評価・反省
- 子どもと積極的に関わりをもって遊んだことで、担任に心を開いてきている。中には、まだ自分を出せない子もいるので、今後も一人一人との関わりを大切にしていきたい。
- 身の回りのことは雑になりがちで、それぞれのペースに差がある。来月からプールの支度が加わるので、丁寧にやり方を知らせたい。

[自然]：自然との関わり・生命尊重　[数字]：数量や図形、標識や文字などへの関心・感覚　[言葉]：言葉による伝え合い　[表現]：豊かな感性と表現　を表しています。

保育園 6月 月案

6月の月案 ここがポイント！

自分のことができる自信を生かして

　身の回りのことは、かなり自分でできるようになっています。「さすが○○ちゃん」とその自信を育てながら、頻繁になる着替えも手早くできるように促しましょう。また、新しい出会いや活動に臆病になっている際には、「○○ちゃんは自分で～ができるものね」とできた達成感を思い出させながら背中をそっと押して、一歩前へ踏み出す勇気を呼び起こしましょう。

6月月案 さくら組

前月末の子どもの姿
- 担任との信頼関係ができ、甘えを見せるなど親しさが増す。
- 朝夕の支度など、身の回りのことは自分でできるが、めんどうな気持ちもあり、なかなか進まないこともある。

★内容

養護 生命の保持・情緒の安定	●梅雨の時期の特徴を理解し、快適に過ごす。 ●汗をかいたら、着替えたりシャワーを浴びたりする。 ●手洗い、うがいを丁寧にする。
教育 健康・人間関係・環境・言葉・表現	●水遊びに必要な支度や後始末の仕方を知り、自分で行う。 ●簡単なルールのある遊びを、保育者や友達と一緒に楽しむ（フルーツバスケット、引っこし鬼など）。 ●自分の感じたことや思ったことを、相手に伝えようとする。 ●5歳児に関心をもち、一緒に遊ぶことを楽しむ。 ●身近な生き物、植物、栽培物に興味・関心をもつ。 ●様々な素材で、つくって表現することを楽しむ。

食育
＜ねらい＞●給食メニュー、食材に興味をもつ。
＜環境構成＞●毎朝、食材を見て触れる機会をつくる。
＜予想される子どもの姿＞●食べながら、朝に見て触れた食材を探し、興味を示す。
＜保育者の援助＞●食事前に、どんな食材が入っているのかなど声をかけ、興味や関心がもてるようにする。

◆ ねらい

- 生活の流れが分かり、身の回りのことを丁寧にやろうとする。 自立
- 気の合う友達と一緒に、好きな遊びを楽しむ。 協同
- 思っていることを言葉にして伝える。 言葉

月間予定

- おめでとうの会
- 身体測定
- 避難訓練
- 歯科検診
- プール開き

環境構成	予想される子どもの姿	保育者の援助
●この時期の特徴を、絵本などを通して具体的に伝える。 ●気温、湿度に留意し、室温を調節する。	●水分補給をこまめに行う。 ●汗をかいたら着替えたり、シャワーを浴びたりする。 ●この時期の特徴を理解し、手洗い、うがいなどを丁寧にしようとする。 ●手洗い、うがいは、慣れるまでは声をかけられながら行う。	●言葉と視覚で伝えることにより、理解を深める。 ●着替えや水分補給を促す。
●水遊びの支度の仕方を丁寧に知らせる。動きやすい動線を意識する。 ●ルールのある遊びをする機会をつくり、継続する。 ●思っていることを言える場、言ってもいい場をつくり、安心感が得られるようにする。 ●5歳児との混合グループの活動を定期的に行う。 ●飼育箱、図鑑を用意する。栽培物は目に付くところに置く。 ●様々な材料をそろえ、十分に楽しめる場所や時間を確保する。	●ルールどおりに進まず、トラブルになる。 ●保育者に気持ちを支えられて、自分の思いを伝えようとする。 ●一緒に活動することを楽しみ、5歳児から刺激を受け、まねをする。 ●見付けた虫を飼育箱に入れ、観察したり調べたりする。 ●つくることを楽しんだり、つくったもので友達と遊んだりする。	●一日の生活に見通しがもてる声をかけ、自分でできるように見守る。 ●一緒に遊びながらくり返しルールを説明し、ルールがあるからこそ楽しいという経験ができるようにする。 ●自分の思いを伝えられるように気持ちをくみ取って促す。 ●分からないことを聞くきっかけをつくり、関わりがもてるようにする。 ●子どもの気付きに共感し、一緒に調べて関心を高める。 ●発想やアイデアを認め、つくる楽しさにつなげる。

職員との連携

- プール、シャワーの支度がスムーズに行えるように動線を確認し合う。
- 健康チェック表に漏れがないか、職員同士で確認する。
- 5歳児とのグループ活動では、一人一人の姿と援助の方法を5歳児の担任と共有しておく。

家庭との連携

- 汗をかいて着替えることが多いので、衣服を補充してもらう。
- プールの支度の準備、健康チェック表を毎日、記入してもらう。

評価・反省

- 湿度が高く不快さを感じたため、冷房を利用して室温調節をした。
- プール遊びが始まったばかりで、支度の仕方が身に付くところまでいかない。今後は混乱なく進められるように丁寧に確認していきたい。
- 来月の夏祭りへの期待が膨らんで、週に一度の5歳児とのグループ活動にも意欲的である。夏祭り後もこの関わりを継続したい。

6月 月案 ＊保育園

自然：自然との関わり・生命尊重　数字：数量や図形、標識や文字などへの関心・感覚　言葉：言葉による伝え合い　表現：豊かな感性と表現　を表しています。

保育園 7月 月案

月案（保育園）→ P070-P071 7月の月案

7月の月案 ここがポイント！

大好きな水遊びの季節が到来

　水の感触が気持ちよい季節です。子どもは、水遊びを楽しみに登園してくるでしょう。その期待にこたえ、楽しい水遊びグッズを準備し、友達とも楽しく関われるようにしたいものです。まだ水が怖い子どもには無理なく水と親しめるような遊びを展開しながら、時には水しぶきを浴びるチャンスをつくり、顔に水がかかっても大丈夫だという自信がもてるようにしましょう。

7月月案 さくら組

前月末の子どもの姿

- ルールのある遊びが少しずつ楽しくなった。ルールがあるからこそ楽しい思い、悔しい思いをしている。
- 5歳児との活動で、他のグループがどのような準備をしているのか話すなど、夏祭りへの期待をもつ。

		★ 内 容
養護	生命の保持・情緒の安定	●水の危険性を知り、安全に気を付ける。 ●休息を取りながら、健康に過ごす。
教育	健康・人間関係・環境・言葉・表現	●水遊びやプール遊びを楽しむ。 ●身の回りの掃除や片付けを行い、気持ちよく過ごす。 ●七夕の由来を知り、笹飾りをつくったり七夕集会に参加したりして楽しむ。 ●夏祭りに向けて、5歳児と一緒に活動することを楽しむ。 ●栽培物の生長に興味をもちながら収穫する（ピーマン、キュウリ、ナス、トマトなど）。 ●相手に自分の気持ちを伝え、相手にも思いがあることに気付く。

食育

＜ねらい＞●栽培している夏野菜に興味や関心をもち、収穫の喜びを味わう。
＜環境構成＞●生長過程に気付かせながら、一緒に世話をする。
＜予想される子どもの姿＞●生長の変化に気付き、収穫できることを楽しみにする。
＜保育者の配慮＞●子どもたちの気付きに共感し、収穫への期待が膨らむようにする。収穫した野菜は調理してもらって味わう。

◆ ねらい

- 保育者や友達と、水遊びやプール遊びを楽しむ。 協同 自然
- 生活や遊びに必要な約束が分かり、守ろうとする。 規範

月間予定

- 夏祭り
- 七夕・笹燃やし
- おめでとうの会
- 身体測定
- 総合避難訓練

環境構成	予想される子どもの姿	保育者の援助
● プールでの約束や危険性を、絵などを使って具体的に知らせる。 ● 遮光ネットを取り付け、涼しく遊べる場をつくる。 ● 水分補給を適切にできるように準備する。	● 水の危険性を理解し、気を付けようとする。 ● 保育者に促されたり、自分で気付いたりして水分補給をする。	● 危険につながる行為を、そのつどしっかり知らせる。 ● 水分補給をこまめに促し、静と動の活動のバランスを工夫する。
● 水が苦手な子、大胆に遊ぶ子に分かれて遊ぶ時間をつくる。 ● 片付ける場所を、分かりやすく表示する。 ● 折り紙、はさみ、のりなど笹飾りをつくるための材料を用意し、保育者がつくった見本も置いておく。 ● 活動に必要な様々な素材を用意しておく。 ● 収穫できた野菜の数の表示、形などを確認する場をつくる。 ● お互いに自分の思いを言い合える場をつくる。	● 自分のペースで水遊びを楽しむ。 ● 自分で使った物などを、自分で片付ける。 ● 5歳児から刺激を受け、まねをして製作する。 ● 収穫を喜び、野菜の数を数えたり、形を比べたりする。 ● 自分の主張を優先するため、トラブルになる。 ● 保育者に自分の思いを聞いてもらうと、落ち着いて泣きやむ。	● 水に対する一人一人の状況を把握し、それぞれの目標を明確にして水遊びを進める。 ● 保育者も手伝い、きれいになった気持ちよさを実感できるようにする。 ● 夏祭りを楽しく迎えられるように、十分に準備や企画をしておく。 ● 収穫物の数や形などにも関心を向けられるよう、一緒に数えたり比べたりする。 ● トラブルの際は仲介に入り、お互いの思いに気付けるようにする。

7月 月案 保育園

⇄ 職員との連携

- プール、シャワーで他のクラスと一緒になることもあるので、職員同士で動線を確認し、保育者の立ち位置も明確にしながら危険のないように進める。

🏠 家庭との連携

- プールの健康チェック表に、忘れずに記入してもらう。
- 夏祭りでの様子を、壁新聞で伝える。
- 汗をたくさんかくため、帽子や上履きの洗濯をこまめにしてもらう。

評価・反省

- 夏祭りの5歳児との活動をきっかけに関わりが自然になり、お互いの保育室を行き来するようになった。
- プール遊びが本格的になった。水に抵抗を示す子もいるため、交代で入る工夫をしたところ、自分のペースで楽しめるようになった。
- 避難訓練では、消防署員からの指導を真剣に聞いていた。

自然 ：自然との関わり・生命尊重　数・字 ：数量や図形、標識や文字などへの関心・感覚　言葉 ：言葉による伝え合い　表現 ：豊かな感性と表現　を表しています。

保育園 8月 月案

8月月案 さくら組

8月の月案 ここがポイント！

動と静のバランスに配慮して

水遊びが楽しい毎日ですが、動的な遊びが長時間続くと子どもは体力を消耗し、疲れきってしまいます。適度な休息を取りながら、また、静的な活動の楽しさも十分に取り入れて、8月の計画を立てましょう。お盆の時期など人数が少ないときには、今まで出会ったことのない異年齢児とも遊べるチャンスです。少人数だからこそできる楽しい活動も、準備しましょう。

前月末の子どもの姿

● 夏祭り当日は、5歳児と一緒に初めてお店屋さんごっこを行い、「楽しかった」「忙しかったけど頑張った」など、達成感を味わえた。この活動がきっかけになり、関わりが自然になりつつある。

		★ 内 容
養護	生命の保持・情緒の安定	● 水の危険性を知り、プールでの決まりを守って安全に遊ぶ。 ● 夏の一番暑い時期の生活の仕方を知り、快適に過ごす。
教育	健康・人間関係・環境・言葉・表現	● 全身を使って水に親しみ、水の心地よさを感じる。 ● 自分のプール遊びでの目標に向かって取り組む中で、友達に励まされたり、共に達成感を味わったりしながら、つながりを深める。 ● 夏の自然事象に関心をもつ。 ● 身近な夏の虫（カブトムシ、セミ）に興味をもち、世話をする。 ● 経験したことを保育者や友達に話したり、聞いたりする。 ● みんなで歌ったり、体を動かしたりして、表現することを楽しむ。 ● 異年齢児に親しみをもつ。

食育

<ねらい>● トウモロコシの皮むきやエダマメの収穫などを通して、食材に関心をもつ。
<環境構成>● むいた皮やひげを入れる袋を用意する。
<予想される子どもの姿>● 皮を何枚もむくと、実が出てくることに驚く。
<保育者の援助>● 調理前後での食材の変化（形や硬さなど）に気付くよう、声をかけながら関心を向ける。
● 調理員と事前に確認を行う。

◆ ねらい

- 保育者や友達と一緒に、夏ならではの解放的な遊びを楽しむ。 協同 自然
- 生活に必要なことを、自分なりに考えて行う。 自立 思考

月間予定

- おめでとうの会
- 身体測定
- 避難訓練
- 幼児の活動(ゲーム、お化け屋敷、スイカ割り)

環境構成	予想される子どもの姿	保育者の援助
●水遊びの約束の再確認をし、自分で考える機会をつくる。 ●休息の必要性を伝え、十分な休息が取れる場所や時間を確保する。	●水遊びの決まりを守って遊ぶ。 ●促されて涼しい場所で遊んだり、休息を取ったりする。	●慣れたころに水遊びの事故の危険性が高まるので、子どもたちの行動を見落とさず、安全に過ごせるようにする。 ●活動のバランスを考慮する。体調の変化に注意し、一人一人の健康状態を観察する。
●みんなで楽しめるゲームや、友達と触れ合う遊びを用意する。 ●一人一人の目標を明確にし、友達と応援し合う場もつくる。 ●夏の虫や自然に関する、絵本や図鑑などを準備しておく。 ●話したい気持ちを受け止め、最後まで耳を傾ける。 ●歌ったり踊ったりして、音楽に触れる機会をつくる。 ●異年齢児と一緒に遊んだり食事をしたり、午睡をしたりする機会を設ける。	●水の中に潜ったり浮いたりして、水の心地よさを感じる。 ●自分の目標を意識して努力し、友達と互いに応援し合う。 ●雷、虹、夕立などの自然現象に興味をもって観察する。 ●自分の経験を、保育者や友達に話したがる。 ●歌うことや、音楽に合わせて動くことを楽しむ。 ●好きな歌をくり返し聞きたがる。 ●異年齢児に優しく接し、一緒に遊ぶが、思いが一方通行になることもある。	●自信をもって取り組む姿が増えているので、その場をとらえて言葉をかけ、みんなにも知らせる。友達と励まし合ったり、認め合う場をつくることで、つながりを深められるようにする。 ●子どもの発見や驚き、不思議さに共感しながら、関心を深められるようにする。 ●話す側、聞く側を整理し、両者が満足できるようにする。 ●保育者自身が楽しんで歌ったり、体を動かしたりして楽しさを伝え、共感する。 ●保育者が異年齢児に話しかけたり、遊びに誘ったりして、交流がもてるようなきっかけをつくる。

8月 月案 * 保育園

職員との連携

- 保育者同士の連絡や引き継ぎをきちんと行い、子どもが安定して安全に過ごせるようにする。
- 異年齢での活動が増えるので、子どもの様子など、情報を共有するとともに、援助の仕方についても共通認識をもつ。

家庭との連携

- 夏の暑さから疲れが出やすい時期なので、朝の受け入れ時に健康状態について連絡を取り合う。
- プールチェック表に記入してもらう。

評価・反省

- プール遊びでそれぞれの目標を明確にしたことで、挑戦する姿が見られた。一つ前に進むことができると自信になり、達成感につながっている。また、友達が応援し、認めてくれた喜びも、感じることができた。今後は、運動遊びでも目標に向かって取り組めるようにしたい。

自然：自然との関わり・生命尊重　数字：数量や図形、標識や文字などへの関心・感覚　言葉：言葉による伝え合い　表現：豊かな感性と表現　を表しています。

9月 月案

月案（保育園） → P074-P075 9月の月案

9月の月案 ここがポイント！

残暑と上手に付き合って

まだまだ水遊びも十分に楽しみたいですが、子どもには夏の疲れが出てくる時期です。運動的な遊びも始まりますが、同時に保育室での落ち着いた遊びも設定したいもの。疲れたときに保育室に帰ると、別の世界で遊べるような活動があるとすてきです。お話の世界などを上手に取り入れて、心がホッとするようなコーナーをつくりましょう。

9月月案 さくら組

前月末の子どもの姿

- プール遊びを楽しみ、蹴伸びやフープくぐりなどをしてダイナミックに遊ぶ。
- 水に対して苦手意識がある子もまだいるが、少しずつ慣れ、楽しめるようになっている。

		★ 内 容
養護	生命の保持・情緒の安定	●汗をかいたらシャワーを浴びたり、体をふいたりして清潔に過ごす。 ●気温や活動に合わせて、自分で衣服を調節する。
教育	健康・人間関係・環境・言葉・表現	●友達や保育者と一緒に体を動かすことを楽しみ、自分の目標に向かって最後まで取り組む（鉄棒、大なわとびなど）。 ●安全のルールを意識し、気を付けて行動しようとする。 ●自分の気持ちを伝えたり、相手の気持ちを聞いたりしながら、相手の気持ちに気付く。 ●異年齢児と一緒に遊んだり活動したりする中で、親しみをもち、関わりを深める。 ●人の話を注意して聞き、聞いた内容を理解する。

食育

〈ねらい〉●ホットケーキづくりを楽しみ、自分たちでつくったものを味わって喜ぶ。
〈環境構成〉●ホットプレートを用意し、栄養士と共に調理活動をサポートする。
〈予想される子どもの姿〉●期待をもって調理活動に参加し、おいしく味わう。
〈保育者の援助〉●作業工程を分かりやすく伝える。ホットプレートを使うため、やけどには十分に気を付ける。

◆ ねらい

- 友達や保育者と、様々な運動遊びやルールのある集団遊びを楽しむ。[協同][規範]
- 生活や遊びの中で、身の回りのことを自分で行いながら、健康や安全の習慣を身に付ける。[健康][自立]

📋 月間予定

- プール閉じ
- 身体測定
- 避難訓練（引き取り訓練）
- おめでとうの会
- お月見

9月　月案＊保育園

🎏 環境構成	😊 予想される子どもの姿	👕 保育者の援助
●シャワーを浴びる際は、温度、洗い場の設定などを十分に行い、安全に手際よく行えるようにする。 ●着替えの支度や衣服の始末などがスムーズに行えるように、スペースを確保する。	●シャワーを浴びたり、汗をふいたりして気持ちよさを味わう。 ●汗や汚れに気付き、着替える子がいる。一方で、自分では気付けないが、声をかけられて着替える子もいる。	●体を丁寧にふくことを知らせ、背中や髪の毛など、ふきづらいところも自分で意識してふくように伝える。 ●汗や汚れに気付けない子には、言葉をかけて知らせ、意識をもたせる。
●様々な運動遊びを取り入れ、目標をもって取り組めるようにする。 ●生活に必要なルールを伝える。 ●言葉で気持ちを表現したり、聞いたりする場をつくる。 ●生活や遊び、運動会に向けての活動を通して、異年齢児と関わって活動する機会を多くもつ。 ●話を聞く際は聞く姿勢を伝え、話す人の顔を見るようにする。 ●子どもが好きな歌や、楽しく体を動かせる曲を取り入れる。	●鉄棒、大なわとび、鬼ごっこなどを友達や保育者と一緒に楽しむ。 ●安全のルールを意識して行動しようとする。 ●思っていることを言葉でうまく表現できない。 ●自分の気持ちばかりを主張して、相手の気持ちに気付けない。 ●5歳児にあこがれてまねをする。 ●年下の子に優しく接する。 ●話す人の顔を見て話を聞き、内容を理解する。 ●音楽に合わせて楽しく歌ったり、体を動かしたりする。	●運動遊びは、やり方のコツを伝えたり、やって見せたりして、目標に向かって楽しみながら取り組めるようにする。 ●ルールを守る意味を分かりやすく伝え、状況に応じてくり返し知らせる。 ●気持ちを引き出して、相手の気持ちにも気付けるような仲介をする。 ●異年齢児との関わり方が分からない子には、きっかけをつくって関わり方を知らせ、親しみがもてるようにする。 ●聞いたことを理解し、行動に移せるかを確認しながら話を聞くことの大切さを伝える。

⇄ 職員との連携

- 運動遊びでは、園庭やホールを使う時間帯、職員配置、分担など、各クラス間で調整し合う。運動遊びや散歩などの様々な遊びを十分に、かつ安全に楽しめるようにする。

🏠 家庭との連携

- 残暑や活動内容から疲れが出やすい時期なので、子ども一人一人の健康状態を把握し合い、十分な休息を取り、規則正しい生活が送れるようにする。
- 運動会に向けての取り組みと期待が高まっている様子や、成長したところなどを、掲示やおたよりで伝える。

🏷 評価・反省

- 様々な運動遊びを取り入れ、友達や保育者と共に楽しみながら、全身を動かして遊ぶことができた。できなかったことができるようになり、子どもは達成感を味わっている。ルールのある集団遊びでは、ルールの理解に個人差がある。今後も確認しながら楽しみたい。
- 身の回りのことを自分で行っている。援助が必要な子には、継続して個別に伝えたい。

[自然]：自然との関わり・生命尊重　[数字]：数量や図形、標識や文字などへの関心・感覚　[言葉]：言葉による伝え合い　[表現]：豊かな感性と表現　を表しています。

保育園 10月 月案

10月月案 さくら組

前月末の子どもの姿
- 走るなどの、様々な運動遊びを意欲的に楽しんでいる。
- 音楽に合わせて歌ったり、踊ったりすることをくり返し楽しんでいる。
- 友達や異年齢児との関わりが深まっている。

月案（保育園） → P076-P077 10月の月案

10月の月案 ここがポイント！

毎日が楽しい運動会として

　思いきり体を動かす運動遊びが、そう快な季節です。運動会のために練習をくり返すのではなく、毎日が「運動を楽しむ運動会」。その延長線上に、今日は「おうちの人も見にくる運動会」があるように、毎日を積み重ねていきましょう。また、待ち時間が長すぎたり、何度も練習したりすると、活動自体が嫌になってしまいます。運動遊びは楽しいという経験が残ることを大切にしたいものです。

		★ 内 容
養護	生命の保持・情緒の安定	●手洗い、うがいを丁寧に行う。 ●排便後の始末を、自分でやってみる。 ●気温や活動内容に応じて、自分で衣服の調節をする。
教育	健康・人間関係・環境・言葉・表現	●目標に向かい、思いきり体を動かしていろいろな運動遊びを楽しむ（大なわとび、両足ジャンプ、鉄棒など）。 ●共用の用具や遊具を大切にし、片付けを丁寧に行う。 ●運動遊びを通して協力したり、互いの姿を認めたりする中で、友達との関わりを深める。 ●質問や問いかけに、自分なりに答えようとする。 ●音楽に親しみ、曲やリズムに合わせて体を動かしたり歌ったりすることを楽しむ（スキップ、遊戯など）。

食 育

〈ねらい〉●食べ物の栄養に関心をもつ。
〈環境構成〉●地域の子どもや保護者に、食べ物が出てくる歌を発表する場を設ける。
〈予想される子どもの姿〉●地域の子どもや保護者の前で自信をもって発表する。
●楽しみながら食材に関心をもって歌う。
〈保育者の援助〉●歌を通して食材や栄養について興味がもてるよう、一緒に楽しみながら歌う。

◆ ねらい

- 友達と一緒に戸外で十分に体を動かして遊ぶ。健康 協同
- 秋の自然に触れて遊ぶことを楽しむ。自然
- 自分の物を大切にし、始末や片付けをする。自立 規範

月間予定

- 運動会総練習
- 運動会
- 避難訓練
- おめでとうの会
- 身体測定

10月・月案 ＊保育園

環境構成	予想される子どもの姿	保育者の援助
●水道が混み合って危険がないように、順序よく行うように伝える。 ●トイレは清潔に保っておく。 ●トイレットペーパーの使い方を、絵で表示する。	●外遊び後や食事前に手洗い、うがいを進んでする。 ●トイレットペーパーを適当な長さで切り、自分でふいてみる。	●体調を崩しやすい時期なので、より丁寧に手洗い、うがいをする必要性を知らせ、気付けるようにする。 ●排便後の始末のやり方や、トイレットペーパーの使い方を一緒に行いながら知らせ、自分でもやってみるように促す。また、ふききれているかを確認する。
●運動遊びが楽しめるように、遊具や用具を使いやすいように整える。 ●片付けやすいよう、物の置き場を分かりやすく伝えておく。 ●友達と協力して行う運動遊びを取り入れる。 ●自分の気持ちを言葉で表現する場をつくる。 ●他のクラスと関わる機会を増やし、話を聞くときの姿勢を伝える。 ●親しみがわき、リズムの取りやすい曲や歌を取り入れる。	●不安になることもあるが、意欲的に運動遊びに取り組む。 ●物を大切にしようとし、使った物の片付けを行う。 ●友達と力を合わせたり、認め合ったりして、一緒に取り組む。 ●戸惑ったり口ごもったりすることもあるが、自分の気持ちを話す。 ●話す人の顔を見て聞こうとする。 ●リズムを意識し、曲に合わせて体を動かしたり、歌ったりする。	●子どもの努力する姿や成果を十分に認め、励ます。 ●玩具や本などの片付け方や扱い方を知らせ、大切にしようとする気持ちがもてるようにする。 ●一人一人の姿を認め、友達のよいところ、努力しているところに気付けるように働きかける。 ●言葉で答えることを待ったり、必要に応じて言い方を伝えたりする。 ●話を聞くときの姿勢をくり返し伝え、気付かせるとともに、自分でやろうとするのを待つ。

職員との連携

- 運動会に向けて、他のクラスと関わる機会が増えるため、職員同士の連絡を密にする。

家庭との連携

- 活動しやすい服装や靴を選び、気温や活動に応じた調節しやすい衣服の必要性を知らせる。
- 運動会への取り組みなどについて、壁新聞やおたよりを通じて子どもの様子を伝える。

評価・反省

- 体を動かす遊びや活動に積極的に取り組み、思いきり体を動かして遊ぶ楽しさを味わえた。目標に向かい、一生懸命に取り組んだことで達成感を得られたと思う。
- 秋の自然に触れて様々なことを感じ、遊びに取り入れて楽しめた。
- 自分の物を大切に扱うことや、みんなと共有する物をきちんと片付けることの大切さを、引き続き伝えていきたい。

自然：自然との関わり・生命尊重　数字：数量や図形、標識や文字などへの関心・感覚　言葉：言葉による伝え合い　表現：豊かな感性と表現　を表しています。

保育園 11月 月案

11月月案 さくら組

前月末の子どもの姿
●運動会への取り組みを通して、努力し自分の力を発揮したことで達成感を味わい、自信を付けている。
●友達や異年齢児と関わり、協力して活動することを楽しみ、関係を深めている。

		★ 内　容
養護	生命の保持・情緒の安定	●手洗い、うがいを丁寧に行い、健康に過ごす。 ●できるだけ薄着で過ごす。 ●気温に合わせて、衣服の調節をする。
教育	健康・人間関係・環境・言葉・表現	●友達と一緒に、ルールのある遊びや体を動かして遊ぶことを楽しむ（鬼ごっこ、はないちもんめなど）。 ●公共の場でのマナーや約束を知り、意識して行動する（バス、水族館など）。 ●自分の要求や気持ち、感じたことを、友達に分かりやすく話す。 ●好きな曲で、楽器遊びやリズム打ちを楽しむ。 ●身近な自然に触れ、遊びや製作に取り入れて、いろいろなことに気付く。 ●絵本やお話に親しみ、イメージを膨らませて楽しむ。

11月の月案 ここがポイント！

秋の自然に十分に親しんで

　自分たちで拾ってきた秋の宝物を、保育の中に上手に生かしたいものです。ドングリを種類別に分けて十分に観察し、形の違いに気付いたり、帽子の微妙な質感を感じたり、五感をフルに働かせて秋を満喫しましょう。また、芸術の秋です。美しい秋の自然を製作に取り入れ、できた作品をみんなで鑑賞し合うのもおすすめです。

食育
〈ねらい〉●ダイコン抜きを通して、収穫の喜びや食べる楽しさを味わう。
〈環境構成〉●抜いたダイコンを調理するため、園庭にかまどを設置する。
〈予想される子どもの姿〉●ダイコン抜きに期待をもち、楽しく参加する。
●ダイコンが調理される様子に興味をもち、おいしく味わう。
〈保育者の援助〉●抜いたダイコンを調理して食べることを事前に伝え、期待が膨らむようにする。

11月 月案 ※保育園

◆ ねらい
- 秋の自然に触れ、遊びに取り入れたり、いろいろな事象に気付いたりする。 自然
- 友達と一緒に、ルールのある遊びや体を使った遊びを思いきり楽しむ。 協同 規範

📋 月間予定
- ダイコン抜き
- 身体測定
- おめでとうの会
- 個人面談
- 避難訓練
- 保育参観
- 園外保育

環境構成	予想される子どもの姿	保育者の援助
●看護師と連携し、手洗い、うがいの指導を行う。 ●薄着で過ごす大切さを伝え、薄着の習慣が身に付くように伝える。	●手洗い、うがいの指導をよく聞き、行う意味ややり方を理解して行おうとする。 ●寒さから、厚着になりがちになる。 ●活動していると体が温まってきて、汗をかく子がいる。	●朝夕、寒くなり風邪をひきやすく、様々な感染症が流行する時期なので、看護師と連携し、手洗い、うがいの重要性を伝え、習慣づける。 ●厚着にならないよう調節することを促す。
●遊びのルールを分かりやすく伝える。 ●公共の場や乗車のマナー、約束事をしっかり伝え、意識をもたせる。 ●思いを表現したり、質問し合う場をつくる。 ●いろいろな楽器を用意する（カスタネット、タンバリン、鈴など）。 ●散歩や戸外遊びを通して秋の自然にたくさん触れ、遊びに取り入れるための素材や用具を準備する（ドングリ製作、三つ編みなど）。	●ルールを守れずにトラブルになることもあるが、共に伝え合い、遊びを楽しむ。 ●公共の場でのマナーや約束事を意識して行動しようとする。 ●思ったことを言葉にして話す。 ●楽器に興味をもち、音を鳴らすことを楽しむ。 ●秋の自然に触れ、季節ならではの事象に気付く。 ●落ち葉やドングリなどを使い、つくって遊ぶことを楽しむ。 ●落ち葉からイメージを広げ、いろいろなものに見立てて遊ぶ。	●共に遊び、必要に応じてルールを伝え、仲介しながら、遊びの楽しさを共有できるようにする。 ●公共の場では事前にも伝えるが、そのつど必要な言葉をかける。 ●言葉にすることが苦手な子に対しては、さり気なく言葉をかけ、気持ちを引き出す。 ●楽器の扱い方を、丁寧に伝える。 ●自然物を使って遊ぶ機会を多く取り入れ、秋を感じられるようにする。 ●イメージが膨らむように、みんなで想像したことを話し合う機会をもつ。

⇄ 職員との連携
- 園外保育やダイコン抜きでは引率の職員間で動きや流れなどを十分に確認する。
- 抜いたダイコンは屋外で調理して食べるため、その準備や設定を協力して行う。

🏠 家庭との連携
- 保育参観を通して、保育園での活動内容を知ってもらい、共通理解を深める。
- 個人面談で、園での生活と家庭での姿、保護者の悩みなどをじっくりと話し合う。

🏷 評価・反省
- 散歩に多く行き、体を動かすことや自然物を使った製作を楽しむことができた。子どもから、落ち葉やドングリを使って「何かをつくりたい」という思いも出てきた。今後も散歩に多く出かけたい。
- 園外保育やダイコン抜きなど、公共の場に出かけることが多く、とても期待して楽しく参加できた。

自然：自然との関わり・生命尊重　数・字：数量や図形、標識や文字などへの関心・感覚　言葉：言葉による伝え合い　表現：豊かな感性と表現　を表しています。

保育園 12月 月案

CD-ROM 月案（保育園） → P080-P081 12月の月案

12月の月案 ここがポイント！

みんなが主役の発表会へ

劇遊びを楽しみながら、発表会へのステップも踏み固めていきたいもの。作品ありきで演目を選ぶのではなく、子どもの興味や関心、春から楽しんできた遊び、子どもが発表したいことを探り、コーディネートしましょう。やりたくない役を無理にさせても、何の育ちも期待できません。「私はこの役をやりたい！」という気持ちを大切にすれば、様々な工夫やアイデアが生まれてくるでしょう。

12月月案 さくら組

👧 前月末の子どもの姿

- 秋の自然に触れたり、自然物の製作に取り組んだりして、季節を体で感じて楽しんでいる。
- 公共の場所での約束事やマナーを、意識している。

★ 内容

養護	生命の保持・情緒の安定	●冬の健康に関心をもち、身の回りのことを進んでしようとする。 ●鼻水が出たらかんだり、咳、くしゃみのエチケットを身に付ける。
教育	健康・人間関係・環境・言葉・表現	●寒さに負けず、戸外で友達と関わりながら体を動かして遊ぶ（鬼ごっこ、鉄棒、なわとびなど）。 ●自然の移り変わりや、季節の変化に興味をもつ。 ●一年の終わりであることを知り、年末年始の過ごし方を知る。 ●好きなお話を題材に、劇遊びを楽しむ。表現することで、更に民話や童話に親しむ。 ●様々な素材を使い、製作を楽しむ（クリスマスの製作、劇の小道具づくり）。 ●異年齢児と一緒に遊び、活動を通して親しみをもち、関わりを深める。

🍚 食育

〈ねらい〉●冬野菜の生長を楽しみにしながら世話や収穫をし、おいしく食べる（コカブ、コマツナ）。
〈環境構成〉●土づくりから一緒に行う。
〈予想される子どもの姿〉●生長に期待をもち、収穫を喜ぶ。
〈保育者の援助〉●興味をもって世話ができるよう、変化していく様子を子どもと楽しみながら育てる。

◆ ねらい

- みんなで劇づくりに取り組み、つくりだす楽しさを味わう。 協同 表現
- 様々な素材を使って、遊ぶ物や飾る物などを工夫しながらつくることを楽しむ。 思考 表現

📋 月間予定

- 年末子ども会（クリスマス会）
- 発表会
- 身体測定
- おめでとうの会
- 避難訓練

12月 月案 * 保育園

🪑 環境構成	😊 予想される子どもの姿	👕 保育者の援助
●暑さ寒さを、衣服で調節する必要性を伝える。 ●ティッシュケースやゴミ箱は、子どもの取りやすい場所、捨てやすい場所に置く。	●寒さから室内に閉じこもりがちな子どももいるが、活発に戸外遊びを楽しむ子が多い。 ●鼻水が出たらすぐにかむ子もいるが、出てもそのままにしている子もいる。 ●咳、くしゃみは口を押さえずにする子が多い。	●防寒や安全のために、上着のファスナーは必ず閉めることを伝える。 ●鼻水が出たらかみ、気持ちよく過ごすことを伝える。咳、くしゃみは口を押さえてすることを、その場で逃さず伝える。
●寒さからけがをしやすいため、戸外遊びの前には体操をして体をほぐすようにする。 ●散歩先で、季節ならではの事象に触れる機会を多くもち、絵本や図鑑を用意する。 ●必要な用具、道具などを準備する。 ●友達とイメージを共有し、楽しく表現できるお話や音楽を選ぶ。 ●つくりたい物に合った素材や道具を用意する。 ●一緒に遊んだり、劇遊びを互いに見せ合ったりする場をつくる。	●鬼ごっこや鉄棒などで、体をよく動かして遊ぶ。 ●散歩や絵本、図鑑などを通して季節の変化に気付く（落ち葉、北風、霜など）。 ●室内の大掃除や、年賀状づくりをする。 ●感じたことやイメージしたことを、いろいろなやり方で表現する。 ●リースや劇の役に合わせた小道具をつくる。 ●一緒に遊んだり、散歩に行ったりする。 ●劇遊びを見せ合う。	●体の温まる運動遊びを、保育者も共に楽しみながら行う。 ●季節ならではの事象に気付けるように、言葉をかける。 ●大掃除や年賀状づくりをする意味を伝えながら取り組めるようにする。 ●子どものイメージや表現したい気持ちを引き出し、楽しみながら劇遊びにつなげる。 ●イメージしたものをつくりあげる楽しさが味わえるようにする。 ●異年齢児との関わり方を、具体的に伝えていく。

⇄ 職員との連携

- 定期的に温度、湿度を確認し合い、子どもの体調や気付いたことを伝え合う。
- 発表会のプログラム構成を確認する。

🏠 家庭との連携

- 体調を崩しやすい時期なので家庭でも手洗い、うがいの徹底をしてもらい、異常が見られたら栄養や休息を十分に取るよう呼びかける。
- 行事のねらいや取り組みについて知らせ、理解してもらうとともに、おたよりなどで子どもの姿や成長を伝える。
- 年末子ども会の取り組みの様子、当日の様子を壁新聞などで伝える。

🏷 評価・反省

- 発表会に向けて劇遊びを楽しんだ。一人一人がお話のイメージを広げ、役になって表現することができた。最初は言葉や歌など、気持ちがのらずに表現することが難しい子もいたが、励まし合ったり、できたことを認められたりしたことで、少しずつ自信を付けていった。発表会当日も、張り切って表現することができてよかった。

自然：自然との関わり・生命尊重　数字：数量や図形、標識や文字などへの関心・感覚　言葉：言葉による伝え合い　表現：豊かな感性と表現　を表しています。

保育園
1月 月案

1月の月案 ここがポイント！

日本のお正月を満喫しよう

家庭ではお正月らしさを味わうのが難しくなってきました。園は、日本の伝統行事を子どもや地域に伝えていくという役割も担っています。おせち料理の意味、七草がゆ、鏡開きのいわれなども、子どもに知らせていきたいものです。また、かるたやすごろくなどを通して、文字に興味をもったり、ルールを守って遊ぶと楽しいと感じたりと、様々な経験ができるように組み立てましょう。

1月月案 さくら組

前月末の子どもの姿
- 劇遊びの取り組みを通して、みんなの前で表現できたことが自信になっている。
- 友達と一緒に遊ぶ楽しさを感じる半面、遊びの途中で思いがぶつかり合うこともある。

		★ 内 容
養護	生命の保持・情緒の安定	●手洗い、うがいを丁寧に行い、健康に過ごす。 ●鼻のかみ方、咳のエチケットを知り、自分で意識して行う。 ●気温や活動に合わせて、衣類の調節を行う。 ●トイレの使い方やマナーを守り、安全、清潔に使用する。
教育	健康・人間関係・環境・言葉・表現	●新年のあいさつや行事などを知る。 ●年末年始に経験したことを、保育者や友達に話す。 ●正月遊びを楽しむ（かるた、トランプ、すごろく、こま回し、凧あげ）。 ●様々な素材を使って、凧づくりや節分のお面などの製作を楽しむ。 ●戸外で体を動かして遊ぶ（凧あげ、鬼ごっこ）。 ●冬の自然の変化や、吐いた息が白いことなどに気付く。 ●かるた、トランプ、すごろくなどで遊び、文字や数字に興味をもつ。 ●豆まき集会に向け、鬼についてイメージを膨らませ、自分の中の退治したい鬼（直したいこと）について考える。

食育

<ねらい>●おせち料理、雑煮、七草がゆ、鏡開きなど、日本の伝統的な食事や由来について知る。
<環境構成>●おせち料理の写真などをはる。
<予想される子どもの姿>●食べ慣れない食材は、すすめられると食べるようになり、おいしさを知る。
<保育者の配慮>●もちはのどに詰まらせないよう、小さくちぎって食べることを伝える。

◆ ねらい

- 伝承行事を知り、正月ならではの遊びを楽しむ。 社会
- 寒さに負けず、友達や保育者と一緒に体を動かして遊ぶ。 協同 自然
- 遊びを通して、数を数えることに興味をもつ。 数・字

月間予定

- 新年子ども会
- おめでとうの会
- 身体測定
- 避難訓練

1月 月案 ＊保育園

環境構成	予想される子どもの姿	保育者の援助
●手洗い場を清潔に保つ。 ●室内の換気、温度、湿度の調節をする。 ●外遊びのときは、上着を着用するなど、衣類の調節をさせる。	●手洗い、うがい、衣類の調節など、冬の健康な生活の仕方を進んで行おうとする。 ●手洗いでは、水で手を濡らした程度で終わらせる。 ●自分で鼻をかむがうまくできず、保育者に援助を求める。	●鼻のかみ方や、くしゃみや咳をした際のエチケットについて知らせる。 ●トイレのサンダルをそろえること、ドアの開閉に気を付けることを、確認する。
●正月遊びの用具を子どもが、取り出しやすい場所に準備する。 ●凧、鬼のお面などを製作する際に使う、用具、素材を用意する。 ●冬の自然が見付けられる場に行く機会をもつ。 ●かるたやすごろくは、4歳児が楽しめるものを用意する。	●こま回しができるように、くり返し挑戦する。 ●凧や鬼のお面、節分のますをいろいろな素材で工夫してつくる。 ●かるたやトランプなどは勝ち負けを意識してトラブルになる。 ●霜柱や氷などを発見すると、保育者や友達に目を輝かせて知らせる。 ●霜柱を踏んだときや氷を触ったときなどの感触がおもしろくて、くり返し踏んだり触ったりする。	●凧あげ、こま回しに挑戦している姿を認めたり一緒に遊んだりしながら、達成感を味わえるようにする。 ●寒い時期なので、戸外遊びの前に体を十分にほぐすことを伝えて、一緒に準備運動を行う。 ●霜柱、氷など冬の自然に対する子どもたちの気付きを受け止め、保育者も共感し、興味や関心が広がるようにする。

⇄ 職員との連携

- 感染症の対応（下痢、嘔吐などの始末）を、職員間で共有して理解する。

🏠 家庭との連携

- 外出後の手洗い、うがい、薄着の習慣、ポケットに手を入れないことなど、冬の健康で安全な習慣が身に付くように、家庭と協力し合う。
- 保護者会のお知らせを配布する。
- 伝統的な料理や遊びの様子を、壁新聞などで知らせる。

評価・反省

- 凧あげ、かるた、すごろくなどを一緒に楽しむことができた。こま回しは友達ができるようになると、自分もやってみようとする姿が見られる。回せたことが自信につながった。
- 凧あげは自分でつくったもので遊べたので、大いに楽しさを味わえた。
- 積極的に戸外に出て、氷鬼やなわとびなどで元気に遊ぶことができた。

自然：自然との関わり・生命尊重　数・字：数量や図形、標識や文字などへの関心・感覚　言葉：言葉による伝え合い　表現：豊かな感性と表現　を表しています。

保育園 2月 月案

2月の月案 ここがポイント！

自分の健康は自分で守る

寒くなり、風邪をひきやすく、インフルエンザも流行する時期です。自分の体は自分で守ることを伝えると、手洗い、うがい、鼻をかむことも丁寧に取り組めるでしょう。上手にできている子を認めながら、他の子にも注目させて、みんながウイルスを園にもち込まないマナーを遂行できるとよいでしょう。また、冬の自然に出会うチャンスを逃さずに、どの子も経験できるような配慮が大切です。

2月月案 さくら組

前月末の子どもの姿

●かるた、すごろくなど様々な正月遊びの経験や、戸外での鬼ごっこなどを通して、友達と一緒にルールを守って遊ぶ楽しさが分かるようになった。

★ 内容

養護	生命の保持・情緒の安定	●手洗い、うがいを丁寧に行い、冬の健康的な生活に必要な習慣を身に付ける。 ●おなかが痛い、頭が痛いなどの体の不調を保育者に伝える。 ●着替えた服をたたんでしまうなど、身の回りのことを丁寧に行う。
教育	健康・人間関係・環境・言葉・表現	●節分の行事に喜んで参加する。 ●進んで戸外に出て、運動遊びを楽しむ。 ●いろいろな素材や用具を使い、丁寧にひな人形をつくろうとする。 ●雪や氷、霜柱などの冬の自然を発見し、不思議さを感じたり、それを手にして遊んだりする。 ●人の話を最後まで聞き、理解して行動しようとする。 ●鬼ごっこなど、簡単なルールのある遊びを楽しむ。 ●日だまりの暖かさや木の芽、花のつぼみなどから、春が近づいていることを感じる。

食育

＜ねらい＞●豆やイワシなどを食べて、節分の由来を知る。
＜環境構成＞●炭で焼いたイワシを見せたり、ヒイラギと一緒に飾ったりする。
＜予想される子どもの姿＞●節分の行事に喜んで参加し、豆を食べる。
＜保育者の援助＞●伝統的な行事を通して、イワシなどの食材を食べる経験をさせる。

◆ ねらい

- 健康や安全の習慣を身に付け、身の回りのことを丁寧に行う。[健康]
- 寒さに負けず、戸外で体を使った遊びを十分に楽しむ。[自然]

📋 月間予定

- 節分
- おめでとうの会
- 身体測定
- 避難訓練
- 保護者会

🪑 環境構成	😊 予想される子どもの姿	👕 保育者の援助
● 空気が乾燥しているので、水分補給を促す。 ● 室内の換気をして、適切な温度、湿度を保つ。	● 鼻をかむとき、片手でかもうとしたり、かまずにふき取ったりする。 ● 手洗いやうがいについて、慣れてきて雑になる。 ● 戸外で体を動かして遊び、汗をかいたままの子もいる。	● 戸外から帰ったときの手洗いやうがい、衣服調節や始末などを保育者が一緒に行うことで、確認して習慣づけるようにする。 ● ポケットに手を入れたままでは、転倒したとき危険であることを伝える。
● 節分集会では、子どもの動きを予測して危険がないように、場にゆとりをもたせて設定する。 ● 様々な素材を用意し、自分で選ぶ楽しさを味わいながら製作に取り組めるようにする。 ● 雪や氷での遊びは、着色したり凍らせたりして、冬ならではの遊びが楽しめるように、アイデアを提供する。 ● 必要なことを友達や保育者に伝達する機会をつくる。 ● 春の訪れを感じられるように散歩の機会を設けたり、園庭の自然を観察したりする時間をとる。	● 保育者が演じている鬼を怖がる子や、おもしろがる子がいる。 ● 自分で工夫して、いろいろなひな人形をつくろうとする。 ● 寒さから、ポケットに手を入れたまま遊んだり、戸外に出たがらなかったりする子もいる。 ● 雪や氷を使って、ごっこ遊びなどを楽しむ。 ● ひなたを見付けて、暖かさを感じながら遊ぶ。	● 鬼役の保育者は、子どもの様子を見ながら演じる。 ● 動くと体が温かくなることを感じられるよう、積極的に鬼ごっこなど取り入れて一緒に遊ぶ。 ● 身近な自然について、一人一人の気付きや疑問を大切にし、子どもと共に調べたり、一緒に考えたりする。 ● 聞いたことを理解して行動できるか確認し、その子に応じた説明をする。 ● なわとび、フープ、マラソンなど、体を動かす遊びを提案して一緒に楽しむ。

🔄 職員との連携

- 卒園式に向けての参加の仕方、お別れのプレゼントの確認、渡し方などの話し合いを進める。
- 一人一人の成長や次につなげていく課題を、担任間で確認し、保護者会で伝える。

🏠 家庭との連携

- 風邪の予防に留意してもらう。園内で流行している感染症について、掲示で知らせる。
- 登降園の際に着る上着に、自分でフックにかけられるようにループを付けてもらう。

📝 評価・反省

- 節分の由来について関心をもち、伝承行事に参加することで興味が広がっていった。
- 保育者がルールを守って遊ぶ楽しさをくり返し知らせたことで、途中で抜けることがなくなり、遊びが続くようになった。

2月 月案 ＊ 保育園

[自然]：自然との関わり・生命尊重　[数・字]：数量や図形、標識や文字などへの関心・感覚　[言葉]：言葉による伝え合い　[表現]：豊かな感性と表現　を表しています。

保育園 3月 月案

3月月案 さくら組

前月末の子どもの姿
- 見通しをもって生活ができるようになる。
- 自分の身の回りのことが、ひととおりできるようになる。
- 自分たちでルールのある集団遊びを始め、楽しめるようになるが、ルールの理解には個人差がある。

		★内容
養護	生命の保持・情緒の安定	●健康に過ごすための手洗い、うがい、着替えなどの基本的な生活習慣の必要性が分かり、積極的に行う。 ●トイレの使い方やマナーを守り、排泄する。 ●進級に備え、保育室の整理や大掃除をする。
教育	健康・人間関係・環境・言葉・表現	●ひな祭りの由来を知り、優しい気持ちでひな人形を見たり、ひな祭り集会に参加したりする。 ●春を探しに散歩に行く。 ●遊具の清掃や花壇の手入れをする。 ●5歳児と楽しく遊ぶ。 ●5歳児を送るために、プレゼントをつくったり、お別れの言葉を考えたりする。 ●お別れ会でみんなに聞いてもらう歌や、手遊びなどを心を込めて発表する。 ●季節の歌を楽しんで歌う。 ●一年間に製作してきた作品をまとめ、自分の成長を感じる。

食育
<ねらい>●自分たちがつくったものを5歳児や年下の友達に食べてもらうことを喜ぶ。
<環境構成>●エプロン、三角きん、マスクで身支度をし、爪を切って活動できるようにする。
<予想される子どもの姿>●喜んで参加し、思い思いのクッキーをつくる。
<保育者の援助>●クッキーをつくる工程を丁寧に説明しながら、楽しんでつくれるようにする。

月案（保育園）→ P086-P087 3月の月案

3月の月案 ここがポイント！

5歳児さんを見送る中で

卒園児をお祝いする様々な行事を経験しながら、見送る側の中心としての役割を担う子どもたち。当番活動も引き継ぎ、いよいよ4月からは自分たちが5歳児になるという自覚をもちはじめます。過度にプレッシャーをかけず、「みんななら、すてきなお兄さん、お姉さんになれるよ」と励ましながら、一つ一つの役割や活動をまっとうできるように配慮しましょう。

「幼児期の終わりまでに育ってほしい姿」の 健康：健康な心と体 自立：自立心 協同：協同性 規範：道徳性・規範意識の芽生え 社会：社会生活との関わり 思考：思考力の芽生え

3月 月案 ＊保育園

◆ ねらい
- 友達と一緒に、様々な活動に自信をもって取り組む。協同 自立
- 5歳児クラスに進級することへの期待と自覚をもつ。自立

月間予定
- ひな祭り
- 卒園式
- 身体測定
- 避難訓練
- おめでとうの会

環境構成
- 安全のルールを意識し、気を付けて行動する。
- 次の友達に気持ちよく使ってもらうことを理解し、みんなで保育室、ロッカー、靴箱、遊具などの清掃や整理整とんを行えるようにする。

- ひな祭り集会は、ゆったりとした内容を考え、春らしい飾り付けをして季節感のある中で行う。
- 園庭の砂場、遊具の点検や花壇の手入れなど、みんなで作業することを通して、5歳児クラスへの期待をもたせる。
- 5歳児が取り組んでいる園の仕事や、やり方などを教えてもらう場をつくる。

予想される子どもの姿
- 何でも自分でやろうとし、できることが自信になるが、中にはまだ保育者に頼ろうとする子もいる。
- 5歳児クラスになることに大きな期待があり、何ごとにも張り切って取り組む。

- ひな祭り集会を楽しみにしており、自分でつくったひな人形を保護者に見せたり、園の大きなひな人形を興味深く見たりする。
- 卒園式の練習など、いつもと違う雰囲気に緊張したり不安になったり、落ち着かない状態になる子がいる。
- 自分のやりたい遊びを見付け、友達と楽しく遊ぶ。
- クラスのみんなでするゲームを楽しむ。
- 当番活動に期待をもちながら、5歳児からやり方を教えてもらう。
- 卒園式当日は緊張しながらも、歌や言葉を発表する。

保育者の援助
- 身の回りのことがどの程度できるのかを一人一人の様子を見て確認し、できないところは丁寧に指導して見守る。
- 最後までやることを認め、自信をもたせるようにする。

- 5歳児クラスへの期待が言葉のやり取りだけにならないように、具体的な活動を通して意識を高めたり、もたせたりする。
- 5歳児をお祝いする気持ちや、今までの感謝の気持ちをもって卒園式に参加できるように話をする。
- この一年間で成長したところ、いろいろな活動の楽しかったことなどを話題にし、次年度への自信につなげる。
- 卒園式の練習への参加は、長時間になりすぎないように配慮する。

職員との連携
- 全職員で年間指導計画、園の目標、各クラスの運営などについて、次年度につなげるための反省をする。
- 担任間で一年間の成長を確認し、次年度の担任に引き継ぐ。

家庭との連携
- 一年間の子どもの姿を保護者に伝え、共に成長を喜ぶ。気になることは、誤解のないように丁寧に伝える。

評価・反省
- 課題のある活動が多い月だったが、子どもの自主的な遊びの時間を保障することができた。
- 様々な活動を通して、5歳児クラスになることへの期待をもてた。
- 指示されたことをできるようになったが、やらなければならないことを見付けたら自発的に自分のこととして取り組めるように、次年度へ引き継ぎたい。

自然：自然との関わり・生命尊重　数字：数量や図形、標識や文字などへの関心・感覚　言葉：言葉による伝え合い　表現：豊かな感性と表現　を表しています。

| CD ROM | 月案
(幼稚園・こども園) | → | P088-P089
4月の月案 |

新しいクラスになじめるように

　新入園児も進級児も、新しい保育室、新しい担任と出会い、自分の安定の基地をつくっていきます。一人一人の好きな遊びや関心のあることを的確にとらえ、自分を発揮できるような環境をつくっていきましょう。また、みんなで楽しむ時間を設け、一緒に活動することはおもしろい！　と思える経験を重ねていきたいものです。

4月月案 くま組

今月初めの子どもの姿
- 園生活を楽しみに、保護者からスムーズに離れられる子もいれば、緊張や不安からなかなか離れられない子もいる。
- 緊張や不安を感じて、保育者のそばにいることで安心できる子もいる。

	第1週
週のねらい	●園生活を楽しみに登園する。 ●保育者と触れ合い、安心感をもつ。
内容	●保育者と触れ合い、親しみをもつ。 ●5歳児と一緒に活動する楽しさを味わう。
環境構成	●出席ノートや名札、カラー帽子などの保育用品を準備する。 ●机や椅子の数を確認し、配置を考える。 ●ロッカー、タオルかけ、荷物かけ、靴箱など、子どもが使用する場所に名前やマークをはる。
保育者の援助	●名前を呼びかけたり、会話を楽しんだり、スキンシップを図ったりして、子どもの行動を温かく受け止める。 ●保育者と一緒に話をしたり、遊んだりすることで、少しずつ環境に慣れるように援助する。 ●トイレに対する恐怖心や不安をもたないように、丁寧に指導する。

食育
- 初めての昼食の時間では、子どもと一緒に、ゆっくりと一つ一つ確認しながら準備をする。
- 昼食の時間が苦痛にならないように、楽しい雰囲気で食べる。

◆ 月のねらい

- 園生活を楽しみにし、喜んで登園する。[健康]
- 保育者と関わりながら、園生活の過ごし方を知る。[健康]
- 春の自然に触れ、五感で味わう。[自然][表現]

月間予定

- 入園式
- 迎える会
- 保護者会
- 身体測定
- おひさま会（学年全体の活動）
- 誕生会
- 避難訓練

4月 月案 幼稚園・認定こども園

第2週	第3週	第4週
●保育者に親しみをもち、喜んで登園する。 ●保育者と関わりながら、園生活の仕方を知る。	●保育者のそばで歌ったり、安心して遊んだりする。 ●一日の生活の中で、自分ですることが分かり、自らやってみようとする。	●保育者や友達と触れ合って、楽しく遊ぶ。 ●一日の生活の流れや、生活の仕方を知り、園生活に親しむ。
●保育者と触れ合ったり、遊んだりしながら、安心して過ごす。 ●自分の場所や、園内での約束事を知る。	●保育者や友達の名前、自分のクラスを覚え、親しみをもつ。 ●持ち物の始末やトイレの使い方が分かり、自分でしようとする。	●好きな遊びを見付け、同じ場にいる友達に気付く。 ●みんなとお弁当を食べる楽しさを感じる。
●子どもが興味をもちそうな遊びを楽しめるように、室内の環境を整える。子どもの様子に合わせて、玩具の種類、内容、数などを考え、場所の広さを調節する。 ●子どもが楽しめるような手遊びや歌、紙芝居などを準備しておく。	●園内探検、園庭探検をして、園の様子が分かるようにする。 ●好きな遊びを見付けられるように、玩具を出し、安心して遊べる場所を確保する。	●ブロックやペープサートなど、つくったもので遊べる場所を準備し、楽しめるようにしておく。 ●「おひさま会」ってこんなことをするんだな、楽しそうだなと感じられるように、事前に内容を話す。
●子どもも保護者も期待や不安を感じているので、笑顔で迎える。 ●その日にする楽しいことを話したり、抱っこしたり、スキンシップを図りながら保育室に入れるようにする。 ●身の回りの習慣は、自分でできるように励ます。 ●トイレの使い方を丁寧に知らせる。	●保育者といることで安心できるように、子どもに寄り添ったり、一緒に遊んだりする。 ●たくさんの友達、たくさんの保育者、楽しそうな保育室の存在を知り、期待をもてるように話をする。	●保育者や友達が遊ぶ姿を見て興味をもつ子もいるので、タイミングを見ながら声をかけ、一緒に楽しめるように促す。 ●昼食後にカバンの中を確認し、お弁当が片付けられているか様子を見る。 ●衣服の着脱の際には励ましたり、必要なときは援助したりする。

⇄ 職員との連携

- 避難訓練の際は、サイレンの音や緊張感のある雰囲気に恐怖を感じる子がいるので、補助の保育者と連携しながら様子を見ていく。

🏠 家庭との連携

- 保護者と話したり質問を受けたりしながら、積極的に交流する。
- 食事の様子を見て、必要なときは保護者に様子を伝え、お弁当の量などを調節してもらう。
- 身体測定の前に保護者に声をかけ、脱ぎ着しやすい服装で登園してもらうようにする。

🏷 評価・反省

- 鬼遊びや、かくれんぼに積極的に取り組もうとする子と関わり、一緒に遊びを楽しむことができた。他の遊びをしている子の様子をなかなか見ることができなかったので、補助の保育者と連携を図りながら役割を交代し、戸外遊びで関わりの少なかった子どもたちとも関わっていきたい。

[自然]：自然との関わり・生命尊重　[数字]：数量や図形、標識や文字などへの関心・感覚　[言葉]：言葉による伝え合い　[表現]：豊かな感性と表現　を表しています。

幼稚園・認定こども園 5月 月案

ここがポイント！

好きな遊びを存分に楽しむ

やってみたくなる遊びの素材を出しておき、子どもが自分から関われるような環境に誘いましょう。友達が遊んでいる姿を見て、自分もやってみたいと思う子もいます。そこでまねをしながら遊んだり、言葉を交わしたりすることで、遊びはより楽しくなるでしょう。帰りの会などで、みんなの遊びを紹介するのもおすすめです。

5月月案 くま組

前月末の子どもの姿

- 室内や戸外で好きな遊びを見付けて、楽しんでいる。中には、興味があってもまだ見ているだけの子や、不安があり友達との遊びに入ることができず、保育者に見ていてほしいという子もいる。

	第1週
週のねらい	●保育者や友達と触れ合って、楽しく遊ぶ。 ●一日の生活の流れや、生活の仕方を知り、園生活に親しむ。
内容	●好きな遊びを見付け、同じ遊び場にいる友達に気付く。 ●園生活に必要な生活習慣が分かる。 ●遊具や道具の使い方、約束事を知る。
環境構成	●粘土、ブロック、パズル、ままごとなどは、遊びに慣れてきたら少しずつ道具を多くする。 ●保育室で飼育しているザリガニ、メダカを子どもの目の高さに置く。
保育者の援助	●のりを使う指導をする。準備する物、1本の指にのりを付けること、はりたい物の裏側にのりを付けること、のりを付ける量など、実際に保育者が行いながら伝える。 ●誕生児の二人は、初めての活動に緊張感もあるので、実際のステージやクラスのみんなの前でインタビューを事前に何度か行い、安心して参加できるようにする。

食育

- 友達と昼食を食べる楽しさを感じられるように配慮する。
- 野菜の苗を植え、水やりや肥料をまくなどの世話をし、生長を楽しみにできるようにする。

5月 月案 幼稚園・認定こども園

◆ 月のねらい
- 好きな遊びを見付けて楽しんだり、身近にいる友達に関心をもったりする。 健康 協同
- いろいろな遊びや活動の中で、園生活の仕方を知り、楽しんで取り組む。 規範
- 積み木やブロックの形、積み方を楽しむ。 数・字

📋 月間予定
- 弁当参観
- おひさま会（学年全体の活動）
- 散歩
- 園庭での昼食

	第2週	第3週	第4週
	●保育者や友達と触れ合って、楽しく遊ぶ。 ●一日の生活の流れや、生活の仕方を知り、自分で行おうとする。	●保育者や友達と触れ合って、楽しく遊ぶ。 ●一日の生活の流れや生活の仕方を知り、自分で行う。	●好きな遊びを楽しみ、身近な友達に関心をもつ。 ●一日の生活の流れや、生活の仕方を知り、自分で行う。
	●好きな遊びを見付け、同じ遊び場にいる友達と関わって遊ぶ。 ●みんなと一緒の活動や、昼食を楽しむ。	●春から夏にかけての気候や自然を感じながら、戸外遊びを楽しむ。 ●所持品の始末、手洗い、うがいなどに気付いて、自分で行う。	●友達のしている遊びに興味をもち、やってみようとする。 ●自分の思いや感じたことを、自分なりに表現する。
	●手洗い、うがいを行えるように前日の降園時に話をし、絵表示などをはっておく。 ●スクーター遊びが楽しめるように準備し、どこで走ればよいかが分かるように地面にルートをかいておく。	●散歩の順路を確認し、交通量や工事中の場所がないか調べ、安全点検をする。 ●散歩先の公園にある遊具や広さなどを確認しておく。	●おひさま会で経験した体操やリズムを保育室でもくり返し楽しめるように、CDなどを準備しておく。
	●はさみを使うときの約束（使わないときや持ち歩くときは必ずキャップをする、はさみの刃で指を切らないように気を付ける、刃を人に向けないなど）を伝える。 ●やりたい遊びを見付けられない子や、取り組めない子と、意識的に関わる。	●散歩の際は暑さも予想されるので、水分補給をするよう声をかける。園への帰り道は疲れも出るので、安全に十分に気を付ける。 ●水を使った砂遊びでは、水の気持ちよさや泥の感触を楽しめるように、保育者も一緒に楽しむ。	●お弁当を箸で食べる習慣が少しずつ身に付くように、保育者が見本になり、マナーよく食べている友達に気付けるよう声をかける。

⇄ 職員との連携
●散歩で歩く際は、先頭と列の後に保育者を配置して連携し、横断歩道の渡り方や通行する人の有無などを、声を出して知らせる。

🏠 家庭との連携
●保護者に昼食時の活動の様子を見てもらう。自分たちで準備を進めようとしている姿や、手洗い、うがいに取り組んでいる姿から、園で気を付けて取り組んでいることや、いま子どもたちに身に付けてほしいことなどを保護者に伝える。

🏷 評価・反省
●おひさま公園に4歳児だけで歩いた際、手を離して自分勝手に歩く子はほとんどいなかった。声をかけると気付き、自分たちで手をつなぐことができた。上手に歩けた姿を認め、約束を守って安全に歩けるようにする。また、前の人と間が空きすぎたり、横断歩道でもゆっくり歩く姿が見られたりしたので、どう歩いたらいいのかを、具体的に伝えたい。

自然：自然との関わり・生命尊重　数・字：数量や図形、標識や文字などへの関心・感覚　言葉：言葉による伝え合い　表現：豊かな感性と表現　を表しています。

6月 月案

月案
（幼稚園・こども園） → P092-P093
6月の月案

トラブルは子どもが学ぶチャンス！

　友達とのトラブルが多い時期ですが、困ったなと思わずに、ここで子どもが成長するチャンス！ ととらえましょう。お互いの思いを言葉で語らせながら、どうすればよかったのかをじっくり考える場にします。そして最後に、「こんなときにはこうすれば二人とも嫌な気持ちにならずに済むことが分かって、よかったね」と新たな方法を得たことを共に喜びましょう。

6月月案 くま組

前月末の子どもの姿

- 周りにいる友達や一緒に遊んでいる友達に興味をもつ子が増えた。楽しむ姿、一緒に遊ぶことを喜ぶ姿も見られるが、中には接し方が分からず、遊び方が違うためトラブルになることもある。

	第1週
週のねらい	●同じ場で遊んでいる友達と関わることを楽しむ。 ●みんなと一緒に体を動かす活動に、喜んで参加する。
内容	●友達のしている遊びに興味をもち、同じようにすることを楽しむ。 ●遊具や道具（はさみ）の扱い方を知り、約束を守って遊ぶ。
環境構成	●はさみの持ち方は、保育者が見本を見せる。 ●はさみの役割、扱い方、危険性について知らせる時間をとる。 ●はさみを収納する場所を決め、出しっぱなしにしないようにする。
保育者の援助	●はさみをどちらの手で持ったらいいのか戸惑っている子、持ち方が身に付いていない子には個別に声をかけ、はさみの使い方を知らせる。 ●お互いの思いを聞いたり、相手の思いを聞いて代弁したりすることで、相手の気持ちに気付けるようにし、友達との関わり方が分かるように援助する。

食育

- 自分たちで収穫したイチゴで、イチゴジャムパーティーを開き、イチゴジャムの作り方を知りイチゴを味わう機会をもつ。
- みんなで同じ物を食べることを楽しんだり、収穫できた喜びを共感したりしながら、食べることを楽しめる雰囲気をつくる。

◆ 月のねらい

- 気の合う友達の中で、自分の思いを出しながら遊ぶことを楽しむ。 協同
- 日常の生活習慣が身に付き、できることは自分でしようとする。 健康 自立

📋 月間予定

- 視力検査
- 歯科健診
- 保育参加
- 水遊び
- プール遊び
- イチゴジャムパーティー

6月 月案 ＊＊幼稚園 認定こども園

	第2週	第3週	第4週
	●保育参加で保護者と一緒に遊ぶ。 ●散歩へ行き、戸外遊びを楽しむ。	●梅雨期の草花やカタツムリなどの小さな生き物に興味、関心をもつ。 ●リズムに合わせて体を動かしたり、保育者と運動遊びをしたりする。	●自分の思ったことや考えたことを表す。 ●水遊びをする中で、水に慣れたり、気持ちよさを感じたりする。
	●自分の思いや感じたことを自分なりに表現し、相手に伝える方法を知る。 ●クラスの活動の中で、簡単な集団遊びを楽しむ。	●雨の日に傘をさして園庭を探検し、初夏の自然に気付く。 ●音楽に合わせて、イメージを膨らませながら体を動かす。	●自分の好きな物や遊びに必要な物をつくろうとする。 ●水遊びに必要な約束事を知る。 ●水の冷たさや気持ちよさを感じる。
	●保育参加で保護者と一緒に製作した遊びを引き続き楽しみたい子もいるので、準備しておく。 ●公園へ散歩に行く際には、ザリガニ釣りが楽しめるように準備する。 ●室内で体を動かしたり集団遊びを楽しんだりできるように準備しておく。	●園庭の水たまり、ぬかるみなどの状態を把握しておく。散歩後に濡れたところをふくぞうきんを準備する。 ●子どもがイメージしやすい曲を選ぶ。	●シャボン玉遊びでは、新しい道具を出し、せっけんから泡をつくる経験ができるよう準備をする。 ●読み聞かせでは早めに準備をし、落ち着いて読みはじめられるようにする。
	●水遊びでは、子どもたちのイメージしている動きを出すために、どんな工夫をしたらいいのか、保育者がアイデアを提供しながら、子どもがいろいろな遊び方や工夫が分かるように援助する。 ●室内でも汗をかきやすい気候なので、水分補給するように声をかける。	●アジサイの花の色や、カタツムリに気付けるような言葉をかける。 ●雨の様子に関心がもてるような言葉をかける。 ●「カエルさんになってみよう」などと保育者が声をかけながら、子どもと一緒に体を動かす。	●プール遊びでは、恐怖心がある子や支援を要する子などの様子によって、小さなプールを用意し、その子なりのペースで水遊びを楽しめるようにする。

🔗 職員との連携

- 水遊びの際は、水温や気温に気を配る。
- ピアノが得意な保育者に、子どもがイメージを膨らませて動くにはどんな曲が適しているのかアドバイスしてもらう。

🏠 家庭との連携

- 初めての保育参加では、自分から能動的に遊びに取り組んでいる姿に気付いてもらえるように、特に心配している保護者には声をかけながら活動を進める。

🏷 評価・反省

- 水への慣れぐあいには個人差が見られる。水遊びを存分に楽しんでいる子もいれば、水につかってゆったりと気持ちよさを味わっている子もいた。大きなプールでは、みんなで一緒の活動が多くなるので、少しずつ水に慣れるような活動をしていきたい。

自然：自然との関わり・生命尊重　数字：数量や図形、標識や文字などへの関心・感覚　言葉：言葉による伝え合い　表現：豊かな感性と表現　を表しています。

幼稚園・認定こども園 7月 月案

その子に応じた水遊びを楽しむ

　水に潜って遊べる子から、水が顔にかかることが怖い子まで、子どもたちの水遊び経験には大きな差があります。その子の今の状況を認め、次のステップに楽しく進めるように関わりましょう。水しぶきをかける遊びをすることで、水に慣れることもあります。自分にもできたという自信が、次へのチャレンジの原動力となるはずです。

7月月案 くま組

前月末の子どもの姿

- 水遊びが本格的に始まり、ボディーペインティングを楽しんだ。活動によっては、不安に感じる子、友達の楽しそうな姿を見ても、なかなか遊びに参加できない子もいる。

	第1週
週のねらい	●いろいろな活動の中で、自分の思いを伝えながら友達や保育者と関わる。 ●みんなと一緒に水遊びをする心地よさやおもしろさを感じる。
内容	●友達のつくっているものに興味をもち、自分でもつくってみようとする。 ●水の気持ちよさを感じながら、友達と一緒に遊ぶ楽しさを感じる。
環境構成	●空き箱製作用に、様々な大きさや形の空き箱を集めておく。 ●プールや水遊びの道具は、使用後に水をきって乾かす。
保育者の援助	●空き箱製作では、つくったものを見て、まねをしてつくれる子もいれば、セロハンテープの使い方がうまくいかず、思ったようにつくれない子もいる。一人一人に合わせて援助し、一緒につくる中で少しずつ道具の使い方や、セロハンテープのはり方などを伝える。

食育

- スイカ割りでは、みんなで一緒に同じ食べ物を食べる経験を通して、さらにおいしさや楽しさを感じられるようにする。
- 自分たちで掘ったジャガイモを、みんなで食べることを楽しめるようにジャガイモパーティーの内容を考える。

7月 月案 幼稚園・認定こども園

◆ 月のねらい
- 好きな遊びに取り組む中で、友達との関わりを楽しむ。[健康][協同]
- いろいろな水遊びを通して、水に親しんだり、解放感を味わったりする。[自然]

月間予定
- 水遊び
- プール遊び
- ジャガイモパーティー
- スイカ割り
- 交通安全教室
- 終業式

	第2週	第3週	第4週
	●いろいろな活動の中で、自分の思いを伝えようとしながら、友達や保育者と関わる。 ●水遊びの心地よさを味わう。	●活動の中で、自分の思いを伝えながら、友達や保育者と関わる。 ●1学期が終わることを知り、夏休みに期待をもつ。	〈夏休み〉
	●自分の思いを自分なりの言葉で表現しようとする。 ●相手にも思いがあることに気付く。 ●水遊びでの約束事を知る。	●自分のやりたいことを友達に伝える。 ●保育者の話や、終業式での話を聞き、夏休みを楽しみにする。	
	●色水遊びやシャボン玉遊びの用具を準備する。 ●ビート板やフープなど、プールで使う用具を準備する。	●1学期に自分たちで使った玩具をきれいに洗ったり片付けたりし、2学期も気持ちよく遊べるようにしておく。 ●ロッカーや引き出しなどに入っている自分の荷物や道具などを持ち帰れるように準備する。	●夏休み中のお泊まり保育や、プール開放のための準備をする。
	●お互いに自分の思いを伝えながら、より遊びを楽しめる経験ができるように、必要なときは保育者が仲介役になり遊びを進める。 ●プール遊びでは、保育者も一緒に遊びながら、いろいろな動きに挑戦できるように声をかけたり、楽しさを伝えたりする。	●清掃活動の中で、ぞうきんの絞り方を伝え、隅をふくコツを知らせながら、自分たちで自分たちの場所をきれいにする気持ちよさを味わえるようにする。 ●終業式は1学期をしめくくる大事な式であることを伝える。	

職員との連携
- 5歳児から譲ってもらったジャガイモを掘るにあたり、5歳児担任や5歳児たちから掘り方を教えてもらう。

家庭との連携
- 引き渡し避難訓練では、意図や取り組みについて子どもに話すが、保護者にも真剣に取り組んでもらえるように、降園時に話をする。
- 空き箱製作をすることを知らせ、家庭で不要になった空き箱を持ってきてもらう。

評価・反省
- 夏休みの話をしたところ、理解した子もいたが、ピンと来ていない子も多かった。片付けや清掃活動をし、終業式に参加して長い休みに入ることが分かったようだ。
- 1学期最後のプール遊びを終え、体のふき方が上手になったこと、プール遊びの約束を守って遊べたことを認め、嬉しさと成長を感じられるように話した。2学期のプール遊びも楽しみたい。

[自然]：自然との関わり・生命尊重　[数字]：数量や図形、標識や文字などへの関心・感覚　[言葉]：言葉による伝え合い　[表現]：豊かな感性と表現　を表しています。

幼稚園・認定こども園 8月 月案

CD-ROM 月案（幼稚園・こども園）→ P096-P097 8月の月案

8月の月案 ここがポイント！

園に来る日が、楽しみになるように

　毎日登園する子もいれば、行事の日にだけ来る子もいます。会えたことを喜びながら、その日が楽しく過ごせるように計画しましょう。夏祭りやプール開放日などが予定されているところもありますので、月案のみでなく、行事ごとの詳細な実施計画も必要になります。だれがどの部分を担当するのか、責任者はだれなのか、保育者間でしっかり連携を図りましょう。

8月月案 くま組

前月末の子どもの姿

- プール遊びを楽しみ、水と親しんだ。初めは、おそるおそる顔を水につけていた子が、ずいぶん慣れて、水しぶきがかかることを楽しんでいる。

	第1週
週のねらい	●水遊びを思いきり楽しみ解放感を味わう。 ●いつもと違う友達と関わりながら、プールで遊ぶ。
内容	●プール遊びの約束を守って楽しく遊ぶ。 ●休息を取りながら、水遊びを楽しむ。
環境構成	●ペットボトル、水鉄砲、牛乳パックなどの水遊び用具をそろえる。 ●水分補給や休息が涼しい場所でできるよう、パラソルや遮光ネットで日陰をつくる。
保育者の援助	●異年齢児と水遊びをすることもあるので、子どもの様子をよく見て危険のないようにする。

食育

- お泊まり保育時のカレーづくりで、買い物や調理をスムーズに行えるように計画を立てる。
- 調理中には、包丁や鍋、火の扱いを見守る。
- カレーづくりを経験して思ったこと、感じたことを話せる機会をもつ。

◆ 月のねらい

- 喜んで登園し、園での活動を楽しむ。 健康
- お泊まり保育で、保育者や友達と生活を共にし関わりを楽しむ。 協同 規範

月間予定

- 夏休み
- プール開放
- お泊まり保育（園内にて）

8月 月案 ＊＊幼稚園・認定こども園

第2週	第3週	第4週
〈夏休み〉	●保育者や友達、5歳児とお泊まり保育を体験し、交流を楽しむ。 ●家庭から離れて1泊し、自立心を育み、自信をもつ。	〈夏休み〉
	●荷物整理など、身の回りのことを自分でする。 ●友達と協力して、食事づくりや寝る場所の準備をする。	
	●調理台は子どもが動きやすいように配置する。 ●花火大会の際は、火の扱いには十分に気を付ける。 ●寝る前に読む絵本や紙芝居を準備し、落ち着いて眠れるような環境をつくる。	
↓	●保護者を思い出して不安になる子には、保育者が優しく寄り添い、絵本を読んだり歌ったりして気分転換し、一緒に過ごせるように援助する。 ●食事づくりでは、みんなが経験できるように配慮する。 ●夜中にトイレに行ってもいいことを伝え、安心して眠れるようにする。	↓

⇄ 職員との連携

- 夏休み中のプール遊びでは、クラス担任以外の子どもと遊ぶことも多いので、連絡を密に取り合う。
- お泊まり保育では、職員同士で声をかけ合い、協力して進める。

🏠 家庭との連携

- プール開放や、お泊まり保育についての詳細を知らせる。不安があれば、相談してもらう。

🏷 評価・反省

- お泊まり保育では、親元を離れて泊まることが初めての子も多く、気持ちが高ぶっていた。カレーづくりには、どの子も積極的に参加し、自分たちでつくったカレーの味は格別だったようで、「おかわり！」の声があちこちで聞かれた。

自然：自然との関わり・生命尊重　数字：数量や図形、標識や文字などへの関心・感覚　言葉：言葉による伝え合い　表現：豊かな感性と表現　を表しています。

幼稚園 認定こども園

9月 月案

体を動かして遊ぶ楽しさを

　運動会があるから、そのための練習を日々重ねるのではなく、子どもが体を動かして遊ぶ楽しさを十分に感じるような経験をしてから、おうちの人に見てもらうフェスティバルとしての運動会をもちかけましょう。させられるのではなく、自分から取り組むことが大切です。どんなレースをしたら楽しいか、どんな技を見せたいか、子どもと相談したいものです。

9月月案 くま組

前月末の子どもの姿
- 夏休みに経験したことを、保育者や友達に話す。
- お泊まり保育の経験を思い出し、「また、みんなで花火したいね」と話す。

第1週

週のねらい
- 友達や保育者との再会を喜び、一緒に遊ぶ。
- 体を使った遊びを楽しむ。
- 自分なりに目的やイメージをもって遊ぶ。

内容
- 友達や保育者と、夏休みの出来事について、話したり聞いたりする。
- 室内で製作遊びを楽しむ。

環境構成
- 落ち着いて子どもの夏休みの話を聞く時間を設け、話したい気持ちが満たされるようにする。
- 好きな動物のお面がつくれるように、色画用紙や輪ゴム、油性ペンなどを用意する。
- お面をかぶって遊べるスペースを確保する。

保育者の援助
- 子どもの話を聞く際は先を急がずに、その子のペースに合わせて話を聞く。
- 子どもが遊んでいる際、発見したことや思ったことに共感しながら一緒に楽しむ。

食育
- お好み焼きづくりでは、子どもたちに「何を入れたらおいしいか」を聞いて、材料を決める。
- 運動をした後「おなかがすいたね」と空腹を感じながら昼食をとり、「おなかがすいたときに食べるとおいしい」ということが感じられるようにする。

◆ 月のねらい

- 園生活の仕方を確認しながら、生活のリズムを取り戻す。健康
- 体をのびのびと動かして遊ぶ楽しさや、みんなと一緒に活動する楽しさを味わう。健康 協同

月間予定

- 運動会リハーサル
- おひさま会
- 誕生会

9月 月案 ＊＊幼稚園 認定こども園

第2週	第3週	第4週
● 友達と遊ぶ中で、自分の考えを動きや言葉で表現する。 ● 体を動かして遊ぶ楽しさを味わう。	● 体を動かして遊ぶことや、みんなと一緒に活動することを楽しむ。 ● 気の合う友達と一緒に、好きな遊びを楽しむ。	● 友達と一緒に体を動かして楽しみ、力を発揮しようとする気持ちをもつ。 ● 自分のやりたい遊びを見付けて楽しむ。
● 自分の思いを伝え、友達の思いや表情にも気付きながら遊ぶ。 ● 玉入れや、かけっこなどを楽しむ。	● 友達と一緒に踊ったり、走ったりすることを楽しむ。 ● 運動会を楽しみにしながら、必要な物をつくる。	● 5歳児や友達の姿に刺激を受け、自分でもやってみようとする。 ● 自分なりのイメージをもって、表現したり遊んだりする。
● やりたい遊びに没頭していると周りが見えなくなるので、保育室内の状況を見て危険がないようにする。 ● 玉入れやかけっこは、「楽しかった」という気持ちで終われるように短時間で行う。	● 子どもの遊んでいる姿から、何が楽しいのかを読み取り、興味をもちそうな環境を準備する。 ● けがをしないよう、遊びのコーナーの環境面を見直す。 ● 製作遊びでは、子どもが満足できるように材料の準備をする。	● 三輪車で遊ぶスペースは線で区切り、安全に遊べるようにする。 ● 色水遊びからジュース屋さんに発展すると予想されるので、場所を確保する。
● 製作遊びでは、一つの物をじっくりつくりたい子、たくさんつくりたい子がいるので、一人一人が満足感を得られるように共感しながら楽しめるようにする。 ● 体を動かすことが楽しいと思えるように、時間配分を配慮する。	● 運動会に向けての活動では、「自分もできた！」「またやりたいな」と思えるよう、すてきな点を具体的に認めて、努力している姿をしっかり見ていることを伝える。 ● 外遊びでは、水分補給をしっかりと行えるよう声をかける。汗をかいたら着替えるよう促す。	● 小学校の校庭を借りて運動会のリハーサルを行う。自分たちの競技に期待をもち、楽しみにできるように声をかける。 ● リハーサルは長時間になるので、途中で疲れたり、遊び始めたりする子も出てくる。最後までやり抜くように声をかけ、努力している姿を認める。

⇄ 職員との連携

- 運動会のリハーサルでは、担任同士や補助職員と連携しながら、各コーナーの子どもの様子や環境を見守るようにする。

🏠 家庭との連携

- 運動会本番に不安を感じる子の保護者に対しては、ふだんの様子や姿を伝え、子どもの努力や成長を感じてもらえるように意識する。

💭 評価・反省

- 室内遊びでは、製作を楽しむ子が多かった。保育者がつくっている物や友達がつくって遊んでいる物に興味をもってつくりはじめることが多い。製作コーナーが落ち着くと、つくった物で遊ぶ姿が多くなる。同じ物をつくった友達との遊びが始まり、楽しんでいる姿が見られるが、遊べる場が狭く、遊びを十分に楽しめない子がいたことを反省する。

自然：自然との関わり・生命尊重　数字：数量や図形、標識や文字などへの関心・感覚　言葉：言葉による伝え合い　表現：豊かな感性と表現　を表しています。

10月 月案

月案（幼稚園・こども園） → P100-P101 10月の月案

ごっこ遊びでなりきりを楽しむ

　お店屋さんごっこや電車ごっこなど、子どもたちが興味をもっているごっこ遊びで、「なったつもり」を楽しみましょう。「いらっしゃいませ」「350円です」「黄色い線までお下がりください」など、役になった言葉で会話するのはワクワクします。新しいグッズの工夫などで、遊びはより楽しさを増します。くり返し、発展させていく喜びを共に味わえるようにしましょう。

10月月案 くま組

前月末の子どもの姿

●運動会のリハーサルを経験し、運動会で自分たちがやること、5歳児がやることが分かった。自分たちの競技に意欲的に参加し、運動会本番を楽しみにしている子もいれば、何となくみんなの動きに付いていくだけの子もいる。

	第1週
◇週のねらい	●友達と一緒に体を動かす楽しさを味わい、力を発揮しようとする気持ちをもつ。 ●気の合う友達と好きな遊びを楽しむ。 ●運動会を楽しむ。
★内容	●5歳児や友達の姿に刺激を受け、自分でもやってみようとする。 ●運動会を楽しみにしながら、必要な物をつくる。
環境構成	●運動会で使う手裏剣づくりでは、よりかっこいいものになるように、キラキラした素材なども用意する。 ●運動会の会場は、保護者席、トイレ、撮影場所などを分かりやすく表示する。
保育者の援助	●運動会当日は、たくさんのお客さんの前で不安になったり、興奮状態になったりすることが予想できるので、安心して、また落ち着いて運動会に参加できるように個別に声をかける。

食育

●「食欲の秋」という言葉の意味、秋の食べ物などについて話し、食べることへの興味がわくようにする。
●食べ物を残さずきれいに食べると気持ちがいいこと、食べることは健康のために大切なことなどを話題にする。

◆ 月のねらい

- 友達との関わりの中で、自分の考えや動きを言葉で表現したり、相手を意識したりして遊びを楽しむ。 協同 規範 言葉
- 心地よい秋の気候の中で、身近な自然物を遊びに取り入れたり、のびのびと体を動かしたりしながら楽しむ。 自然

📋 月間予定

- 運動会
- 誕生会
- お店屋さん
- 読み聞かせ
- おひさま会
- コンサート

10月 月案 ＊＊ 幼稚園 認定こども園

	第2週	第3週	第4週
	●秋の自然に触れたり、体を動かしたりして、解放感を味わう。 ●気の合う友達と、思いや考えを出し合って遊びを楽しむ。	●友達と一緒に体を動かして遊び、解放感を味わう。 ●自分なりのイメージをもって、表現したりつくったりして遊ぶ。	●秋の自然を感じながら遊ぶ。 ●体の動きでいろいろな表現をする。
	●秋の自然に触れ、自然物を使って遊ぶ。 ●自分の思いを伝えたり、友達の思いや表情に気付いたりしながら遊ぶ。	●鬼ごっこなど、みんなでする遊びを楽しむ。 ●運動会のことを話題にして、絵で表現する。	●散歩で公園へ行き、秋を探す。 ●誕生会での表現遊びを楽しむ。
	●ドングリやマツボックリ、落ち葉などが豊富な公園へ行き、自然の中で遊ぶ環境をつくる。 ●散歩の際の道路の歩き方について、絵を使って再確認する。	●運動会のことを思い出して絵をかけるように、画用紙やクレヨンを出しておく。 ●鬼ごっこが十分に楽しめるように、場を確保する。	●ドングリコロコロ迷路では、どんな迷路にするか、どこに空き箱やカップを付けるかなど、いろいろと試せるような材料を準備する。
	●友達との関わりの中で力の加減や遊び方が分からない際は、様子を見て声をかけて知らせる。 ●保育者も一緒に遊びながら、遊びに誘ったり一緒に鬼の役になったりして、楽しさを伝える。	●活発に体を動かす子もいるが、ブランコ遊びや砂場遊びだけで戸外遊びを終える子もいるので、体を動かす楽しさを味わえるように、クラス全体で遊びを楽しめるような機会もつくる。	●表現遊びでは、まねをしながら表現ができるようにし、その中でみんなと一緒に活動する楽しさを味わえるようにする。

⇄ 職員との連携

- 親子競技や保護者競技は、当日に保護者に分かりやすく説明できるよう、模範演技をする人、説明する人を決めておき、ルールを徹底させる。

🏠 家庭との連携

- 衣替えについて知らせる。
- 運動会では子どもの日ごろの取り組みを伝え、当日の姿だけでなく、それまでの過程が大切であることを伝える。
- コンサートは保護者も参加できることを知らせ、参加を呼びかける。

✎ 評価・反省

- 運動会の取り組みで5歳児と関わった。その中で、「5歳児さんて優しいな」と感じる子、「かっこいいな」と感じる子など、5歳児へのあこがれをもつ子が増えた。
- 鬼遊びを興味深く見ているが、なかなか遊びに入れない子もいる。ルールが分からない、鬼になったら嫌だなど、その子によっていろいろなので、保育者も一緒に遊んで楽しさを伝えていこうと思う。

自然：自然との関わり・生命尊重　　数字：数量や図形、標識や文字などへの関心・感覚　　言葉：言葉による伝え合い　　表現：豊かな感性と表現　を表しています。

幼稚園・認定こども園 11月 月案

11月の月案 ここがポイント！

秋の自然を遊びに取り込んで

心地よい風の中、ドングリやマツボックリなどを拾い、秋のにおいを感じられる場を設けましょう。身近に出かけられる公園などを確保しておきたいものです。また、サツマイモ掘りを経験する機会もあるでしょう。土の中の虫たちとの出会いも楽しみながら、土の感触、イモの手触りを直に体感できるとよいでしょう。

11月月案 くま組

前月末の子どもの姿

- 誕生会の出し物に向けて取り組んだ水族館のショーごっこ。その子なりの表現のおもしろさや特徴を大笑いしたり、具体的に伝えたりしたところ、多くの子が楽しんで参加した。

第1週

週のねらい
- 身近な自然物を使い、自分なりのイメージをもって遊ぶ。
- 自分の思いを伝えたり、友達の思いや表情に気付いたりして遊ぶ。

内容
- くじ引きや景品などをつくって遊ぶ。
- 友達と誘い合って、積み木遊びを楽しむ。

環境構成
- 子どもがイメージするものを表現できるように、いろいろな種類の材料を準備する。
- 小型箱積み木は硬いこと、足に落としたりぶつかったりすると痛いことを伝える。また、広い場所で遊べるように環境を整える。

保育者の援助
- 球根の形を観察したり、球根の植え方を聞いたりしながら、自分で植えられるように援助する。
- 以前ジャガイモ掘りをした際に、土に触ることや、土に手を入れて掘ることをためらう子がいた。サツマイモを見付けたり、掘ったりする楽しさを感じ、自然に土と関われるようにしたい。

食育

- サツマイモの大きさや形を感じながら洗い、5歳児と協力して焼きイモをつくることを伝える。
- たき火の焼きイモができ上がるのを楽しみにしながら、園庭で遊べるようにする。
- 5歳児と一緒に焼きイモを食べ、交流を深められるように担任同士で連携を図る。

◆ 月のねらい

- 自分の思いや考えを伝えたり、友達の気持ちや表情に気付いたりしながら、ゲーム遊びなどを楽しむ。 規範 思考 言葉
- 自分なりに目的やイメージをもって遊ぶ。 思考 表現

月間予定

- 球根植え
- 消防署要請避難訓練
- サツマイモ洗い
- 焼きイモパーティー
- 誕生会

11月 月案 ＊＊幼稚園・認定こども園

	第2週	第3週	第4週
	●簡単なルールのある遊びを楽しむ。 ●友達と一緒に、考えやイメージを出し合い、遊びを楽しむ。	●自分なりのイメージをもって遊ぶ。 ●自分の思いを伝えたり、友達の思いや表情に気付いたりして遊ぶ。	●戸外で体を動かしてルールのある遊びを友達と楽しむ。 ●ゲームや集団遊びに参加し、友達と関わる楽しさを味わう。
	●転がしドッジボールや、折り返しリレーなどを楽しむ。 ●お店屋さんごっこの小物をつくる。 ●避難訓練に参加する。	●友達と積み木遊びを楽しむ。 ●5歳児と関わりながら、戸外遊びを楽しむ。	●友達と一緒にルールのある遊びを楽しむ。 ●2人組の遊びを経験し、友達との触れ合いを楽しむ。
	●お店屋さんごっこに興味をもつ子が取り組みやすいよう、つくりやすい材料を準備し、満足いくまで商品づくりを楽しめるようにする。	●積み木遊びでは、片付けやすいように大きな箱を用意しておく。 ●クラス全体で取り組むための短なわ、長なわを用意する。	●遊びをイメージしやすく、また、イメージを膨らませやすいような環境や遊具を準備する。 ●遊びの様子を見ながら、必要な物を考えたり準備したりする。 ●みんながなわとびにいつでも取り組めるよう準備しておく。
	●好きな遊びの中だけで取り組むと、まったく経験しないままの子もいるので、クラス全体で取り組む時間をとり、活動や遊びの楽しさを味わえるようにする。 ●避難訓練で煙体験ハウスの中に入ることを怖がる子には、保育者と一緒に入るなどの援助をする。	●積み木の重ね方や場所の取り方など、安全面で気を付けてほしいことを伝えながら遊べるようにする。また、友達が参加したとき、イメージの違いから遊びが中断することがある。保育者が中に入り、お互いの気持ちを聞き、遊びのイメージを近づけられるように援助する。	●なわの始末は、なかなかできない。始末ができないからやりたくないということにならないように、結べない子には「半分にして、また半分にして」というように、簡単に片付けられる方法を伝える。

⇄ 職員との連携

- 5歳児と一緒に戸外遊びをする際は、担任同士で相談しながら遊びの場を確保する。ルールは5歳児から説明してもらうよう依頼する。

🏠 家庭との連携

- なわとびを使いはじめたことを知らせ、家庭で遊ぶときの参考にしてもらう。
- 薄着の大切さを知らせ、厚着をしすぎないように促す。
- 風邪予防には手洗い、うがいが大切であることを知らせる。

❤ 評価・反省

- 近くの保育園に遊びに行った。同じ年齢の友達がいることを知り、本園とは違う施設に興味をもって見学した。本園は2年保育なので、年下の子との関わりはもてない。保育園では年下の子どもとも触れ合え、貴重な体験ができる。小さい子をかわいがる気持ち、自分たちがお兄さん、お姉さんだという感覚を味わえたと思う。

自然：自然との関わり・生命尊重　数・字：数量や図形、標識や文字などへの関心・感覚　言葉：言葉による伝え合い　表現：豊かな感性と表現　を表しています。

幼稚園 認定こども園 12月 月案

月案(幼稚園・こども園) → P104-P105 12月の月案

12月の月案 ここがポイント！

新しい体験にも挑戦！

カスタネットやトライアングルなどの楽器遊びも、音楽をより楽しくしてくれます。いろいろな楽器に出合い、その音を知り、自分で演奏する体験を、計画に位置づけましょう。この時期にぜひ経験させたいことを計画し、上から与えるのではなく、子どもがやりたくなるような導入で、活動が展開されるようにしましょう。

12月月案 くま組

前月末の子どもの姿

● 友達とイメージを出し合いながら、遊びに夢中になっている。その楽しさに気付いた子が、次々と遊びに加わった。

	第1週
週のねらい	● 自分の思いを伝え、友達の思いにも気付いて遊ぶ。 ● ゲームや集団遊びに喜んで参加し、友達との関係を深める。
内容	● 友達と関わりながら、お店屋さんごっこを楽しむ。 ● サッカーPK遊び、しっぽ取り、なわ遊びなど、友達と一緒にする遊びを楽しむ。
環境構成	● お店屋さんごっこが発展するように、小道具を出す。 ● サッカーPK遊び用のゴールが、安全に使用できるか点検する。
保育者の援助	● イメージのくい違いからぶつかり合うことがあるので、保育者が仲介してイメージを言葉で伝えたり、子ども同士で解決できそうなときは見守ったりする。 ● しっぽ取りは保育者も一緒に遊んで、それまで見るだけだった子が「やってみたい」と思えるようにする。

食育

● 年越しそば、もち、おせち料理など、年末やお正月の食べ物について話題にし、それぞれの由来や意味を知らせる。
● 寒いときには体を温める食事をすることが、健康につながることを知らせる。

「幼児期の終わりまでに育ってほしい姿」の 健康：健康な心と体　自立：自立心　協同：協同性　規範：道徳性・規範意識の芽生え　社会：社会生活との関わり　思考：思考力の芽生え

◆ 月のねらい

- 友達と遊ぶ中で、自分の考えや思いを伝えようとしたり、相手を意識したりして遊ぶ。 [規範] [思考]
- 寒さに負けず、戸外で体を動かして遊ぶ楽しさを味わう。 [健康]
- 冬の自然現象や植物に興味をもち、触ったり遊んだりする。 [自然]

月間予定

- 楽器交流
- 劇遊び
- 避難訓練
- シャボン玉ショー
- お楽しみ会
- 終業式

12月 月案 ＊＊ 幼稚園 認定こども園

	第2週	第3週	第4週
	●興味をもった遊びに挑戦したり、取り組んだりしようとする。 ●季節を感じながら製作を楽しむ。 ●好きな遊びを友達と十分に楽しむ。	●2学期の終わりを知り、休みを迎える前の活動に進んで取り組む。 ●興味をもった遊びに挑戦したり、取り組んだりしようとする。	〈冬休み〉
	●寒さに負けず、体を動かして三輪車やジャングルジム、基地遊びを楽しむ。 ●クリスマス製作や、お店屋さんごっこを友達と楽しむ。	●身の回りの整理整とんや、自分たちが使った場所の掃除をする。 ●自分なりの目的をもって、動物の製作をする。	
	●クリスマス飾りをつくるコーナーを用意し、興味をもった子がじっくり取り組めるように準備しておく。	●ぞうきんは一人一枚ずつ用意する。 ●シャボン玉ショーの後、シャボン玉遊びにも取り組めるように準備をしておく。	●3学期に向け、保育室内を整え、気持ちよく新年を迎えられるように準備する。
	●戸外遊びでは、保育者も一緒に遊び、体を動かす楽しさや心地よい疲れを子どもと一緒に感じて楽しむ。 ●お店屋さんごっこは、保育者が客になって店員と関わったり、一緒に店員になってお店を盛り上げたりして、他の子が興味をもって参加できるようにする。	●2学期の終わりの式があることを話し、最後の式にすてきな姿で参加できるように話す。 ●製作遊びでは、できたときの嬉しさや、それを使って遊ぶ楽しさを共感し、またやってみようという気持ちにつながるよう援助を行う。	

⇄ 職員との連携

- 年末の園行事が続くので、各行事の内容を職員全員が把握し、スムーズに進められるように準備する。

🏠 家庭との連携

- 年末年始ならではの行事を大切にし、子どもが十分に経験できるようにしてもらうことを伝える。
- 年末なので、子どもと一緒に玩具や場所を片付け、大掃除を子どもが手伝うことを伝える。
- 冬休み中は、生活リズムが乱れやすくなるので、規則正しい生活を心がけてもらう。

🏷 評価・反省

- 大掃除後、きれいになった保育室を見て、気持ちよさを感じ、3学期にみんなで遊べることを楽しみにする話をした。ぞうきんの絞り方には個人差があったが、援助しながらふいた。
- 終業式では、最後までしっかり立って参加することなどを具体的に話し、意識して参加できるようにした。式の後、自信につながる言葉をかけた。

[自然]：自然との関わり・生命尊重　[数字]：数量や図形、標識や文字などへの関心・感覚　[言葉]：言葉による伝え合い　[表現]：豊かな感性と表現　を表しています。

幼稚園 認定こども園 1月 月案

月案（幼稚園・こども園） → P106-P107 1月の月案

1月の月案 ここがポイント！

寒さに負けず、体を動かして

　お正月の特別な暮らしで、食べすぎたり生活習慣が乱れたりしがちです。また、風邪やインフルエンザも流行するので、体調を整えることを、まず大切にしたいものです。そして、鬼ごっこやしっぽ取りなど、友達と体を動かして遊べるコーナーを確保し、走ると体がポカポカすることが体感できるようにしましょう。

1月月案 くま組

前月末の子どもの姿

- お楽しみ会で、保護者や保育者の出し物を興味深く見る。
- 保育室の大掃除で、身の回りをきれいにしたことに達成感を感じる。

	第1週
週のねらい	●冬休み中や今まで経験した遊びをしながら、園生活や友達とのつながりを取り戻す。 ●寒さに負けず、戸外で思いきり体を動かして遊ぶ。
内容	●冬休み中にあった出来事などを、保育者や友達に話す。 ●鬼遊びや正月遊びなどをして、友達と一緒に元気に遊ぶ。
環境構成	●2学期に取り組んでいた遊び（製作、お店屋さんごっこ、積み木など）を楽しめるように、環境を整えておく。 ●みんなで歌う楽しさを味わえるように、これまで歌ってきた歌なども取り入れる。
保育者の援助	●正月遊びに参加し、ルールの共通理解を図ったり、興味はあっても参加できない子の援助を行ったりする。 ●自分の思いを伝える援助や、周りの子の気持ちに気付けるような手助けをする。

食育

- 昼食時の準備の仕方や食事のマナーを再確認し、楽しく食べるために必要なことを知らせる。
- 七草がゆや鏡開きの意味を知らせ、興味をもって食べる。

◆ 月のねらい

- 自分なりの目的やイメージをもち、くり返し取り組んだり工夫したりする楽しさを味わう。 思考
- みんなで行う活動に喜んで参加し、自分なりの動きで思いを表す。 協同 表現

月間予定

- 始業式
- 保護者会
- 読み聞かせ
- 避難訓練
- ウサギ当番引き継ぎ

1月 月案 ＊＊幼稚園 認定こども園

	第2週	第3週	第4週
	●みんなで行う活動に喜んで参加し、自分なりの動きで取り組む。 ●気の合う友達とごっこ遊びや正月遊びなどを楽しむ。	●クラスのみんなと協力して、表現遊びを楽しむ。 ●冬の自然現象について考え、製作で表現する。	●友達と同じ目的をもって遊んだり、活動したりする。 ●正月遊びに親しみ、体を動かして遊ぶ。
	●いろいろな表現遊びをする中で、自分なりに表現することを楽しむ。 ●お店屋さんごっこ、こま回し、なわ遊びなどを楽しむ。	●クラスの友達と一緒に劇遊びをする楽しさを味わう。 ●友達とイメージを伝え合いながら、遊びや製作を楽しむ。	●自分なりに表現することを楽しみながら、友達の動きにも目を向ける。 ●どんな役がいいか考えて選ぶ。 ●凧をつくってあげることを楽しむ。
	●ござや机などを使って、子どもが落ち着いて遊びに集中できる環境を整える。 ●3学期の生活グループを決めて、子どもと一緒にグループ表をつくって掲示する。	●製作コーナーには、飾り切り（雪の結晶）ができるように材料を準備しておく。	●凧づくりに興味が出てきたら、つくって遊べる環境を準備する。 ●凧あげでぶつからないで思いきり走って遊べるように、凧ルートをつくり、安全に楽しく遊べるようにする。
	●保育者も一緒に遊びに入り、ルールの共通理解を図ったり、楽しさを味わえるような援助を個別に行ったりしながら、正月遊びの楽しさを共感する。 ●ウサギ当番では、子どもの話を聞いて受け入れながら、これからのウサギ当番に期待や、やる気をもてるようにする。	●劇遊びをくり返し楽しむ中で、いろいろな役を楽しめるようにする。 ●飾り切りで終わるのではなく、自分で壁飾りをつくれるように、見本を置いたり、つくり方を話したりして、最後まで自分で完成できるように援助する。	●発表会に向けての活動では、楽しさを感じながら取り組めるように、保育者自身が楽しい雰囲気で取り組むことを心がける。 ●戸外遊びでは、子どものイメージを共有しながら保育者も楽しむ。

⇄ 職員との連携

- しっぽ取りなどは保育者が入らなければ遊びが進まないこともあるので、保育者同士で連携を図りながら、遊びの様子を見守る。
- 生活発表会に向けての活動では、補助職員とも進め方を共通理解し、一緒に子どもの表現や努力を認める。

家庭との連携

- 正月遊びに取り組んでいることを伝え、家庭の遊びの参考にしてもらう。
- 保護者会では3学期のめあてや今後の予定、子どもの様子について話し合う。

評価・反省

- 発表会に向けての劇遊びでは、役が決まると、また違った姿が見られるので、一人一人の様子をよく見て、声をかけたり認めたりして、自信をもって取り組めるようにしていきたい。
- 飾り切りは「もっとやりたい」という声があったので、自分で壁飾りにするまでつくれるように見本を置いたり、つくり方を話したりすると、つくり上げることができた。

自然：自然との関わり・生命尊重　数字：数量や図形、標識や文字などへの関心・感覚　言葉：言葉による伝え合い　表現：豊かな感性と表現　を表しています。

幼稚園・認定こども園 2月 月案

2月の月案 ここがポイント！

みんなで力を合わせて

クラスのみんなで一つのことに取り組む経験が必要な時期です。一つのオペレッタをみんなでやり遂げたり、5歳児のお別れ会を企画して進行したり、みんなで力を合わせると大きなことができるという体験を重ねていきましょう。困っている友達に助け舟を出すことも、できるようになっているでしょう。自分の役割を自覚して動けるようになった姿を、保護者にも見てもらいましょう。

2月月案 くま組

前月末の子どもの姿
- 鬼のお面づくりでは、それぞれ自分の退治したい鬼をイメージしてつくり、個性のある作品ができ上がった。
- 友達と共通のイメージをもって劇遊びをし、アイデアを出し合いながら進めている。

	第1週
週のねらい	●クラスの友達と同じ目的をもって遊んだり、活動したりする。 ●節分の意味を知り、豆まき集会に参加する。
内容	●自分なりに表現することを楽しみながら、友達の動きにも目を向ける。 ●豆まき集会に参加し、「自分の中にいる追い出したい鬼」について考える。
環境構成	●豆まき集会では、本当の鬼が出てきたときに怖がったりびっくりしたりして、混乱状態になると予想されるので、保育者が安全な場所に立ち、子どもたちが集まるところに待機する。
保育者の援助	●自分の中で退治したい鬼や、自分で克服してやってきてほしい福の神などを思い浮かべられるような話をする。 ●みんなで豆を食べ、一粒一粒にパワーや取り組む力を感じながら食べられるように話す。

食育
- 豆にはいろいろな種類があることや、豆料理、豆からつくられる食品などについて話す。
- 豆には体を丈夫にする栄養が入っていることを知らせる。

◆ 月のねらい

- クラスの中での自分の存在を意識しながら、みんなと一緒に行動する。 規範 思考
- 友達と考えを出し合いながら、遊んだり表現遊びをしたりする。 協同 表現
- もうすぐ5歳児になることを意識し、当番活動などに取り組む。 自立
- 冬の行事に親しみ、日本の伝統に触れて友達と楽しむ。 社会

月間予定

- 節分・豆まき
- 生活発表会
- お楽しみお弁当
- ジャガイモ植え
- 誕生会

2月 月案 ＊＊幼稚園 認定こども園

第2週	第3週	第4週
●グループ活動の中で、新しい友達や保育者との触れ合いを楽しむ。 ●友達とやりたい遊びを見付ける。 ●冬の自然に触れ、思いきり楽しむ。	●体験入園に来た、年下の友達と触れ合う。 ●楽器演奏を楽しむ。 ●ひな祭りについて知る。	●同じグループや学年の友達と一緒に活動することを楽しむ。 ●友達と試したり挑戦したりしながら、いろいろな遊びに取り組む。
●グループの中で安心して遊ぶ。 ●初めてグループになった友達と、言葉を交わしながら遊ぶ。 ●友達や保育者と、雪遊びを楽しむ。	●自分より小さい子に対する触れ合い方を知る。 ●自分なりの考えを出したり、友達の考えを聞いたりしながら遊ぶ。	●お別れ会があることを知り、期待をもってグループ活動に取り組む。 ●鉄棒に興味をもち、いろいろな遊び方を楽しむ。
●グループ活動では、初めての友達ともスムーズに遊びに入っていけるよう、慣れ親しんだ遊具などを準備しておく。	●ひな祭りがあることを話したり、絵本を読んだりして、興味をもって製作に取り組めるように準備する。	●鉄棒への取り組みでは、急に手を離す子や前後に友達がいることに気付かない子に注意し、保育者がそばに付いて周りの状況をよく見る。
●雪遊びの後、濡れた手袋や上着を乾かしたり着替えをしたりなど、自分のことは自分でできるように時間を多めに取り、最後まで行えるように励ましたり手伝ったりする。 ●一緒にトイレに行き、上履きの着脱や排便の様子を見て、いま必要な援助を把握する。	●友達とのコミュニケーションが苦手な子には、保育者も一緒に遊び、その子が他の友達と言葉のやり取りができるように援助する。 ●遊びを思いきり楽しめず「とりあえずこれをする」という子には、やりたいことが見付かるように援助をする。	●鉄棒では、友達の姿を見て、自分でもやってみようと挑戦する気持ちを認め、自分でもできたという気持ちを味わえるようにする。

⇄ 職員との連携

- 配慮が必要な子が、発表会当日に不安を感じることが予想されるので、安心して取り組めるような援助を話し合う。
- グループ活動では、子どもたちの関わりについて伝え合う。

🏠 家庭との連携

- 発表会に向けての取り組みについて降園時に話したり掲示したりして伝え、発表会を楽しみにする気持ちをもってもらう。また、当日の予定も知らせる。
- ひな祭り会に、祖父母を招待することを伝え、手紙を配布する。

◆ 評価・反省

- 5歳児ともうすぐ別れることを伝え、楽しかったことや教えてもらったことを思い出しながら、5歳児への感謝の気持ちをもって活動に取り組めるように声をかけた。あと一か月、交流をさらに深めたい。
- 発表会は、みんなで楽しく取り組み、大勢の前で歌と劇を発表することができた。一人一人が精いっぱい取り組んだ姿を認め、表現することに自信をもってほしいと思う。

幼稚園・認定こども園 3月 月案

3月の月案 ここがポイント！

成長したことに自信がもてるように

　5歳児の卒園が近づき、子どもたちはお別れ会の準備をしたり、進行をしたり、また、卒園式でも歌や言葉のプレゼントをしたりという役割を担当します。その中で、子どもたちはやり遂げる喜びを味わい、4月からは自分たちが5歳児になるという自覚をもちはじめます。考える力、実行する力、へこたれない力、表現する力、様々な面が育ったことを言葉に出して、子どもたちを認めましょう。

3月月案 くま組

前月末の子どもの姿

- グループ活動後、嬉しそうな表情で戻ってくる子が多い。担任以外の保育者や違うクラスの友達に、少しずつ慣れてきている。
- 5歳児になることを楽しみにし、お別れ会の準備を進める。

第1週

週のねらい
- 友達と一緒に、自信をもって活動する。
- 自分たちでルールを考えたり、遊び方を工夫したりして遊ぶ楽しさを感じる。

内容
- 友達と一緒に試したり挑戦したりしながら、いろいろな遊びに取り組む。
- お別れ会を楽しみにし、期待をもってグループ活動に取り組む。

環境構成
- 残りわずかなこのクラスでの生活の中で、好きな友達と遊んだり、やりたい遊びに夢中になったり、楽しい経験ができるように準備しておく。

保育者の援助
- 鉄棒遊びを楽しむために、戸外遊びの後などに学級全体で鉄棒に触れる時間をつくる。
- 5歳児へプレゼントしたいという気持ちをもって取り組めるように、丁寧に個別に関わる。

食育

- ひしもちの色の意味を知らせ、行事食には様々な願いが込められていることを知らせる。
- 一年間お弁当をつくってくれた保護者に、感謝の気持ちをもって食べられるよう話題にする。

3月 月案 幼稚園・認定こども園

◆ 月のねらい
- 友達と思いを伝え合いながら、様々な活動に意欲的に取り組む。 自立 言葉
- 5歳児になるという意識をもって、園生活を送る。 自立

📋 月間予定
- ひな祭り
- お別れ会
- 誕生会
- 修了式
- 親子お楽しみ会
- 保育室の清掃

	第2週	第3週	第4週
	●今までの生活を振り返りながら、友達とのつながりを感じる。 ●5歳児になることに期待をもち園生活を送る。	●年度末の行事に参加する。 ●5歳児の卒園を祝い、感謝や別れの気持ちで見送る。	〈春休み〉
	●友達の姿に刺激を受け、試したり挑戦したりする。 ●親子お楽しみ会に期待をもち、プレゼントをつくったり、活動したりする。	●考えを出し合いながら、友達と一緒に遊ぶ楽しさを味わう。 ●修了式に参加し、4歳児クラスの終わりを知る。	
	●親子お楽しみ会では、保護者と一緒に幼稚園で楽しい時間が過ごせるように、明るい雰囲気づくりを意識して準備する。	●修了式に向け、5歳児に進級することを祝う春らしい飾り付けをする。 ●大掃除の際は、一年間の思い出や、4月からはこの保育室を新入園児に使ってもらうことを話しながらきれいに整える。	●新入園児を迎えるための準備を進める。
	●誕生会では、大勢の前でインタビューされる経験を何度か行い、自信がもてるように声をかけたり、認めたりする。 ●5歳児が育ててくれたジャガイモをみんなで掘った経験を思い出し、今度は自分たちでジャガイモを育てることを伝える。	●自分たちの使った場所をきれいにしようという気持ちで、進んで活動に取り組めるようにする。ぞうきんの絞り方など、個別に援助が必要な子には丁寧に関わる。 ●友達との別れを実感し、気持ちが不安定になる子には、十分に気持ちを受け止める。	

🔄 職員との連携
- 以前よりも努力している姿や、自分から進んで取り組んでいる姿を補助職員と一緒に認めながら、子どもがやる気をもって取り組めるようにする。

🏠 家庭との連携
- 進級に向けて不安を感じている保護者には、子どもの園での様子を伝えたり、保育者の声かけや援助の方法を伝えたりしながら、保護者も気持ちよく一年を終えられるようにする。

🏷️ 評価・反省
- ほとんどの子が5歳児クラスになることを楽しみにし、期待をもっている。できるようになったこと、友達と一緒に活動したことなどを認めた。自分の成長に気付けるように伝えながら、自信をもって進級できるように具体的に言葉をかけた。

自然：自然との関わり・生命尊重　　数字：数量や図形、標識や文字などへの関心・感覚　　言葉：言葉による伝え合い　　表現：豊かな感性と表現　を表しています。

保育園 4月 月案 文例

一つ大きくなった子どもたちは、新しい保育室や新しい保育者との出会いにワクワクしたり、ちょっぴり不安になったり。保育者の明るい笑顔が頼りです。

今月初めの子どもの姿

- 進級したことを喜び、意欲的に活動するが、無理をしすぎることもある。
- 友達と関わって楽しく遊ぶ子、新しい保育室や新しい担任に慣れずに不安な様子の子がいる。

ねらい

- 新しい環境に慣れる中で、生活の流れを知り、安心して保育者たちと関わり、生活する。[健康]
- 新しい友達と一緒に、好きな遊びを見付ける。[協同]
- 一つ大きいクラスになったことを喜び、友達と新しい環境で生活することを楽しむ。[自立][協同]
- 一日の生活の流れが分かり、自分で次の行動をする。[自立]
- したいことや嫌なことを言葉で伝えようとする。[言葉]

内容

【養護】
- 手洗い、うがいを丁寧に行う。
- 衣服の汚れに気付き、着替えたり片付けたりする。
- 身の回りの物の位置が分かり、環境に慣れる。

【教育】
- 友達や保育者と、好きな遊びを十分に楽しむ。
- 戸外で体を動かして遊ぶ（大なわとび、鬼ごっこ、フープ、ボール、鉄棒など）。
- 園庭や散歩で春の自然に触れ、親しみを感じたり興味をもったりする。
- 日常に必要なあいさつをする。
- リズムや曲に合わせて、体を動かすことを楽しむ。
- 保育者や友達と、歌うことを楽しむ（「こいのぼり」「おもちゃのマーチ」など）。
- こいのぼりづくりを楽しむ。

環境構成

【養護】
- 持ち物の整理が自分でできるよう、使いやすい環境を整える。
- 手洗い、うがいの仕方を絵で表示し、目に付く場所にはっておく。
- 落ち着いて話ができる環境や場を設け、自分の思いを伝える満足感を味わえるようにする。

【教育】
- 園庭の固定遊具、ボール、園庭用のブロック、フープ、三輪車などの用具の正しい使い方を知らせ、園庭の安全点検を行う。
- 製作用具を入れる棚に、クレヨン、油性ペン、色鉛筆、紙などを用意し、好きなときに絵をかいて楽しめるようにする。
- こいのぼり製作のための材料を準備する。

予想される子どもの姿

【養護】
- 新しい環境に期待を膨らませ、体を動かして遊ぶ子、新しい担任がそばに来ると緊張してじっとし、返事やあいさつをしないでもじもじする子がいる。
- 気の合う友達と一緒に、新しい玩具で遊ぶ。
- 朝夕は気温が低いことや、環境の変化などから、体調を崩す子がいる。

【教育】
- 玩具の数が足りず、待ったり順番で使ったりすることができずにトラブルになる。
- チョウやテントウムシ、アリ、ダンゴムシなどを見付けて触れたり、草花遊びをしたりする。
- こいのぼりをつくるが、あまり気がのらず製作が進まない子もいる。
- フルーツバスケットなど、簡単なルールの集団遊びを楽しむ。

保育者の援助

【養護】
● 担任が替わり戸惑う子には、しっかり関わりながら安心して過ごせるようにする。
● 汚れに気付けるような言葉をかけ、着替えを促す。
● 手洗い、うがいの方法を確認しながら、その意図を知らせて丁寧に行うように促す。

【教育】
● 好きな遊びを選べる環境をつくる。
● 保育者が一緒に遊ぶ中で、ルールを守って遊ぶ楽しさをくり返し知らせる。
● 聞く準備ができているかを確認してから、話を始める。
● 相手に分かるように伝えるために、仲立ちしたり言葉を添えたりする。
● あいさつをする気持ちよさを知らせるために、保育者が進んであいさつをする。
● 季節の歌などを楽しく歌う中で、きれいな声で歌うことを知らせる。
● じっくりと落ち着いて製作できるように少人数で行い、用具の扱い方についても見守る。

食育

【ねらい】
● 食事のマナーや、食べるときの正しい姿勢に気を付ける。
● 陶製の食器の扱い方を知り、丁寧に扱う。

【環境構成】
● 食事のあいさつや、食べる姿勢が分かるポスターをはる。
● グループごとに花を飾る。
● ふきんを用意する。

【予想される子どもの姿】
● 箸やスプーンを正しく持って食べようとする。
● 食器を落として割る。
● 箸を間違った持ち方で食べようとしたり、箸を持ったまま会話をして、友達に当たりそうになったりする。

【保育者の援助】
● スプーンやフォークの持ち方を確認し、落ち着いて食事ができるようになってから箸の使用へと移行する。

職員との連携

● 全職員で子どもの健康面や、その他の配慮が必要な部分を確認し、情報を共有する。
● 支度の仕方や順序など、担任同士で確認し合い、共通の対応をする。
● 前年度の担任から子どもの情報を引き継ぎ、一人一人に対応できるようにする。
● 時間外保育の担当者から担任へ引き継ぐ際に、健康状態や気になることなど、連絡事項にもれがないように注意する。

家庭との連携

● 保護者とのコミュニケーションを積極的に図り、信頼関係を築く。
● 園だよりやクラスだよりで子どもたちの様子を具体的に知らせ、保護者と共通理解を深める。
● 持ち物への記名を徹底してもらう。
● その日の様子を連絡帳や登園、降園時に話して伝え、保護者が安心できるようにする。
● 懇談会について知らせ、子どもについて知りたいこと、気になることなどを書いて提出してもらい、有意義な懇談になるよう工夫する。
● 一年間の予定表を配布し、保護者参加の行事への参加をお願いする。

評価・反省

● 新クラス、新担任となり、緊張もあってか友達同士でくっつき合う姿が多く、それが原因でトラブルとなることもあった。
● 元気で体力もあり、保育者や好きな友達とたくさん遊ぶことで、少しずつ慣れてきている。多くの友達と関われるようにしていきたい。
● 食事は、最後まで座っていられずスプーンで他児にちょっかいを出し、落ち着かない姿があった。
● 生活面での個人差が大きく、できる子を待たせないよう援助したり声をかけたりしている。時間に余裕をもって活動するようにしたい。

保育園 5月 月案 文例

風に吹かれて泳ぐこいのぼりの下で、元気に遊ぶ子どもたち。新しい環境にもずいぶん慣れて、保育者や友達と安心して過ごす時間が増えてきました。

前月末の子どもの姿

- 新しい環境での生活に慣れ、初めての当番活動にも積極的に取り組む。
- 友達を誘い合って遊び、友達との関わりが深くなる。
- 自分の抱いているイメージを伝え合いながら遊ぶ。
- 3歳児の世話をしようとするが、うまく伝えられず一方的になる。
- 連休明けの登園で保護者と別れる際、泣く子がいる。

ねらい

- 新しいクラスに慣れ、生活の流れを知り、身の回りのことを自分でしようとする。[自立]
- 友達や保育者と、好きな遊びを十分に楽しむ。[協同]
- 戸外で体を動かして遊び、解放感を味わう。[健康]
- 栽培物を植えたり、春の自然や虫に触れたりして、身近な生き物や植物に関心をもつ。[自然]

内容

【養護】
- 気温や活動に合わせて、促されたり自分で気付いたりして衣服の調節をする。
- 自分で衣服の汚れに気付いたり、促されたりして、着替えや始末をする。
- 和式トイレの使用にも慣れ、トイレを正しく使う。

【教育】
- 遊具、用具の正しい使い方を知る。
- 身近な生き物や植物に興味をもつ。
- 野菜の苗を植え、親しみをもって水やりなどの世話をする。
- 保育者や友達の話を聞く。
- いろいろな物をつくることを楽しむ（折り紙、空き容器、毛糸など）。
- クレヨンなどで、かいて遊ぶことを楽しむ。

環境構成

【養護】
- 子どもの動きを考えながら、支度しやすい環境設定をする。
- 暑い日には水分補給が十分できるように、麦茶を用意しておく。

【教育】
- 思いきり走ったり、全身を使ったりして遊べるような公園への散歩を計画する。
- 捕まえた虫を観察することができるように、飼育ケースや図鑑を用意する。

予想される子どもの姿

【養護】
- 連休中の出来事を保育者や友達に話し、聞いてもらうと喜ぶ。
- 園生活の流れを覚え、身の回りのことがほぼ自分でできる。
- 運動すると汗をかき、自分でふいたり着替えたりする。
- 新入園児も緊張感が薄れ、友達と安心して遊ぶ。

【教育】
- 友達と関わりながら遊ぶが、思いが伝わらずにトラブルになることがある。
- 自分の好きな遊び、好きな場所があり、その中で安心して遊ぶ。
- 年下の友達と関わり、一緒に遊んだり世話をしたりする。
- 母の日の意味を知り、母親が家でしていることを保育者に嬉しそうに話す。
- 友達となわとびや鉄棒、砂遊びなどの戸外遊びを楽しむ。
- 栽培している野菜に興味をもち、水やりをしたり、収穫を楽しみにしたりする。

保育者の援助

【 養　護 】
- 一人一人の姿を把握しながら、必要な言葉をかけたり、丁寧なやり方を伝えたりする。
- 厚着の子どもには声をかけ、活動前に気温や活動の内容を伝えることで、衣服調節に関心をもたせる。
- トイレのサンダルをそろえること、トイレットペーパーの扱い、走らないことを確認する。
- 和式トイレに慣れるように、使用を促す。

【 教　育 】
- 生活や遊びの様々な場面で、危険なことやルールについて子どもと確認しながら意識をもてるように促す。
- 園庭や散歩で虫を探すなど、生き物に興味が向くよう働きかけ、野菜の生長に気付くような声をかける。
- 野菜や虫により興味がもてるよう、図鑑を用意して一緒に調べる。
- 必要な言葉が出ない子どもには、ゆったりと聞く姿勢で関わる。
- 人の話をしっかり聞くこと、話している人の顔を見て聞くことの大切さを知らせる。
- 保育者が歌ったり体を動かしたりすることを共に楽しみながら、音楽に触れて遊ぶ楽しさを味わえるようにする。
- 好きな絵を自由にかき、かく喜びに共感する。

 ### 食　育

【 ねらい 】
- 楽しい雰囲気で食べながら、食事のマナーを知る。
- 食事を楽しみながら、箸を使って食べる。

【 環境構成 】
- 正しい箸の持ち方の絵をはっておく。

【 予想される子どもの姿 】
- 保育者の箸の持ち方を見て、まねをしようとする。
- 箸を正しく持つが、うまくはさむことができない。
- 友達と会話しながら楽しく食べる。

【 保育者の援助 】
- 食器に手を添えることや、話す声の大きさなど、そのつど声をかける。
- 箸の扱い方や、正しい持ち方を伝える。

 ### 職員との連携

- 前月の子どもたちの様子を確認し、一人一人の姿を把握して、配慮する事項を共有する。
- 園外保育を安全に行えるよう、引率者で留意点について確認した後、全職員に周知徹底させる。
- 動きが活発になり、ボール投げもするので、職員の配置に留意して危険がないようにする。

 ### 家庭との連携

- 活動に適した衣服について伝え、調節しやすい衣服を補充してもらう。
- 園外保育についてクラスだよりを発行し、お弁当やその他の持参する物を依頼する。

 ### 評価・反省

- 生活の中での動きや声の大きさなど、少しずつ落ち着いている。朝夕の支度や着替えも気持ちが向くようになったが、気持ちが向かない子もいるので、引き続き個別に対応したい。
- 手洗い、うがいが不十分な子がいる。なぜ必要なのか、どのようにしたらいいのかを確認する。
- 絵が好きなときにかけるように、引き出しをつくる。自分で好きなときに紙を出せるので、じっくり遊べた。子どもが自分で選んで遊べるコーナーを増やしていきたい。
- 遊具の扱いについて、けがをきっかけに子どもと確認した。いけないこととは分かっていても、まだ危険な使い方をすることがあるので、十分に気を付ける。
- 氷鬼など、簡単なルールのある遊びを好んで行い、子ども同士でもやってみようとしている。まだ保育者が一緒でないと遊びが途切れることが多いので、引き続きじっくり関わったり見守ったりする。
- 苗の生長に興味があり、毎日確認している。変化があると友達を呼び、共に喜ぶ姿を引き続き見守りたい。
- ダンゴムシ、テントウムシの幼虫の世話が始まる。絵本などを見ながら、比べる姿が出てきた。どんどん興味を引き出していきたい。

5月 月案文例 ＊保育園

6月 月案 文例

雨の季節ですが、子どもたちはいつでも前向きで雨の日でも遊ぶことを楽しみにしています。傘をさしてお散歩すれば、新しい発見があるかもしれません。

前月末の子どもの姿

- 時には友達とぶつかるが、友達と楽しく遊ぶ。
- 新入園の友達と積極的に関わり、声をかけ合いながら一緒に当番活動などをする。
- 夏のような気温の日があり、体を動かすと汗をかく。自ら水分補給をし、汗をふく。
- 園庭で砂遊びやごっこ遊び、鉄棒などに夢中になる。

ねらい

- 生活や遊びにはルールがあることを知り、守ろうとする。 規範
- 異年齢児の活動へ積極的に参加する。 規範
- 保育者や友達と、様々な運動遊びを楽しむ。 協同
- 丸、三角、四角など、物の形に興味をもつ。 数・字
- 栽培物の収穫を喜び味わいながら、楽しんで世話や観察をする。 自然

内容

【養護】
- 手洗い、うがいの必要性を理解して行う。
- プールやシャワーの支度の方法を知り、自分で丁寧に行う。
- 排便の始末を、保育者と一緒に行う。

【教育】
- 苗の生長を喜び、世話や収穫を楽しむ。
- 梅雨の時期の自然に興味をもつ（雨、雲、アジサイなど）。
- 異年齢児と関わって、遊んだり活動したりする。
- 保育者や友達と、簡単なルールのある遊びを楽しむ。
- プール遊びや水遊びを楽しむ。
- 自分の気持ちや要求を、言葉で伝えようとする。
- 季節に合った歌を、楽しんで歌う。

環境構成

【養護】
- 安心して静かに午睡できる環境をつくり、気温や蒸し暑さの程度によっては扇風機も使用する。
- 休息を取りながら遊べるように、水分補給のスペースを用意する。
- コップやタオルなどは、衛生的に管理する。

【教育】
- 子どものイメージが実現するように、製作物のための素材を豊富にそろえておく。
- いま楽しんでいる遊びが翌日もできるように、取り出しやすい収納や、そのまま置ける場所を確保するなどして環境を工夫する。
- 雨を楽しむことができるように、雨水をためるバケツや容器を準備する。
- 外遊びが終わったら足を洗えるよう、たらいを用意する。

予想される子どもの姿

【養護】
- 暑さから、自ら水分補給したり、汗をふいたりする。
- 保育者と一緒に歯磨きをし、自分で磨いたりうがいをしたりする。
- 着替えたり、脱いだ衣服を始末したりなど、身の回りのことを自分でする。

【教育】
- 遊戯室にマットや巧技台などを出して、サーキット遊びを何度もくり返して楽しむ。
- バケツに雨水がたまる様子を、興味深く見つめる。
- カタツムリを見付けて、触ってみようとする。
- 池のオタマジャクシを興味深く見る。
- 泥団子づくりを楽しみ、乾かすと硬くなることや、布でこするとつるつるになるなど、きれいにつくるコツを子ども同士で伝え合う。

保育者の援助

【養　護】
- 手洗い、うがいの仕方が雑になったら、なぜ必要なのかを伝え、やり方を再確認し、しっかり行えるようにする。
- 子どもたちの話したい気持ちを十分に受け止め、満足感を味わえるようにする。

【教　育】
- 衣服の始末が不十分なときには、確認しながら汚れ物入れに入れることを促す。
- 野菜の日々の変化に気付くよう、子どもと一緒に観察したり世話をしたりする。また、気付いたことには共感する。
- 梅雨入り、梅雨明けを知らせ、雨の多い時期ということや、季節の変化に気付くように言葉をかける。
- ルールが分かりにくい際には、修正して分かりやすくなるよう援助する。
- 5歳児クラスと一緒に活動すると萎縮する子には丁寧に対応しながら、楽しく関わって活動できるようにする。
- 転倒や衝突など、安全面には十分に気を付け、ルールを守って楽しめるようにする。
- 一人一人の表現を認め、楽しんで表現できるようにする。

 ## 食　育

【ねらい】
- 食事の様々なマナーを知り、意識して食べようとする。
- 箸を使って食べる。

【環境構成】
- 食事のマナーについて記したり、ポスターをはる。
- 子どもの手の大きさに合った箸を用意する。

【予想される子どもの姿】
- 初めて知る食事のマナーに興味をもつ。

【保育者の援助】
- 食器に手を添えることや好ましい声の大きさなど、見せたり声をかけたりしながら伝える。
- 箸の扱いには十分に注意し、振り回したり、友達に向けたりしてはいけないことを知らせる。

 ## 職員との連携

- 子ども同士の関わりを、担任間で情報交換しながら、把握しておく。
- プールやシャワーの支度が、日々同じ動線で行えるように確認する。
- 保育者同士が同じ思いをもって保育できるように、短い時間でも、日々気付いたところを話す。

 ## 家庭との連携

- 友達との関わりについてクラスだよりで伝えたり、送迎時に具体的に伝えたりしながら、園での子どもの様子に安心感をもってもらえるようにする。
- プール遊びが始まるので、健康チェック表の記入をお願いする。また、ふだんと変わった様子があれば必ず口頭で伝えてもらう。
- 歯科検診の結果を伝え、虫歯がある場合は治療を促し、歯の健康について親子で考えるきっかけとする。また、歯磨きの仕方についても知らせる。

 ## 評価・反省

- 子どもの様子に合わせ、待ったり促したりをくり返し、少しずつ信頼関係を築いている。引き続きじっくりと関わりたい。子ども同士のトラブルは、そのつど丁寧に対応している。
- 十字架鬼や氷鬼を自分たちでやろうとし、遊びが続くようになった。保育者が途中で抜けても続くことが増えた。
- 生活面では、朝の支度や、遊んだ後の片付けなど、ルールが少しずつ分かってきた。しかし、守るところまではいかない。守ろうという気持ちが生まれて他児には注意するが、自分はできないことが多い。
- かけっこ大なわとびを、たくさん取り入れた。興味のなかった子も、友達がとぶ姿を見て、とんでいる。1回とべると意欲的になり、並んで再びとんでいる。
- 手洗いはよく行うが、泡が楽しくてポンプを押しすぎることがあるので、物の大切さに気付けるような、言葉をかけていきたい。

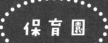 # 7月 月案 文例

水遊びの季節です。プール遊びや色水遊び、泥んこ遊びをしながら感触を十分に楽しみましょう。水遊びの後は思った以上に疲れているので休息もたっぷりと。

前月末の子どもの姿

- 身体測定時の着脱では、裏返しにならないように脱いだり、脱いだものをたたんだりする。
- 泥んこ遊びでは、砂山から水を流したり、砂で道をつくって水を流したりし、水と泥の感触を楽しんだ。
- ミニトマトの苗を植え、水やりをしながら生長を楽しみにしている。

ねらい

- 保育者や友達と、夏の遊びや運動遊びを思いきり楽しむ（プール、大なわとび、鉄棒など）。協同 自然
- 身の回りのことを自分で行いながら、健康や安全の習慣を身に付ける。健康 自立
- 水の気持ちよさを味わい、約束を守りながら、友達とプール遊びを楽しむ。規範 自然

内 容

【養 護】
- 汗をかいたり衣服が汚れたりしたら、自分で気付いて着替える。
- 水分補給を十分に行い、涼しい場所で休息を取り、健康に過ごす。

【教 育】
- プール遊びの用意やシャワーの使い方を知る。
- 生活や遊び（プールなど）のルールを知り、気を付けて行動する。
- 保育者や友達と、戸外で体を動かして遊ぶ（大なわとび、鬼ごっこ、フープ、ボール、鉄棒など）。
- 衣服の前後、左右、裏表など、位置の違いが分かる。
- 使った物や自分の物の片付けをきちんと行う。
- 友達や異年齢児と関わりながら、プール遊び、色水遊び、泥んこ遊びなどを楽しむ。

環境構成

【養 護】
- いつでも水分補給ができるように、麦茶やコップを用意しておく。
- 熱中症対策として、麦わら帽子や水筒など、家庭の協力を依頼する。

【教 育】
- プール遊びの約束事や危険な行為などを、絵などで示し分かりやすく知らせる。
- 水遊びを十分に楽しめるような用具を用意し、遊ぶ場所が日陰になるように環境を整える。
- プールバッグに入れる物、ロッカーに入れる物を子どもにも保護者にも分かりやすく表示する。
- 夏祭りの出し物のゲームコーナーや綿あめ、かき氷などが見やすいように場を設定する。
- 園庭で安心して遊べるように点検し、石や危険な物があれば拾う。

予想される子どもの姿

【養 護】
- 濡れた水着が肌にくっつくので、なかなか脱げない子もいる。
- 頭から汗をびっしょりかいて遊び、一日に2回着替えることがある。

【教 育】
- プール遊びではワニ歩きや宝探し、水のかけっこなどで楽しく遊ぶ。
- ボディーペインティングや泥んこ遊びなど、全身を使った遊びを楽しむ。
- プールに入れない子は、たらいや小さなビニールプールで色水・水遊びをしたり、室内遊びをしたりして過ごす。
- 短冊に書いた願い事について保育者や友達と、話をする。

保育者の援助

【養護】
- 汗で濡れたり汚れたりした際は、自分で気付いて着替えられるような言葉をかける。
- 遊びに夢中な子には声をかけ、水分の補給や休息を促す。
- トイレットペーパーの使い方や、ふき方を確認し、一緒にやりながら、自分でできるように伝える。
- 靴や上履きの左右を逆にはいたり、衣服の前後を間違ったりする子には、そのつど分かりやすく伝える。

【教育】
- プール遊びの用意やシャワーの使い方を、分かりやすく伝えるとともに、保育者同士、声をかけ合って安全面に十分に気を付ける。
- 片付けずに次の遊びに移ったり、物の扱いが雑になったりする子には、場面をとらえて伝え、見届ける。
- とっさの場面で手が出る子には、言葉で伝えるように気持ちをくみ取りながら知らせる。
- 曲に合わせて体を動かし、一人一人の身のこなしやバランスを見る。また、一緒に歌うことで、音楽の楽しさを味わう機会をつくる。

 ## 食育

【ねらい】
- 食事のマナー（声の大きさ、座り方、食器の持ち方など）を意識しながら、意欲的に食事をする。
- 園で育てた夏野菜を収穫し、味わう。

【環境構成】
- 保育者もテーブルに付き、食事のマナーを話題にする。
- ミニトマトやナスを収穫するために、はさみやかごを用意し、全員が経験できるようにする。

【予想される子どもの姿】
- 話すことに夢中になり、食事に時間がかかる。
- 自分たちが収穫した野菜を、喜んで食べる。

【保育者の援助】
- 収穫物を味わうことで、喜びを実感できるようにする。
- 給食の前に行事の由来を話し、行事食に関心がもてるようにする。

 ## 職員との連携

- 一人一人のシャワー、プールの支度の状況を把握し、援助が必要な子への対応を共通にする。
- プール時の保育者の配置を他クラスの担任とも確認し合い、安全に行えるようにする。

 ## 家庭との連携

- プールやシャワー用の準備に忘れ物がないよう、毎日用意してもらう。
- 健康面で変わったことがあれば、必ず口頭で伝えてもらう。
- 汗をかいて汚れることが多いので、着替えの補充を多めに用意してもらう。
- 笹飾り用の笹が余るので、希望者に持ち帰ってもらい、家でも七夕を楽しめるようにする。

 ## 評価・反省

- プール遊びや、シャワーの前後の支度の方法がだんだん分かるようになり、足りない物があると自分で引き出しから出す姿が見られた。プールには意欲があるが、遊び方に差があり、水がかかるのを嫌がる子もいる。ゆっくり遊びたい子と活発に遊びたい子のグループに分ける機会も設ける。また、浮き身ができつつあるので、浮き身や蹴伸びへの挑戦を促したい。
- 夏の遊びを設定する時間が取りにくかったが、少しずつ準備もスムーズになったので、プール前の時間を利用して、いろいろな遊びを楽しんだ。
- 収穫物が多いため、調理の仕方も工夫して提供されるので、「今日は何だろう」と給食を楽しみにしている。
- セミの抜け殻、幼虫、羽化とセミの様々な姿を見たため、セミに興味をもっている。セミを見付けたらすぐに図鑑を開いている。
- 食事が落ち着いてきたので、全員が箸とスプーンを併用する。自分のペースで、箸とスプーンを主に使用しているが、暑くなり、食欲が落ちたり疲れが見られる場合は、スプーンを使用している。引き続き、その子に合わせて使用する。

保育園 8月 月案 文例

夏祭りやお泊まり保育など、夏ならではの催しを楽しみましょう。異年齢の友達や、地域の方たちとの交流を深めるチャンスです。

前月末の子どもの姿

- 水遊びに慣れ、顔を水につけたり体を水の中に沈めたり、体が浮いたりすることを楽しむ。
- 保育室で飼っているザリガニやカブトムシの世話をし、ときどき図鑑を見て、えさや生態を調べている。

ねらい

- 保育者や友達と、夏の遊びを十分に楽しむ。[協同][自然]
- 生活に必要なことを知り、自ら行動していく。[自立]
- 保育者や異年齢児と関わりながら、夏ならではの様々な遊びを楽しむ。[規範][自然]
- ルールを守って、友達とプール遊びを楽しむ。[規範]
- お泊まり保育に期待をもち、自分のことは自分でできるようにする。[自立]

内容

【養護】
- 体の異常を言葉で伝えようとする。
- 保育室での過ごし方や、トイレの使い方のルールを知り、少しずつ意識して行動する。
- 排便後の始末を保育者と一緒にする。

【教育】
- 野菜の生長を楽しみながら、収穫を期待して観察や世話をする。
- 人の話を聞くときの姿勢を身に付ける。
- 自分の要求や気持ち、また、困っていることや感じたことを言葉で伝える。
- 絵本や紙芝居に興味をもって聞く。
- 音楽に親しみ、曲やリズムに合わせて体を動かしたり歌ったりして楽しむ（スキップ、ギャロップなど）。
- 段ボールや新聞紙など、いろいろな素材を使って、遊ぶことを楽しむ。

環境構成

【養護】
- 日差しが強いので、遮光ネットやパラソル、レース地のカーテンなどを設置し、直射日光が当たらないような環境をつくる。
- 温度、湿度をこまめに確認し、扇風機も利用して、ぐっすりと午睡できるよう配慮する。
- いつでも水分補給ができるように、各自の水筒やお茶のやかん、コップを遊びの場に用意しておく。

【教育】
- プール遊びをするときの保育者の位置を確認し、安全に楽しめる環境をつくる。
- カブトムシやザリガニの飼育ケースを子どもの見やすい場所に置く。えさや水分が不足しないよう、当番を決める。
- 日差しが強く、栽培している野菜や植物の土がすぐ乾いてしまうので、すぐに水やりができるよう、じょうろを取り出しやすい場所に置く。

予想される子どもの姿

【養護】
- とびひや水いぼ、夏風邪のため、プール遊びが制限される子がいる。
- 遊びの途中でも「のどが渇いた」と言って、自ら水分補給をする。
- 水着に着替える前にトイレに行き、自分で着替える。

【教育】
- お盆の時期は、異年齢の子どもと一緒に給食を食べて午睡をする。
- プール遊びを楽しみ、宝探しやワニ歩きなど、顔に水がかかっても動じないで遊ぶ。
- お泊まり保育では、親と離れて泊まることに不安を抱いていた子も、食事づくりや花火大会をしているうちに元気になる。

保育者の援助

【養　護】
- 自分で体の異常を感じた際には保育者に伝えるように促すとともに、言葉を添えながら、どんな状態なのかを一緒に探る。
- 排便後の始末を自分でやろうとしない場合は方法を伝え、意欲をもてるようにする。

【教　育】
- 一つ一つが雑で楽しければいいと思っている子には、なぜルールがあるのかを確認しながら丁寧に行えるようにする。
- 野菜の生長を観察する中で、子どもの発見に共感し、継続して世話をできるようにする。
- 靴や上履きの左右を逆にはいていたり、ボタンをかけ違っていたりする子には、そのつど分かりやすく伝える。
- 話を聞くときの姿勢をくり返し知らせ、自分で気付けるようにする。
- 曲に合わせて体を動かす際、リズムが取れないときには、一緒に体を動かして伝える。
- 用具や素材の扱い方をそばに付いて正しく伝え、子どものイメージや表現したい気持ちを大切にし、楽しく取り組めるようにする。
- お泊まり保育に向けて保護者から離れて寝ることに不安を感じている子には、楽しい活動内容や、保育者や友達がいることを伝え、安心できるようにする。

食　育

【ねらい】
- 食事のマナー（声の大きさや食事中に立ち歩かないことなど）を意識しながら、意欲的に食事をする。

【環境構成】
- 野菜の絵本や図鑑を置く。

【予想される子どもの姿】
- 食欲が落ち、食事が進まない子がいる。
- 食べ物を口に入れたまま話をする。

【保育者の援助】
- 箸の使用は個々の進み具合に合わせていく。

職員との連携

- 一人一人の体調の変化を見落とさず、職員間で声をかけ合って確認し、対応する。
- 他のクラスと一緒に過ごすことが多くなるので、子どもの様子を把握できるよう、気付いたことはこまめに連絡し合う。
- 水遊びをしているときや夏のイベントの際に、地震が起きたらどう対応するかを、話し合っておく。

家庭との連携

- 暑さから疲れも出やすく、体調を崩しやすいため、十分な休息を取る大切さを伝える。
- 排便の後始末の様子を伝え、家庭でも少しずつ自分で行えるように促してもらう。

評価・反省

- プール遊びが始まったころに比べて水しぶきが怖くなくなり、浮き身や顔つけをその子なりにやってみようとし、楽しみながら次のステップへと進んでいる。
- プール遊び前後の着替えがスムーズになり、できないなりにやろうとする姿が見られる。5歳児と過ごすことで、全裸にならずに着替える方法を知り、よい刺激になっている。
- 色水遊びが楽しく、「またやりたい」との声があがった。絵の具でにじみ絵をしたり、筆を使って画用紙にかいたりした。引き続き、いつでも使えるように準備しておく。
- 生活や遊びで必要な約束は、そのつどみんなで考えながら確認している。特に友達との関わりの中でのトラブルでは、お互いの気持ちを伝えたり、どうしたらいいかを一緒に考えたりしながら、できるだけ丁寧に対応した。
- トラブルを見ている子どもから、両者の気持ちに寄り添う言葉が少しずつ聞かれるようになった。
- 自然物に興味があり、ヤドカリ、セミ、苗の様子などを観察している。新しい生き物を見付けると、図鑑を自分たちで広げるようになった。

保育園 9月 月案 文例

まだ暑い日も多い9月ですが、空を見上げると秋の雲を見ることができます。時おり吹く涼しい風に、季節の変化を感じながら過ごしましょう。

前月末の子どもの姿

- プール遊びを十分に楽しむ。暑さや生活リズムの乱れから体調を崩す子がいる。
- プールでできるようになったことを報告する。
- お盆休みなどに経験したことを友達や保育者に話す。
- 保育者から運動会についての話を聞き、期待する。

ねらい

- 身の回りのことを自分で行いながら、健康や安全の習慣を身に付ける。[健康][自立]
- 鉄棒や跳び箱など、様々な運動遊びに挑戦する。[健康]
- 友達と音楽に合わせて体を動かしたり、運動遊びをしたりして楽しむ。[協同]
- 地域の高齢者と触れ合い、親しみをもつ。[社会]
- 季節の変わり目を感じ、自然に興味をもつ。[自然]

内 容

【養 護】
- 汗をかいたら、シャワーを浴びたり体をふいたりして清潔に過ごす。
- 気温や活動に合わせて、自分で気付いたり促されたりして衣服を調節する。
- トイレの正しい使い方を意識しながら使う。

【教 育】
- 安全のルールを意識し、気を付けて行動しようとする。
- 異年齢児と一緒に活動する中で、親しみをもち、関わりを深める。
- 質問や問いかけに、自分なりに答えようとする。
- 人の話を注意して聞き、内容を理解する。
- 体を動かすこと（大なわとびなど）を楽しみ、自分の目標に向かって最後まで取り組む。

環境構成

【養 護】
- 残暑が厳しいので、日よけを使用し、熱中症に注意する。
- 夏の疲れが出るので、一人一人の健康状態に注意し、水分補給や休息などがいつでも取れるような場を設定しておく。
- 排便後のおしりのふき方が分かるように、ポスターなどをトイレの個室にはっておく。

【教 育】
- 運動会に向け、いろいろな用具の使い方を伝え、安全に楽しむ。
- 園庭や散歩先で見付けた草花や虫などに興味がもてるよう、図鑑を用意しておく。
- 敬老会に招いた祖父母と一緒に遊べるような玩具（けん玉、お手玉、こま、ビー玉、輪投げなど）を用意しておく。

予想される子どもの姿

【養 護】
- 暑い日が多いが、戸外で元気に遊ぶ。
- 汗をかいた後にシャワーを浴びると「気持ちいい」と言って、さっぱりしたことを実感する。
- 午睡時、なかなか寝付けず友達と話をする子や、すぐに眠る子がいる。

【教 育】
- 最後のプール遊びを楽しみ、できるようになったことなどについて話す。
- リレーや玉入れなど、みんなで協力して行う運動遊びを楽しむ。
- 5歳児がしている応援合戦やリズムダンスを見て、まねをする。
- 敬老会で、祖父母と昔遊びを楽しむ。祖父母が帰る際に、離れがたくて泣く。

保育者の援助

【養護】
- プールやシャワーの後、背中や髪の毛など、ふきづらいところも丁寧にふくことを知らせる。
- 排便後のおしりのふき方は、絵を参考にしながら丁寧に知らせる。
- トイレのサンダルをそろえたり、扉は静かに開閉したりするなど、状況に合わせて必要な言葉をかけ、正しい使い方が身に付くようにする。

【教育】
- 様々な場面でルールや約束事をしっかりと確認し、自分で意識して行動できるようにする。
- 戸外遊びでは、虫や秋の自然を子どもが見付けられるよう声をかける。
- 生活や遊び、運動会に向けての活動などを通して、異年齢児と関わる機会を多くもつ。その中で、どのように関わればよいのかを知らせ、親しみがもてるようにする。
- 保育者がやり方のコツ（大なわとび、フープなど）を伝えながら、目標に向かって根気強く取り組めるよう働きかける。

 ## 食育

【ねらい】
- 食べ物の栄養に関心をもつ。
- 栽培している植物に興味をもつ。
- 箸の正しい使い方を知る。

【環境構成】
- 食材の名前、料理名に意識が向くように働きかけ、身近なところから関心がもてるような機会をつくる。

【予想される子どもの姿】
- 正しく箸を持てず、食べにくそうにしている。
- 栄養や献立の食材などを話題にしながら食べる。
- 箸を得意そうに使い、友達に自慢する。

【保育者の援助】
- 食事の楽しい雰囲気を大切にしながら、マナーを意識できるよう言葉をかける。
- 箸の持ち方や食器の扱い方などは、一人一人の姿を見ながら丁寧に根気強く知らせる。

 ## 職員との連携

- 運動会に向けて、子どもや保育者の動き、プログラムなどを事前に確認しておく。
- 運動遊びに使用する道具などを事前に確認し、安全に楽しめるようにする。
- 遠足の下見をし、情報を共有する。

 ## 家庭との連携

- 運動会への取り組みの様子などをクラスだよりや送迎時の会話で伝えながら、親子で運動会を楽しみに待てるようにする。
- 季節の変わり目で体調を崩しやすいので、健康状態の連絡を密にする。また、調節しやすい衣服の用意を依頼する。
- 災害時の引き取り方法を伝え、予告なく避難訓練や引き取り訓練を行うことを知らせる。

 ## 評価・反省

- プールが終了し、大なわとびに気持ちが向くようになった。とべなかった子がとべるようになり、意欲につながっている。一方、できていた子が頭で考えてしまいとびにくくなる姿もある。できない子を応援したり、「一緒に」と誘ったりしている。
- スカーフを使った遊戯や旗づくりなど、運動会に期待をもって取り組んでいる。
- キュウリとトマトの後片付けをした。ピーマンはまだ実が多くなっているので、そのままにする。一つ赤くなったので興味が膨らみ、どうなるかを観察し、その後、味見をして甘みが出たことを発見する子もいた。
- 積み木、ままごとが盛んだが、片付けを嫌がるので、子どもとどのようにするかを確認した。
- 食欲が戻り、箸を使用するようになった。しかし姿勢が悪かったり、上履きを脱いだりする姿はまだ多いので、気付くように声をかけたい。
- 素話を全体で楽しんでいる。いろいろなお話を語りたい。

保育園 10月 月案 文例

今年度の園生活の半分が過ぎ、運動会や遠足など大きな行事が続く季節になりました。目的をもち、子どもたちと一緒に楽しみながら準備を進めましょう。

前月末の子どもの姿

- 運動会に向けてリレーや玉入れ、ダンスなどを楽しんでいる。リレーではどうしたら速く走れるか、順番はどうするかなどを話し合う。
- 保育者に、自分のしていることを見てもらいたがる。
- 過ごしやすい気候になり、散歩に行くことを楽しむ。

ねらい

- 友達と戸外で運動遊びをしたり、秋の自然に触れたりして遊ぶことを楽しむ。 協同 自然
- 自分の使った物の始末や片付けをしようとする。 自立
- 思ったことや考えたことを、保育者や友達に伝えようとする。 言葉
- 自然物を使って遊び、秋を感じる。 自然
- ルールのある遊びを楽しむ。 規範

内容

【養護】
- 気温や活動に合わせて、衣服の調節をする。
- 手洗い、うがいを丁寧に行う。
- 水分補給を十分に行い、健康に過ごす。
- 排便後の始末を、保育者と一緒に行う。

【教育】
- 共用の物を大切にしようとし、使った物は片付ける。
- 秋の自然物に触れて遊ぶことを楽しむ。
- 運動会への取り組みで、協力したり、互いの姿を認めたり励ましたり、友達との関わりを深める。
- 自分の気持ちを伝え、友達の気持ちにも気付く。
- 話を聞くときの姿勢を身に付ける。
- 絵本や紙芝居、素話に興味をもって聞く。
- 様々な歌や簡単な楽器遊びを楽しむ（カスタネット、タンバリン、鈴など）。

環境構成

【養護】
- 暑さや肌寒さに対応できる衣服があるかを確認する。
- 運動中はいつでも水分補給できるようにし、休息もしっかり取る。

【教育】
- 運動遊びを楽しめるような言葉をかけ、運動がしたくなるような環境を設定する。
- 運動遊びをした後は、ゆったり休む時間や室内遊びで過ごす時間を設ける。
- イモ掘り遠足へ向けて、サツマイモについて調べられるように図鑑を用意し、どんなふうに掘るのか話し合う時間をとる。
- 「やきいもグーチーパー」「バスごっこ」などの歌で遊べるように、曲を用意する。

予想される子どもの姿

【養護】
- 朝は重ね着をしているが、日中は暑くなって脱いで遊ぶ。
- 運動遊びの後、「おなかがすいた」と言って給食を意欲的に食べ、おかわりをする。
- 自分で着替えをし、ぐっすりと午睡する。

【教育】
- 運動会を楽しみにし、旗の絵をかいたり、みんなでかつぐおみこしのパーツをつくったりする。
- 運動会当日は出番を気にしながら、他学年の競技を見る。出番が近づくと自ら準備をする。
- イモ掘り遠足を楽しみにし、お弁当のおかずのことや掘ったイモをどうするかなどを話す。
- イモ掘りでは、農園の方の話を聞いて掘る。土の中の虫やイモの様子を、友達と話す。
- 園庭や散歩先で、ドングリや落ち葉を見付けてたくさん拾う。

「幼児期の終わりまでに育ってほしい姿」の 健康：健康な心と体 自立：自立心 協同：協同性 規範：道徳性・規範意識の芽生え 社会：社会生活との関わり 思考：思考力の芽生え

保育者の援助

【養護】
- うがいを忘れる子には、なぜ必要かを確認する。
- 暑さのため上履きを脱ぐ子には、上履きの必要性を伝える。
- まだ汗を多くかくので、十分な水分補給をさせる。

【教育】
- 片付けずに次の遊びに移ったり、物の扱いが雑になったりする場合には、みんなで考えながら、進んで片付けられるようにする。
- 木の実や落ち葉などに触れた感触や、色などを発見した際は共感し、次に興味がつながるようにする。
- 運動会に向けての取り組みで、一人一人の姿を保育者が認め、励ますことで友達の良さに気付けるようにする。
- 子どもが理解しやすい言葉や話し方を意識し、きちんと伝わったかを確認しながら話す。
- 楽器の扱い方を伝え、楽しく取り組めるようにする。
- 焼きイモ会に向け、洗ったイモを干し、落ち葉や枯れ枝を拾ったり、近隣の小学校から運んだりなど、子どもと一緒に準備する。

食　育

【ねらい】
- 食事はできるだけ残さず、きれいに食べることを心がけ、食べ終わったら食器をワゴンに戻す。
- 食べ物には、体を大きくしたり元気にしたりするための栄養が、たくさん含まれていることを知る。

【環境構成】
- 子どもが食器の片付けをしやすい動線を確保する。
- 栄養の絵本やシアターを用意する。

【予想される子どもの姿】
- 食後に食器をワゴンに戻したり、コップをゆすいだりする。
- 栄養について興味をもち、色の濃い野菜を見て「これ、栄養ある？」と言って食べる。

【保育者の援助】
- 食器に食べ物を残さないよう、スプーンを使ってきれいに食べきってから食器を戻すように促す。

職員との連携

- 運動会で各自の目標を職員間で把握し、援助方法を共有する。
- 運動会後も他のクラスとの関わりを継続できるように、職員間で連絡を取り合う。
- 遠足の予定、目的地までの道のり、各保育者の役割を確認する。
- 運動会当日は保護者だけでなく、地域や小学校の方も迎えるので、どこで観覧してもらうか、安全面や警備面の話し合いをする。

家庭との連携

- 保護者競技の参加や観覧時のお願い事項を知らせる。
- 暑さ、寒さに応じて衣服の調節ができるように、予備の衣服を用意しておいてもらう。
- イモ掘り遠足に必要な長靴やイモを入れるビニール袋について知らせ、事前に持ってきてもらう。乗り物酔いの心配がある場合は申し出てもらう。

評価・反省

- 運動会は、4月から子どもが興味をもった活動から準備を始めた。大なわとびは10回とべるように目標を立てて楽しくできた。遊戯は子どもが好きそうな物を取り入れ、曲は何曲か聞いてから一緒に決めた。保育者がすべてを提案するのではなく、子どもと一緒に振り付けを考えたことで無理なくできた。
- 一日一つはしっかり取り組もうという目標を立てたが、練習が続くとトラブルが増えたため、自由に遊ぶ時間もしっかり確保した。運動会を通して、クラスの仲が深まったと思う。
- 砂場回りの落ち葉や、キンモクセイを使ってトッピング遊びをするなど、秋の自然に触れて遊べた。
- 片付けは、子どもたちと一緒に確認した。片付けてはいるが、かなり時間がかかるので声をかけている。
- 広い場所で話を聞くことは、難しいので、大事な話は保育室でして、集中できる環境をつくってから話し始めるようにした。

保育園 11月 月案 文例

朝夕の冷え込みや風の冷たさに、冬の気配を感じるようになりました。それでも子どもたちは元気いっぱい。遊ぶ声、歌う声がいつも園に響いています。

前月末の子どもの姿

- 運動会を経験して友達同士のつながりが強くなり、まとまりが出てきた。
- 友達に自分のイメージを話しながら遊ぶ。
- お店屋さんごっこに向けた製作を楽しんで行う。

ねらい

- 友達とルールのある遊びや体を使った遊びを思いきり楽しむ。[協同][規範]
- 秋の自然に触れ、自然物を使って作品をつくることを楽しむ。[自然]
- ドングリや落ち葉の数に着目し、多い、少ないを感じる。[数・字]
- 音楽に合わせて友達と歌ったり踊ったりすることを楽しむ。[協同][表現]

内 容

【養 護】
- 朝夕の寒暖差が大きいため、自分で衣服を調節したり、汚れに気付いて進んで着替えたりする。
- 手洗い、うがいを丁寧に行う。

【教 育】
- 危険なことが分かり、安全に気を付けて行動する。
- バス遠足に期待をもち、公共の物を大切にしたり、社会や安全のルールを守ったりしながら行動する。
- 季節の移り変わりに興味をもつ。
- 保育者や友達に親しみをもってあいさつをし、会話を楽しんでつながりを感じる。
- 自分の気持ちや要求、感じたことなどを、友達に分かりやすく話す。
- 様々な素材や自然物を使い、季節の製作を楽しむ。
- 音楽に合わせて友達と歌ったり表現したりすることを楽しむ。

環境構成

【養 護】
- 手洗い、うがいを促す声をかけ、絵表示を見て丁寧に行えるようにする。
- 午睡時は毛布を使用し、温かく寝られるようにする。
- 湿度を確認し、状況に応じて加湿器を使う。
- 暖房器具を点検し、安全に使用する。
- ゆったりとした時間を設け、好きな遊びをしたり保育者と話したりして落ち着けるようにする。

【教 育】
- はさみ、のり、製作に使用する材料などの置き場所、でき上がった物の保管について子どもと確認する。
- 遠足先の動物園では、当日の混雑のぐあいや天候によって安全に行動できるよう、時間にゆとりをもって予定を立てる。
- タンバリン、トライアングル、カスタネット、鈴、鍵盤ハーモニカなど、いろいろな楽器を用意する。
- 春に咲く球根を植える準備をする。

予想される子どもの姿

【養 護】
- 鼻水が出たら、自分で鼻をかんだり、咳をするときに口を押さえたりする。
- すり傷や口内炎があることなど、体の気になる点を保育者に伝える。
- 気温が低い日でも、活動するうちに体が温まって汗をかく。

【教 育】
- お店屋さんごっこで使うお金や財布をつくる。
- お店屋さんごっこの商品の見本（5歳児が製作した物）を見て、期待を膨らませる。
- 近隣の方からいただいたカキを味わう。
- 保護者が迎えにくる時間に、外が暗くなっていることや月が出ていることに気付く。

保育者の援助

【 養　護 】
- 衣服調節の必要性を知らせるとともに、汚れにも意識が向く言葉をかける。
- 寒くなり体調を崩しやすい時期なので、より丁寧に手洗い、うがいをする必要性を知らせ、気付けるようにする。

【 教　育 】
- 散歩先や園内で、何が危険につながるのか、場面をとらえて伝えたり、子ども同士で考えたりすることで意識を高める。
- 事前に公共のマナーやバス内での約束事などをしっかりと話し、意識をもって参加できるようにする。
- 散歩先や園庭で、葉っぱの色の変化に気付けるような言葉をかける。
- あいさつをし合うと気持ちがいいことや、会話などを通して「クラスみんなで〇〇組」というつながりを感じられるようにする。
- 様々な種類の材料を準備し、自由な発想で製作活動に取り組めるようにする。
- 友達と楽しみながら歌い、きれいな声で歌うと気持ちがいいことを伝える。
- ルールを守らずにトラブルになった際は、やり取りを見守りつつ、言葉を添えながら仲立ちする。

食　育

【 ねらい 】
- 配膳された食器を、正しい位置に置いて食べる。
- 冬野菜のダイコンやカブに興味をもつ。

【 環境構成 】
- 食器の置き方のポスターをはる。
- 冬野菜を植えるプランターや苗を準備する。

【 予想される子どもの姿 】
- 畑に行き、ダイコン抜きを楽しむ。
- カブの種をまき、育つ様子を一緒に観察しながら興味をもって世話をする。

【 保育者の援助 】
- 箸の持ち方は、個別に確認しながら丁寧に知らせる。

職員との連携

- 屋外で調理活動を行う際に、子どもの気持ちが高揚していることを考慮し、特に安全に気を付ける。
- 事前に園外保育の打ち合わせを行い、職員間で動きや行程を周知徹底する。
- インフルエンザの流行に備えて、手洗い、うがいなどを保育者が率先して行うことを申し合わせる。

家庭との連携

- 遠足やダイコン抜きについてのお知らせと協力（登園時間や持ち物など）をお願いする。
- 保育参観や個人面談を行い、家庭と園の共通理解を深め、子どもの育ちについて話し合う。
- 保護者主催の読み聞かせ会や音楽会について、打ち合わせをして、子どもの情緒を育む機会とする。また、保護者の参加も呼びかける。
- 家庭でも手洗い、うがいをして、風邪やインフルエンザの予防を呼びかける。
- フードがなく、飾りの少ない外遊び用の上着を用意してもらう。

評価・反省

- 散歩に多く行った。体を動かしたりドングリを拾ったりなど、そのつど目的をもって行くことができた。30分～1時間ほどで十分に遊び込めるので、今後も散歩を計画したい。また、拾う楽しみから「何かをつくりたい」という思いも出てきたので、拾った自然物を使って製作を楽しみたい。
- ルールのある遊びを楽しむ姿が多いが、それぞれの勝手なルールで遊び、遊びが続かなくなることも多い。ルールを守って遊ぶことの楽しさを伝えたい。相手に対して強い口調で意見を通そうとする子とは、どのように話したらいいかを一緒に考える。
- 積み木を楽しみ、作品も大きくなった。ホールで思う存分に積み木で遊ぶ機会をつくると、子ども同士で協力する姿や様々な発想が見られた。できるだけ自由にのびのびと積み木で遊べる環境をつくりたい。

12月 月案 文例

子どもは風の子、寒くてもへっちゃらで外で遊ぶ姿には頼もしさを感じます。クリスマスや年末年始、楽しいことがいっぱいの12月です。

前月末の子どもの姿

- お店屋さんごっこでは年下の友達に優しく声をかけたり、世話をしたりしていた。
- 身の回りのことは自分で気付いて行う。

ねらい

- 様々な素材を使って、遊ぶ物をつくったり、かいたりして楽しむ。[表現]
- クラスのみんなで活動する楽しさを味わう。[協同]
- 友達とルールのある遊びを楽しみ、ルールを守ろうとする。[規範]
- 寒い日には息が白くなることに気付く。[思考]
- 一年の終わりを知り、新しい年を迎える準備をする。[社会]

内容

【養護】
- 気温や活動に合わせて、自分で衣服を調節しようとする。
- せっけんでしっかり手を洗い、うがいを丁寧に行う。
- 鼻水が出たらかみ、咳やくしゃみをするときのエチケットに気を付ける。

【教育】
- 12月は一年の終わりであることを知り、年末年始の過ごし方を知る。
- 自分に思いがあるように、友達にも思いがあることを知り、友達の思いも少しずつ受け入れようとする。
- 異年齢児と一緒に遊んだり活動をしたりしながら、親しみをもち、関わりを深める。
- 「クラスみんなで○○組」ということを知り、みんなでの活動を楽しむ。
- ストーリーのある長い話を少しずつ楽しむ。
- 友達と一緒に、ルールのある遊びや、体を十分に動かして遊ぶことを楽しむ。

環境構成

【養護】
- 手洗い、うがいを丁寧にできるように、保育者がそばに付いて声をかける。
- 手の汚れを見る装置で、洗った手にどのくらいのばい菌が残っているか、目で確認する機会を設ける。
- 適温の麦茶を用意し、のどが渇いたらいつでも水分補給できるようにする。
- 保育室の温度、湿度をチェックし、暖房や加湿器でちょうどよく調節する。

【教育】
- 大掃除用のぞうきんを一人一枚ずつ用意する。バケツ、ほうき、ちり取りなどもそろえる。
- クリスマスリースづくりやツリーに飾る物をつくるための、キラキラした素材（モール、ホイル折り紙など）や、セロハン、毛糸などを用意する。
- 玄関に大きなツリー、飾り棚にお菓子の家やオブジェなどを飾り、クリスマスの雰囲気をつくる。
- 正月飾りをかけ、鏡もちを供えてお正月を迎える準備をする。

予想される子どもの姿

【養護】
- 手洗いの歌に合わせて、手首や指の間も丁寧に洗う。
- 寒さを感じ、自分で重ね着をする。
- のどが渇いたら、麦茶を飲む。

【教育】
- サンタさんからもらいたいプレゼントを考え、保育者や友達に話す。
- ぞうきんがうまく絞れず、保育者に援助を求めたり、水気の多いぞうきんでふいたりする。
- 戸外で鬼ごっこや、なわとびなどの運動遊びをする。
- 自分たちが拾ったドングリやマツボックリ、落ち葉などを製作に使う。

保育者の援助

【養　護】
●鼻のかみ方や咳、くしゃみのエチケットについて子どもと確認し合う。
●朝夕の寒暖の差が大きいため、衣服調節の必要性を知らせるとともに、ファスナーは開けたままだと危険を伴うので必ず閉めることを伝える。
●寒くなり手洗いが雑になったので、丁寧に洗う必要性を伝え、気付けるようにする。

【教　育】
●園庭などで小さな子と一緒のときは何に注意したらいいのかをみんなで考え、危険のないように過ごす。
●年を越す準備、街の様子の変化に気付くような声をかけたり、日本の伝統行事を伝えたりする。
●お互いに気持ちを伝えながら、相手の思いも少しずつ受け入れられるように促す。
●仲間はずれにしていたら、「クラスみんなで○○組」であることを伝える。
●簡単なストーリーの本から始め、イメージを抱きながら楽しめるように読み聞かせる。
●ルールを破ったことでトラブルが起きた際は、やり取りを見守り、ルールを守ったほうが楽しく遊べることを伝える。

 ### 食　育

【ねらい】
●できるだけ箸を使用して食べる。
●栄養に興味をもちながら食事をする。

【環境構成】
●箸の練習ができるように、つまみやすい物を空いた器に移すような遊びを用意しておく。

【予想される子どもの姿】
●食器にごはん粒を残さないよう、きれいに食べる。
●生長を楽しみにしながら、水やりなどの世話をする。

【保育者の援助】
●栄養の話（赤・緑・黄色）を話題にして興味がもてるようにする。
●カブが育つ様子を一緒に観察しながら、興味をもって世話ができるようにする。

 ### 職員との連携

●発表会に向けて、ホールで遊ぶ日程や使用時間を確認する。
●室温と湿度をまめに確認して、どの保育室も快適に過ごせるように確認する。

 ### 家庭との連携

●発表会に向けて、役ごとに必要な衣類を伝え、協力をお願いする。
●厚着にならないよう、自分で調節しやすい衣類を用意してもらう。また、寒くても戸外で遊ぶことが大切なことを知らせる。
●年末年始の家庭での過ごし方について、生活リズムが崩れないよう、健康に十分に気を付けることを呼びかける。
●もちつきの会では保護者にも協力を依頼し、子どもと一緒にもちをついて食べることを楽しんでもらう。

 ### 評価・反省

●拾ったドングリや枝を使い、自然物での製作をたくさん経験できた。一斉の活動ではなく、材料をそろえて好きなときに行えるようにしたことで、じっくり取り組めた。毛糸の巻き方や色使いなど、個性が出る作品ができた。
●気の合う友達と遊びが長く続く。玩具の扱い方に気を付けるように、声をかけ合っている。
●種をまいた冬野菜（カブ）の芽が出たことで、生長を楽しみにしている。
●手洗いに時間をかけると同時に、うがいにも意識が向くようになった。咳やくしゃみの仕方も教えると、気を付けるようになった。
●着替えは自分で、短時間でできるようになった。
●異年齢児との活動では、今までは5歳児に付いていくことが多かったが、迎えに行ったり手をつないだりする姿が見られるようになった。
●ダイコンの絵をかいたり、自然物を使った製作を行ったりして、「もっとやりたい」と意欲的になった。

1月 月案 文例

凧あげやこま回し、昔ながらの遊びはちょっと難しいのですが、子どもたちは何度も挑戦しています。保育者も一緒に遊んで、コツをつかみましょう。

前月末の子どもの姿

- すごろくや、かるたなどを友達と楽しむが、自分流のルールで進めようとしてトラブルになることがある。
- ボール遊びや砂遊びなど戸外遊びを楽しむ子、あまり外に出ず室内遊びを楽しむ子がいる。
- 手洗い、うがいを簡単に済ませる。

ねらい

- 日本の正月行事を知り、正月遊びを楽しむ。[社会]
- 冬の自然の中でも元気に体を動かして遊ぶことを楽しむ。[自然]
- お話のイメージを広げたり、友達と表現したりすることを楽しむ。[思考][表現]
- 新年子ども会に参加し、正月遊びを楽しむ。[社会]

内容

【養護】
- 手洗い、うがいを丁寧に行い、健康に過ごす。
- 鼻のかみ方、咳のエチケットを知り、意識して行う。

【教育】
- 冬の自然の変化に気付き、霜柱や氷を発見したり、それを使って遊ぼうとしたりする。
- 正月の行事や遊びを気の合う友達と楽しむ中で、伝統文化に興味をもつ。
- 異年齢児と一緒に遊ぶ中で、年下の子には親切にしようとする。
- 劇遊びの中で、自分のやりたいことやイメージを伝える。
- お正月ならではの遊びや製作を楽しむ。
- お話を読み聞かせてもらい、イメージを広げたり、それを表現しようとしたりする。
- お話の中の踊りや音楽を、友達と考え、体を動かして表現することを楽しむ。

環境構成

【養護】
- 手洗い、うがいで風邪やインフルエンザが予防できることを伝え、丁寧に行うように促す。
- 一人でトイレに行くときは、保育者に「トイレに行ってきます」と声をかけてから行く約束をする。

【教育】
- 凧あげが思いきりできるような、広い公園へ行く。
- お正月遊びの玩具（凧、こま、かるた、すごろく、羽根など）を準備しておく。
- 少し長いお話の絵本や紙芝居を用意する。
- 除夜の鐘、初詣、お年玉など、お正月のことが分かる絵本を用意する。
- バケツに水を張り、寒い場所に置いて翌朝、氷が張るかどうかを試せるようにする。

予想される子どもの姿

【養護】
- 休み明けで生活リズムが崩れ、午睡時に眠れない子がいる。
- 年末年始に経験したことを、保育者や友達に話す。
- 手ふきタオルやコップを忘れたときに、どうすればよいかが分かり、自分で対処する。

【教育】
- 登園時に新年のあいさつをする。
- 友達と、かるたやすごろくを楽しむ。
- 楽器に興味をもち、たたいたり振ったりする楽器で遊ぶ。
- 自分でつくったビニール袋の凧をあげる。また、友達が凧をあげるときに手伝う。
- 霜柱や氷を見付けて、踏んだり触ったりする。
- 雪が降ると雪だるまをつくり、友達や保育者と雪合戦をして遊ぶ。また、雪を空き容器に入れてままごとをする。

保育者の援助

【養　護】
●手洗いの後は、しっかりと手をふくことを知らせる。
●一人一人の健康状態を把握する。
●感染症がはやる時期のため、手洗いの仕方を再確認したり、声をかけたりする。
●寒いが、体を動かすと温かくなることを伝え、衣服調節も自分で意識して行えるようにする。
●鼻水が出たら気付けるように言葉をかけ、一人一人の鼻のかみ方や咳のエチケットを確認する。

【教　育】
●園庭や散歩先で冬の自然を一緒に探し、気付けるように声をかける。
●戸外遊びの前には体を十分にほぐすことを伝え、一緒に準備運動をしながら全身を動かして遊べるようにする。
●かるたやこま、すごろくなどを子どもが自分で取り出して遊べるように準備し、じっくりと遊べるコーナーを設定する。
●親切にされると嬉しいことを子どもたちと話しながら、異年齢児との関わり方を知らせる。
●経験を自分なりに言葉で表現できるような機会をつくり、絵をかきながら話が弾むようにする。
●絵のない本も取り入れ、イメージを膨らませて楽しめるようにする。また、登場人物の言葉や気持ちを想像できるような言葉をかける。

 ## 食　育

【ねらい】
●食事のマナーを意識しながら、意欲的に食事をする。
●箸を正しく持って食べる。

【環境構成】
●食事のマナーを守ることがどうして大切なのかが理解できるよう、絵本やシアターなどを用意する。

【予想される子どもの姿】
●箸を正しく持って食べられたことを喜ぶ。

【保育者の援助】
●給食に使われている野菜が、体の中でどんな働きをするのかを一緒に考える。

 ## 職員との連携

●5歳児がこま回しをしている姿に影響され、一緒に遊ぶこともあるので、職員間で声をかけ合って、異年齢児との関係を大切にする。
●栽培した冬野菜をおいしく味わえるように、調理担当の職員と連絡を密に取り合い、給食やおやつのメニューに使うようにする。
●栄養士と連携して、食べ物の栄養の紙芝居やシアターなどを子どもたちに見せる。

 ## 家庭との連携

●園で発生している感染症の状況などを知らせ、注意喚起をする。
●インフルエンザなど、登園するには医師の許可が必要な病気があることや、提出書類について知らせる。
●インフルエンザや嘔吐、下痢の際の適切な処置について、保健だよりなどで知らせる。
●様々な素材（空き箱、緩衝材、トイレットペーパーの芯など）を使って鬼のお面づくりをすることを伝え、家庭にある不要な素材を持ってきてもらうように協力をお願いする。

 ## 評価・反省

●凧あげ、かるた、すごろくなどで遊んだり、保育者と羽根つきを経験したりできた。ひらがなを読める子がかるたの読み札やすごろくの言葉を読むなど、子ども同士で楽しんだ。こま回しは少しずつ興味が出て、一人が回せると「やってみよう」と言って挑戦する姿が多くなった。できたときは一緒に喜び、次につながるようにしたい。
●絵本「かいじゅうたちのいるところ」を基に、劇遊びを楽しんでいる。「このときは……しよう」と場面ごとに相談し、セリフや歌を決めて意欲的になっている。
●折り紙では、分からないところは友達に聞いたり、「やってあげようか」と言って折ってあげたりしていることが多い。保育者は見守ったり、仲立ちしたりしながら継続できるようにしたい。

2月 月案 文例

寒い日の合間に暖かい日差しや花のつぼみを見付け、春の気配を感じる2月。発表会やお別れ遠足など、一年をしめくくる行事が盛りだくさんです。

前月末の子どもの姿

- 生活発表会への取り組みで、友達同士の関わりが深まっている。
- 身の回りのことは自分でできるが、寒さのために着替えに時間がかかることがある。
- 友達とトラブルが起こると、自分たちで話し合って解決しようとする。

ねらい

- 友達とイメージを共有し、楽しみながら劇遊びをしたり小道具をつくったりする。協同 表現
- いろいろな素材に触れ、製作することを楽しむ。表現
- 卒園式に出席することを知り、5歳児たちへ贈る言葉を考える。思考 言葉

内 容

【養 護】
- 空気が乾燥しているので、水分補給をしっかり行う。
- せっけんをしっかり使用して手洗いし、うがいも丁寧に行う。

【教 育】
- 冬ならではの自然現象(霜柱、氷、雪など)に興味をもち、発見したり、それらに触れたり、遊んでみたりする。
- 冬野菜の生長を楽しみ、様子を見たり世話をしたりする。
- 友達とイメージを共有し、共通の目標をもち、協力して遊ぶ。
- 「クラスみんなで○○組」であることを知り、クラス全員で一緒に活動することを楽しむ。
- 劇遊びを通してイメージを膨らませ、言葉や動きで表現する。
- 歌うことを楽しみ、きれいな声で歌う。

環境構成

【養 護】
- 夕方の遊びの時間が終わること、片付けてホールに集まることが分かるように、音楽をかける。
- 体の不調を保育者に伝える大切さを知らせる。
- 寒いとき、動いて暑くなったときに衣服の調節をすることを伝え、予備の衣服があるかを確認する。
- トイレのサンダルを置く場所が分かるように、床にビニールテープで枠をはっておく。

【教 育】
- 5歳児に渡すプレゼントづくりで必要な素材や道具を準備する。
- 天気のよい日、暖かい日は散歩をして戸外でのびのびと遊ぶ。
- 身近な春の自然に気付けるよう、図鑑を用意する。
- 発表会に必要な背景や小物を用意し、期待を膨らませる。

予想される子どもの姿

【養 護】
- 寒いと感じたら、自分で衣服を着る。
- トイレの後、サンダルをそろえる。
- 手洗い、うがいを丁寧に行う。

【教 育】
- 友達と一緒に劇遊びをしたり、歌ったりして表現することを楽しむ。
- 豆まき集会に楽しんで参加する。
- 新しい素材を使って、ひな人形づくりを楽しむ。
- 寒さを感じながらも、戸外で鬼ごっこや鉄棒、砂遊びなどを楽しむ。
- 霜柱、氷、雪など冬の自然現象に触れて喜ぶ。
- 好きな遊びに没頭する。
- 絵のない本や長いお話も、集中して聞く。
- つくった物を劇遊びで使う。

保育者の援助

【養護】
- 空気が乾燥するので保育室の湿度に気を付けるとともに、水分を補給し、風邪予防につなげる。
- 鼻をかむときは、両手でしっかりティッシュペーパーを持ってかむように伝える。

【教育】
- 冬の自然現象を発見した際には、子どもの驚きに共感し、新たな発見につなげる。
- 一緒に体を動かし、動くと体が温かくなることを伝える。
- 友達にどう思いを伝えたらいいか、一緒に考える。
- 劇遊びを通して友達とイメージを共有し、協力する楽しさが味わえるように保育者が仲立ちして進める。
- 友達の話にも耳を傾けられるようにする。
- 子どもの発想を大切にして形にすることで、楽しい気持ちや、次もやりたいという気持ちがもてるようにする。
- 楽しみながらつくった歌を、どんな声で歌うのが心地よいかを伝えながら歌う。

 ## 食育

【ねらい】
- 節分にちなみ、豆について知る。
- 箸の持ち方、食器の扱い方などに気を付ける。
- 栄養に興味をもちながら食事をする。

【環境構成】
- 豆まきでまいた豆の他に、どんな豆があるか知ることができるように図鑑などを用意する。

【予想される子どもの姿】
- 豆腐や油揚げが大豆からつくられていることを知り、給食のメニューに興味をもつ。

【保育者の援助】
- 箸の使い方は正しく伝えながら、厳しく言いすぎないよう、様子を見ながら個々に対応する。
- 食事中は正しい姿勢を保てるように声をかける。
- 野菜の味や栄養などについて保育者が話題にし、興味がもてるようにする。

 ## 職員との連携

- 感染症への対応、嘔吐物の処理方法について理解し、実践できるようにする。
- 室温をチェックし、外気温との温度差に気を付ける。また、湿度が低くなったら、適度な加湿を心がける。
- 生活発表会の進行について打ち合わせ、保護者への対応などの共通理解を図る。

 ## 家庭との連携

- 節分という伝統行事に参加したときの様子を壁新聞などで知らせる。
- マフラー、手袋などにも分かりやすく記名をしてもらう。
- 厚着をしすぎないようにすることや、どんな服装がおすすめか（保温、着替えやすさ）についておたよりなどで知らせる。
- 生活発表会へ向けての子どもの取り組みを伝え、当日までの過程が大切であることも伝える。

 ## 評価・反省

- イメージを膨らませ、自分たちで歌や踊りを考えたことで達成感を味わい、改めて気持ちが劇へと向いた。卒園式やお祝い会の練習がよい刺激になっている。練習が続くとトラブルが起きやすいので、自由に遊ぶ時間もできるだけ取るようにした。引き続きみんなで楽しんで、当日を迎えたい。
- 小道具づくりを子どもと考えて進めた。卒園児への製作は、「プレゼントする」という気持ちをもってつくり、渡す日を楽しみにしている。
- 雪遊びでは、かまくらづくりのはずが滑り台になったり、かき氷をつくったり、雪を掘ったりして雪の感触を楽しみ、冬の自然にたくさん触れることができた。
- 5歳児とのお別れ遠足では、電車と徒歩で〇〇公園へ行った。手をつないで歩き、一緒にお弁当を食べたり遊んだりして交流を深めることができた。帰ってきてからは、卒園していくことを意識しはじめたのか、5歳児への思いを話す姿が見られるようになった。

2月 月案文例 ＊ 保育園

保育園 3月 月案 文例

4歳児として最後のひと月です。一人一人が充実した日々を送れるよう、また、クラスの友達との関わりも深めることができるように配慮しましょう。

前月末の子どもの姿

- 暖かくなり、戸外で遊ぶ子が増える。
- 進級することを楽しみにし、当番活動に期待をもつ。
- 身の回りのことは自分でする。
- 発表会の劇を、友達の役と交代して遊ぶ。
- チューリップの生長に気付き、喜ぶ。

ねらい

- 友達と一緒にのびのびと表現することを楽しみ、自信をもって様々な活動に取り組もうとする。[自立][協同][表現]
- 5歳児へ伝えたい言葉を考えて話す。[言葉]
- 春の自然に触れながら、散歩や戸外遊びを楽しむ。[自然]
- 友達と共通のイメージをもちながら、好きな遊びを楽しむ。[自立][協同]

内容

【養護】
- 健康に過ごすための基本的な習慣（手洗い、うがい、着替えなど）の必要性が分かり、積極的に行う。
- 体の異常を言葉で表現しようとする。
- トイレの使い方やマナーを守り、安全で清潔に使用する。

【教育】
- 安全のルールを意識し、気を付けて行動する。
- 栽培物（カブ）に関心をもちながら育て、収穫の喜びを味わう。
- 共用の物を大切にし、片付けを丁寧に行う。
- 手伝いや当番の仕事など、5歳児や友達と一緒に意欲的に取り組む。
- その場に合った声の大きさで話そうとする。
- 自分の役に自信をもち、堂々と表現する。
- いろいろな用具や素材を使い、かいたりつくったりすることを楽しむ。

環境構成

【養護】
- 落ち着いて静かに過ごす時間をとる。
- 次にすることを考え、今しなければならないことを自ら行えるように、見通しを伝える。

【教育】
- 当番活動の引き継ぎでは、やり方を絵で表示して分かるようにする。
- ひな祭りのお茶会では、春らしい壁面構成や雰囲気づくりをする。
- 暖かい日は戸外遊びに誘い、春の自然に気付けるようにする。
- 一人一枚ずつのぞうきんと、その他の掃除用具も用意して、ロッカーや保育室の大掃除に備える。
- 一人一人の成長を喜び合えるように、製作物の整理をしたり一年間の行事を振り返ったりする。
- 安全にのびのびと遊べるように、園庭の整備をする。

予想される子どもの姿

【養護】
- 散歩に行き、春の自然を見たり触れたりする。
- 交通安全教室に参加して道路の歩き方を再確認し、散歩の際に覚えたことを言いながら歩く。
- 暖かい日差しの中で、好きな遊びをする。

【教育】
- 友達とけんかをしたときに、「ごめんね」と言うが、なぜいけなかったのかを考えずに言うことがある。
- 紙を切って、のりやセロハンテープではることが好きで、没頭していつまででもやっている。
- ひな祭り集会では、5歳児が着物を着て踊る姿を、あこがれの気持ちで見る。
- 戸外でドッジボールやサッカーなどで遊ぶ。
- なわとびができるようになり、保育者に「見ててね」「数えてね」と言いながらとぶ。

保育者の援助

【養護】
- 基本的な生活習慣が身に付いたかを一人一人の姿で確認し見直すとともに、丁寧にできたかも確かめる。
- 体の異常を伝えようとする気持ちを十分に認める。
- その場に合った安全のルールを知らせ、みんなで確認する。安全に対する意識を高められるように、一人一人に合わせた言葉をかける。

【教育】
- 水やりをしながら、栽培物の生長や変化に気付けるようにし、収穫を楽しむようにする。
- 5歳児に教えてもらったり、内容を具体的に伝えたりする中で、あこがれや自覚が芽生えるようにする。
- みんなで一つの物をつくり上げていく楽しさを経験し、達成感を得られるようにする。
- いろいろな場面に合わせ、どのような話の聞き方がいいのか子どもと考える機会を設ける。
- 自分の声の大きさに気付けるような言葉をかけ、保育者が声を小さくすることで、自然と話を聞こうとするように促す。
- 新入園児へのプレゼントづくりなどで、子どもの発想やイメージが生かされるように援助する。
- ドッジボールやフルーツバスケットなど、友達と一緒に遊ぶことが楽しいと実感できる遊びを提案し、一緒に楽しむ。

食育

【ねらい】
- 食事のマナーに気を付けながら、最後まで食事をする。

【環境構成】
- 給食当番がよそいやすいように、皿や茶わんの位置を決める。

【予想される子どもの姿】
- 食事中落ち着かなかったり、立ち歩いたりする子がいる。

【保育者の援助】
- 食材に応じた箸の使い方を伝え、最後まで箸で食べられるように見守る。
- 箸の扱いに危険がないかどうか、自分で気付けるような言葉をかける。

職員との連携

- 担任同士で保育課程やクラス運営について、次年度に生かせる振り返りを行う。
- 一人一人の様子や配慮する点、家庭環境について、次年度の担任へ引き継ぎを行う。
- 進級に向け、保育室の引っ越しを行う。
- 4月に新5歳児が4歳児の玩具でも遊べるように、次年度の4歳児の担任と連携を図る。

家庭との連携

- 進級に対して期待だけでなく戸惑いが見られる際は、保護者が不安を感じないように丁寧に対応する。
- 進級前に伝えておきたいことは、具体例を出しながら丁寧に前向きな姿勢で話す。
- ひな祭りの集会では祖父母を招待することを知らせ、参加を募る。
- ロッカーの中身の持ち帰りをお願いし、持ち物への記名など、新年度の準備をしてもらう。
- 5歳児クラスで必要になる物などを伝える。
- 一年間の製作物を袋にまとめて渡し、子どもの成長を振り返るきっかけにしてもらう。

評価・反省

- 年下の友達、5歳児と一緒にお別れ遠足へ行った。電車と歩きだったが、小さい子へはお兄さん、お姉さんらしさを発揮して「危ないよ」「手をつなごう」などと声をかけながら歩いた。5歳児と一緒にたくさん遊び、お弁当を食べ、最後の交流を楽しむことができた。5歳児から当番活動を教えてもらったときは、真剣に話を聞き、もうすぐ自分たちが一番大きいクラスになるという自覚が芽生えていると感じた。
- 卒園式に参加した。これまで経験してきた行事とは異なる厳粛な雰囲気に緊張した面もちだった。練習の際は集中力が途切れることもあったが、本番では場の緊張感が伝わったのか、最後までまじめに参加でき、自信につながったと思う。感謝の言葉や歌も歌い、5歳児を祝う気持ちを改めてかみしめていたようだ。

4月 月案 文例

幼稚園／認定こども園

満開のサクラの下をくぐりながら登園する子どもたち。進級した子も新入園の子も、それぞれ期待に胸を膨らませています。明るく楽しくスタートさせましょう。

今月初めの子どもの姿

- 進級したことを喜び、新しい保育者や保育室に戸惑いながらも新しい環境に期待と興味をもっている。
- 衣服の着脱や持ち物の始末など、自分の身の回りのことを自分でしようとする子が多いが、保育者の手助けが必要な子もいる。
- 新入園児は保護者と離れることに不安を感じ、離れられない子もいる。

月のねらい

- 園や保育者に親しみをもち、喜んで登園する。[健康]
- 好きな遊びを見付けて遊んだり、保育者や同じ場にいる友達と一緒に遊んだりする。[健康][協同]
- 保育者に親しみをもち、してほしいことを伝える。[言葉]
- 新しいクラスに慣れ、安心して保育者や友達と関わりながら過ごす。[健康][協同]
- クラスみんなで行う活動に楽しんで参加する。[規範]

週のねらい

- 進級や入園したことを喜び、新しい園生活に期待をもって登園する。
- 新しい環境の中で安心して過ごし、園になじむ。
- 保育者や園、友達に親しみをもつ。
- 園生活の仕方や一日の流れを知り、安心して過ごす。
- 友達や保育者と、好きな遊びを楽しむ。
- 好きな遊びを見付け、くり返し楽しむ。
- 新しい生活の仕方を知り、自分でできることは自分でしようとする。
- 新しい友達に関心をもつ。
- 自分の好きな遊びを見付けて、安心して遊ぶ。
- 保育者や友達と一緒に遊ぶことを喜ぶ。
- 身の回りのことを自分でしようとする。
- 春の自然に触れて楽しみ、興味や関心をもつ。

内容

- クラス名や担任の保育者の名前、自分のマークなどを覚える。
- 新しい保育室や自分の靴箱、ロッカーの位置を覚え、使い方を知る。
- 新しい友達に親しみをもち、進んで関わる。
- クラスや学年で、集まる時間を楽しむ。
- 新しい玩具や遊具で遊ぶ。
- 自分から興味のある遊びに取り組む。
- 園庭や公園で、のびのびと体を動かして遊ぶ。
- みんなで歌や手遊びをしたり、絵本を保育者に読んでもらったりする。
- のりやクレヨン、フェルトペンの使い方を知り、製作遊びを楽しむ。
- 誕生会に参加し、会の出し物などを楽しみながら、誕生児を祝う。
- 春の草花や虫などを、見たり触れたりする。
- 遊んだ後は、使った物を片付ける。

環境構成

- 春らしい壁面装飾で、明るい雰囲気をつくる。
- 安心して過ごせるような保育室の環境を工夫する。
- 新入園児向けに、一日の生活の流れが分かるような絵をかき、見やすい場所にはっておく。
- こいのぼりづくりの材料や、保育者のつくった見本を用意しておき、子どもがつくりたいと思えるように準備する。
- 好きな遊びを見付けて楽しめるように、玩具や材料を取り出しやすい場所に用意しておく。
- 製作コーナーには画用紙、新聞紙、広告紙、折り紙、クレヨンなどを用意し、つくったりかいたりすることがすぐ始められるようにしておく。
- 持ち物の始末の仕方や、玩具をしまう場所などを絵にかき、分かりやすく表示する。

「幼児期の終わりまでに育ってほしい姿」の　[健康]：健康な心と体　[自立]：自立心　[協同]：協同性　[規範]：道徳性・規範意識の芽生え　[社会]：社会生活との関わり　[思考]：思考力の芽生え

保育者の援助

- 「ドキドキするけれど、園って楽しいな」と感じられるように、保育者が明るく迎え入れ、声をかけたり、手遊びを一緒に楽しんだりする。
- 子ども一人一人が「園が楽しい、先生が好き」と思えるように、保育者は笑顔と温かい言葉をかけることを心がける。
- 身の回りの習慣は、自分でできるように励ます。
- 自分なりに安心できる場所や活動を見付け、その子自身が興味のある遊びを楽しめるように声をかける。
- 片付けは保育者が見本になって進んで行い、一つずつ子どもに手渡して、どこへ片付けるのか知らせ、一緒に片付ける。
- 遊びに夢中になり、約束事を忘れてしまう子には、そのつど声をかけて知らせる。
- のりの感触が苦手な子には無理強いせず、様子を見ながら製作活動を行う。
- 登園時に泣く場合は、落ち着くまで保育者がそばに寄り添い、安心できるようにする。

食 育

- 昼食の前にトイレに行くことや、手洗い、うがいをする習慣を、身に付けられるように声をかける。
- 机をふいたりコップを並べたりなど、子どもと一緒に昼食の準備をする。
- みんなで「いただきます」「ごちそうさま」のあいさつをし、友達と食事をする楽しさを感じられるようにする。
- 机に身近な草花を飾るなどとし、明るい雰囲気で楽しく食べられるようにする。

職員との連携

- クラス替えにより、他クラスの友達と一緒にいたい子もいるので、保育者間での連携を図り、クラスの枠にとらわれずに見守る。
- 昨年度まで親しんでいた玩具をしばらくの間は使えるように、担任間で協力し合う。

家庭との連携

- 登園時、保護者と離れられない場合は、そのまま親子でしばらく過ごしてもらう。
- 始業式や入園式では、保護者の信頼と親しみを得られるようなあいさつを心がける。
- 保育参観で子どもの様々な姿を伝える。1学期の目標や大切にしたい姿などについて説明し、家庭での子育ての参考にしてもらう。
- 保護者に交通安全教室への参加を呼びかけ、手のつなぎ方や、道路の横断の注意事項を理解してもらう。
- 連休中は家庭でも規則正しい生活を心がけるように呼びかける。
- クラスだよりや懇談会を通して、子どもの日ごろの様子を伝え、保護者の不安を取り除く。

評価・反省

- 入園式の日に自己紹介を行った。一人一人に拍手を送ったことで、全体が温かい雰囲気に包まれたのでよかった。
- 新入園児には泣いて過ごす子もいたが、不安な気持ちを受け止めて温かく関わった。周りにいた子どもたちも、その子をなぐさめたり遊びに誘ったりと、優しい姿が見られた。
- 園生活に慣れてきて、遊んだ後に片付けをしない子がいた。片付けの必要性と、片付けるとすっきりして気持ちがよいことを伝えていきたい。
- 所持品の始末の場所や、始末の仕方を5歳児のお世話係に教えてもらう。身の回りの習慣は自分でできるように励ますが、個人差もあるので焦らずくり返し行い、しっかりと習慣づけられるようにしたい。
- 自分でやりたい遊びを選んで、次々に楽しむ子が多い中、一人で絵本を見ている子もいる。安心できる場所や遊び、活動は一人一人で違う。安心して園生活を楽しめるように援助したいと思う。
- 新しい環境に慣れてグループで遊びはじめる子、人見知りして保育者に話しかけられると緊張する子など様々だ。一人一人の様子に合わせて、よい関係を築いていきたい。

幼稚園・認定こども園 5月 月案 文例

園生活に慣れ、好きな遊びや安心できる場所を見付けて安定してくるころです。戸外遊びが気持ちのいい季節、保育者も一緒に遊んで楽しみましょう。

前月末の子どもの姿

- 所持品の始末や登園時の活動など、自分でどんどん進められる子もいれば、声をかけなければ忘れがちな子もいる。
- 自分で絵表示を見ながら、登園時の活動の流れを確認し、進められる子がいる。昼食時の活動も、自分たちで準備や片付けを進めるようになってきた。
- 新入園児にはまだ緊張感があり、他の子の動きを見ながら保育者のそばで過ごすことが多い。

月のねらい

- 自分の好きな遊びを、見付けて楽しむ。[健康]
- 保育者や同じ場にいる友達と一緒に遊ぶ。[協同]
- 保育者や友達と遊ぶ中で、自分の思いや考えを動きや言葉で伝える。[思考][言葉][表現]
- 身近な自然に触れながら、戸外で遊ぶ。[自然]
- 園生活の流れが分かり、自分でしようとする。[健康][自立]

週のねらい

- 様々な友達（クラスや学年の友達、5歳児）と関わったり、触れ合ったりすることを楽しむ。
- 園生活のリズムを取り戻し、安定した気持ちで一日を過ごす。
- 自分のやりたい遊びを見付けて楽しむ。
- 新しい素材に触れ、使い方を知って製作を楽しむ。
- 身近な自然や生き物に興味や関心をもち、親しむ。
- 周りの友達に興味をもち、遊ぶことを楽しむ。
- みんなで遊ぶ際には、約束や決まり事があることを知る。
- 好きな遊びを楽しみながら、周りの友達と触れ合い、親しみを感じる。
- イメージしたものを表現することを楽しむ。
- 片付けや身の回りの支度を自分でする。

内容

- 今まで覚えた園生活に必要な習慣を進んで行う。
- 新しい活動（水を使った砂遊び、歯磨き、散歩など）の手順や約束を知る。
- 遊びや生活に必要な言葉を知り、使おうとする。
- 園生活に必要な生活習慣（所持品の始末、手洗い、うがいなど）に気付いて、自ら行う。
- 固定遊具や道具の使い方、使う際の約束事を知り、守って遊ぶ。
- 友達と誘い合って、好きな遊びを楽しむ。
- 5歳児に、親しみをもって関わる。
- 様々な活動をする中で、集団行動のルールを守る。
- ごっこ遊びや空き箱製作などで、イメージしたことを自分なりに表現しようとする。
- 汚れたら、手足を洗ったり、着替えたりする。
- 後片付けを、自分から行う。
- 植物の種をまき、生長を楽しみにする。
- 保育者と話をしたり、一緒に遊んだりする。
- 砂や泥、水に触れて楽しく遊ぶ。

環境構成

- 連休前と同じ位置に遊具や玩具を配置し、やりたい遊びがすぐ見付かるようにしておく。
- 数人の友達が同じ場で遊べるように、机の配置やスペースの広さを工夫し、遊具や玩具の数を調整する。
- ごっこ遊びでは、一人一人の遊ぶ内容が違う場合があるので、遊びが混在することなくじっくり取り組めるようにコーナーの位置、道具の数などを調整する。
- 短時間に取り組める製作遊びを用意し、好きなときにくり返し楽しめるようにする。
- 野菜の苗や花の種などを植え、生長過程を絵で表示し、生長に期待がもてるようにする。
- 園で飼育している生き物の様子を見たり、えさをやったりして、興味をもって関われるようにする。

保育者の援助

- 子どもから遊びのアイデアを引き出しながら、イメージが実現できるように配慮する。
- 一人一人の思いを聞いて一緒に遊んだり、同じ物をつくろうとする友達同士をつないだりして、友達と遊ぶ楽しさを味わえるようにする。
- 散歩に行く前に、気を付けることを伝え（大きな横断歩道の渡り方、歩行者の多い道の歩き方）、安全面に十分に注意する。
- 学年全体でゲームを行う際、保育者も一緒にゲームに入る。子どもたちにとって、ルールを守って楽しく遊ぶ手本になるように参加する。
- やりたい遊び、興味のある遊びを保育者も一緒に楽しみ、園で遊ぶ楽しさを感じて安心できるようにする。
- 活動になかなか入れない子には、その気持ちを受け止め、その子が自分で参加できるように保育者が仲介する。
- 手洗い、うがいの大切さを知らせ、手洗いの歌を歌いながら楽しく丁寧に行えるようにする。

食育

- 野菜の苗を植え、水やりをするなどの世話を通して、生長を楽しみにできるようにする。
- 園庭や公園で食事をする機会を設け、戸外で食べる気持ちよさを感じられるようにする。
- 今日のおやつは、5歳児が調理してくれたことを知り、一緒に同じ物を食べる楽しさを味わえるような声をかける。

職員との連携

- 戸外での食事を計画するときは、安全面、衛生面に十分に配慮し、職員が協力し合って準備をする。
- 園庭で遊ぶ際は子ども同士がぶつかることがないように、保育者が連携して見守る。
- 子どもが安心できる場所は保育室とは限らないので、いろいろな居場所を認めることを、職員間で意識を共有しておく。

家庭との連携

- 登園時、降園時に保護者とコミュニケーションを図り、子どもの様子を伝え、保護者が安心して園に子どもを通わせられるようにする。
- 親子遠足では、親子の触れ合いを楽しみ、保護者同士が親睦を深められるような内容を考える。
- 親子遠足の持ち物や注意事項を伝える。
- クラス懇談会では、各家庭での食に関する情報や、子どもの様子などについて情報交換をする。
- 汗をかくことも多いので、着替えの衣類が不足しないように配慮を促す。

評価・反省

- 避難訓練の話をし、上履きをはいたまま逃げる練習をした。怖がる子はいなかったが、慌てる姿が見られた。落ち着いて行動できるように話をし、安心できるように個別に声をかけたい。
- 子どもから連休中の出来事を聞き、共感すると、次々に話しかけてきた。保育者へ親しみをもちはじめていることを感じた。
- ごっこ遊びでは、保育者も一緒になって遊んだ。なりきって遊んだ様子が子どもに受け入れられ、その遊びがしばらく続き、よかったと思う。
- 全体で製作活動に取り組むと、進み具合に個人差がある。早くでき上がった子が、まだできていない子に声をかけたり、手を差しのべたりする姿が見られたので、十分に認め、周りの子にも伝わるようにした。
- お弁当では、喜んで食べる子もいれば、食が進まない子もいる。早く食べることを促すような言葉をかけてしまったので、気を付けたい。
- 学年全体での活動に、戸惑ったり消極的になったりする子がいた。保育者が楽しむ姿を見せ、必要なときは声をかけて近くで活動するなどして、活動に参加しやすい雰囲気をつくりたい。
- 保育参観では、親子体操や親子ゲーム、スキンシップを図れる触れ合い遊びをした。「子どもと一対一で遊べて楽しかった」との声があり嬉しかった。保護者同士の親睦も、深めることができたようだ。

6月 月案 文例

幼稚園／認定こども園

雨が降っても子どもたちは元気いっぱい。体を動かして遊べるような場所を確保し、雨を楽しみながら過ごして、エネルギーを発散させましょう。

前月末の子どもの姿

- 保育参加では、大人がたくさんいる保育室の状況に戸惑う子もいたが、周りに友達が増えると、いつものように遊びはじめた。
- 暑い日に水遊びを楽しめた。水着の着替えに慣れている子が多かった。
- クラスのみんなとの遊びや活動に、喜んで参加している。
- 気の合う友達に声をかけ、同じ物を使って遊ぶ。

月のねらい

- 友達と同じ遊びをしながら関わりを楽しむ。[協同]
- 自分の思ったことや感じたことを、言葉で表現しようとする。[言葉]
- 新しい活動に、クラスのみんなと取り組み、楽しさを感じる。[協同]
- 梅雨の時期の自然事象に興味をもち、雨やアジサイ、カタツムリなど、様々なものに関心を寄せる。[自然]
- やりたい遊びを自ら見付けて楽しむ。[健康]

週のねらい

- 梅雨を感じ、雨の日を楽しく過ごす方法を知る。
- 絵の具やはさみを使った製作活動を楽しむ。
- 身近な道具を使って、季節感のある製作を楽しむ。
- クラスのみんなと一緒に、室内ゲームを楽しむ。
- 新しい活動に興味をもち、自分なりに楽しんで参加する。
- クラス全体で行う活動に、楽しんで参加する。
- 水の気持ちよさを感じながら、水遊びを楽しむ。
- 友達のしていることに興味をもち、自分もやってみようとする。
- 自分の思いを伝える方法を知り、相手に伝える。
- 水遊びをするときの準備の仕方や、手順を知る。

内容

- 遊具や用具の扱い方を知り、約束を守って遊ぶ。
- 友達と関わりながら、遊びに必要な言葉を使おうとする。
- 友達を誘い、一緒に遊びを始める。
- 保育者や友達と遊びながら、思ったことや感じたことを伝える。
- 紙でカタツムリをつくり、友達や保育者に見せて自分でつくった満足感を味わう。
- プレイルームの巧技台やマットで、体を動かしてジャンプしたり前転したりして遊ぶ。
- 椅子取りゲームなど、みんなで遊ぶことを楽しむ。
- 汗をかいたら水分補給をし、自分で汗をふく。
- 誕生会では、ゲームのルールを知り、みんなで遊ぶ楽しさを味わう。
- 七夕の由来を知り、七夕飾りをつくったり七夕の歌を歌ったりする。
- 水遊びやプール遊びをして、水に慣れる。
- 衣服の着脱や、脱いだ衣服の始末を自分で行う。
- 大型のソフト積み木や、段ボール箱などを構成して楽しく遊ぶ。

環境構成

- 巧技台遊びでは、高さを子どもに合わせたり、ボールを使った動きを取り入れたりするなど、遊びが持続して楽しめるように準備しておく。
- 交通ルールや集団で歩くときの約束を再確認するため、絵本や紙芝居などを用意する。
- 新聞紙遊びのための新聞紙や広告紙、片付けるときに使うビニール袋を用意しておく。
- 保育参加では、親子で楽しく活動に参加できるように、触れ合い遊びや簡単なゲームの準備をする。
- 水遊び用のペットボトル、じょうろ、バケツなどを十分に用意しておく。

保育者の援助

- 梅雨の季節で雨が多くなることを伝え、雨が大好きなカタツムリの話をしたり、紙芝居を読んだりして、カタツムリ製作に興味をもって取り組めるようにする。
- カタツムリ製作では、殻の部分をはさみで切り、渦巻き状に切る楽しさを味わえるよう、言葉をかけたり手伝ったりしながら進める。
- 巧技台遊びの中で、いろいろな体の動きを経験し、順番を守って遊ぶことができるようにする。
- 遊びに慣れ、約束事を忘れたり、無茶な動きをしたりする場合は、個別に声をかけたり、いったん活動をやめて全体で話したりする。
- 当番活動を楽しみにする気持ちを受け止め、やる気をもって活動できるよう、できるだけ保育者も一緒に行動する。
- 友達や保育者と遊ぶ楽しさを味わえるように、楽しさを積極的に言葉で表現し、共感する。

食育

- 栽培している野菜の生長の様子に関心をもち、実がなることに期待がもてるようにする。
- 昼食の時間が楽しくなるよう、明るい雰囲気づくりをする。
- よくかんで食べることの大切さを伝える。
- 器や箸の持ち方に気を付けて食べる。
- 収穫した野菜に興味をもち、食べて味わえるよう、調理員と連携する。

職員との連携

- 雨の日は傘をさして登園するため、門の開閉がしにくくなる。登園時、門のそばに保育者が一人立ち、保護者が開閉するのを援助するようにする。
- 歯科検診では、歯科医の補助をする保育者、子どもたちを誘導する保育者が連携して、スムーズに進むようにする。
- 蒸し暑い日は水分補給することを忘れずに、保育者同士で声をかけ合う。

家庭との連携

- 梅雨の時期を迎え、食品が傷みやすいことを保護者に伝え、お弁当の内容、お弁当箱への詰め方、調理方法に注意してもらう。
- プールカードの記入内容を知らせる。
- 水遊びで準備する物や、プールカードへの記入などについて伝える。
- 避難訓練の内容や大切さを説明し、理解と協力を得られるようにする。
- 雨の日の安全な登園の仕方や雨具の取り扱いについて、クラスだよりなどを通じて知らせる。
- 爪を短く切ることや、水遊びに影響する病気などについて知らせる。
- 着替える機会が増えるので、記名を徹底してもらう。

評価・反省

- 親子遠足、避難訓練、保育参加と、保護者が参加する行事が続いた。実施する時期について、次年度は配慮したい。
- シャワーを怖がっていた子が、一人でシャワーを浴びることができた際、友達が拍手をしてくれた。友達を思う気持ちが育っていることを感じた。
- 3回目の誕生会。少しずつ誕生会にはどんなことをするのか分かってきたようだ。5歳児の出し物をとても楽しんでいたので、次回も楽しみにできるよう、期待をもって参加できるようにしたい。
- ボディーペインティングは、保育者が楽しむ姿を見て、興味をもって取り組めるようにした。汚れることを気にする子もいたが、保育者や友達が楽しむ姿を見て、やってみたいなと思ったようだ。来月は、水を使った遊びを満喫できるようにしたい。
- 保護者による読み聞かせを楽しみにする子どもたち。聞いている様子を見たり、関わったりしたい。
- 持ち物の始末、手洗い、うがいなどを自分から行える子が増えた。援助が必要な子には、そのつど丁寧に関わった。雨の日に園庭散歩をした。水たまりにわざと入って喜んだり、カタツムリを見付けた数を教えたりした。発見が多く、楽しいひとときだった。

幼稚園・認定こども園 7月 月案 文例

日差しが強く、猛暑日も多いのですが、そんなときこそ水の気持ちよさは格別。子どもたちの歓声が響きます。十分に休息を取りながら、思いきり遊びましょう。

月案(幼稚園・こども園) → P142-P143 7月の月案文例

前月末の子どもの姿

- 先週から、空き箱を使った製作を楽しんでいる。友達や保育者がつくったものを見て、自分でもつくって遊んでみたいと思い、つくりはじめる子が多い。
- 砂場での水遊びや、色水遊び、秘密基地づくりなどを、友達と一緒に楽しんでいる。
- 砂遊びや水遊びが好きで、没頭している。

月のねらい

- 水遊びの準備の仕方や始める前にシャワーを浴びることなどが分かり、自分でやろうとする。[自立]
- 水遊びの約束事を知り、守ろうとする。[規範]
- 保育者や友達と、夏の遊びや行事を楽しみ、思いきり遊ぶ。[協同]
- 夏の身近な生き物に触れたり、野菜の生長を見たりして、興味・関心をもつ。[自然]

週のねらい

- 気の合う友達と、夏の遊びを楽しむ。
- 七夕について興味や関心をもち、集会に参加する。
- いろいろな素材や用具を使い、つくって表現する楽しさを知る。
- 自分なりに挑戦しながら、水に親しんで遊ぶ。
- 1学期が終わることを知り、持ち物の整理をして、夏休みを楽しみにする。
- 季節の行事に興味をもち、喜んで活動に取り組む。
- 保育者や友達と一緒に、夏の行事を楽しむ。
- 夏野菜の生長や収穫を喜ぶ。
- 水の感触や特性に興味をもって遊ぶ。
- 友達の楽しそうな姿を見て、自分でもやってみよう、つくってみようとする。
- 水の気持ちよさや、水遊びの楽しさを感じる。
- はさみで紙を切る楽しさを知る。

内 容

- 水遊びに必要な着替え、タオルの準備をする。
- 魚になりきって、水の中で表現遊びを楽しむ。
- プールの中で、みんなと動いたり、表現遊びを楽しんだりする。
- 遊びの中で、自分の思ったことを友達に伝えようとする。
- 池の中の生き物を見たり捕まえたりし、飼い方を調べて飼ってみようとする。
- 家の人と一緒に、七夕の短冊に願い事を書く。
- イメージしたものを、自分なりに工夫してつくる。
- 生活の中で、友達にも思いがあることに気付く。
- 保育室や園庭の大掃除をし、1学期が終わることを感じる。
- アサガオやヒマワリを見て、感じたことを話す。
- 友達と夏祭りの準備をして参加する。
- 7月生まれの友達を祝う気持ちをもって、誕生会に参加する。

環境構成

- 日陰にシートを敷いて玩具を出し、涼しい場所で遊べるようにする。
- 夏祭りで使うゲームコーナーで必要な物を、保育者と一緒につくれるよう材料を用意する。
- 水遊びの準備や片付けの仕方を絵にしたり、バスタオルやプールバッグを置く場所をマークで示したりして、自分で行えるようにする。
- 歯磨きの紙芝居を読み、歯磨き指導があることを話し、興味をもって参加できるように準備する。
- 夏祭りでは、保護者と子どもがゆったりと見て回れるように、各コーナーのスペースを広めに確保する。また、並ぶ場所が分かるように、線を引いておく。
- 水を使った様々な動作(水をくむ、流す、かける、飛ばすなど)ができる用具を準備しておく。

「幼児期の終わりまでに育ってほしい姿」の [健康]:健康な心と体 [自立]:自立心 [協同]:協同性 [規範]:道徳性・規範意識の芽生え [社会]:社会生活との関わり [思考]:思考力の芽生え

保育者の援助

- 水遊びに消極的な子には、自信をもてるように意識して声をかける。
- つくったもので遊べるように、イメージしやすい言葉をかける。
- プール参観では、水遊びに消極的な子どもを援助しながら遊びを進める。
- 食後の歯磨きでは、丁寧にできるように話をしたり、声をかけたりする。
- 夏の暑さ、入道雲などの自然現象に興味がもてるような言葉をかける。
- プールの周りを走らない、友達を押さないなど、水遊びを安全に楽しめるように約束事を確認する。
- 遊びに夢中になっている際に、水分補給や休息を促す言葉をかける。
- 「汗をかくと体がベタベタするね」「Tシャツがびっしょりだね」などと声をかけ、汗をふいたり、着替えたりすることに気付けるようにする。

 ### 食　育

- 園庭の畑でジャガイモ掘りを楽しむ。
- ジャガイモパーティーは、みんなで同じ物を食べて楽しいと思えるような機会にする。
- 収穫した夏野菜の色や形、においを知ることができるようにする。
- 収穫した野菜を、実際に調理するところを見せてもらう機会をつくる。
- 夏野菜の栽培を通し、生長や収穫の喜びを感じたり、野菜への興味を広げたりできるように言葉をかける。

 ### 職員との連携

- 大きなプールと小さなプールを行き来する際は、危険のないように保育者が見守る。
- プールの周りを走ったり、飛び込んだりすることがないよう、しっかり見守ることを共通認識する。
- 収穫した夏野菜を給食のメニューに使ってもらうように、調理担当者と打ち合わせをする。

 ### 家庭との連携

- 七夕への取り組みを知らせ、子どもと一緒に短冊に願い事を書いてもらうようお願いする。
- 水遊びに必要な物を、子どもと一緒に準備してもらうよう知らせる。
- プールに入るときの約束事（朝食をとる、爪を切る、長い髪は結ぶなど）を知らせ、協力をお願いする。
- 水遊びの写真をはり、様子を知らせる。
- 終業式やクラス懇談会で、夏休みの過ごし方や夏期保育について伝える。
- 夏休み中の健康や安全について、注意してほしいことを伝える。
- 2学期に向けて、持ち物の再確認をお願いする。
- 個人面談では、子どもの1学期の成長や今後の育ちについて話し合う。
- クッキングを行うことを知らせ、エプロン、三角きん、マスクを用意してもらう。

 ### 評価・反省

- 暑い日が多く、水遊びを思いきり楽しむことができた。小さなプールでは、一人一人がやりたい遊びを楽しむ中で、それぞれのペースで水に慣れる姿が見られた。ゆったり水遊びを楽しむ子どもと関わるように心がけた。「できない、怖い」と思っている子に、遊びの中ではできていることを伝えたところ、「自分もできるんだ」という気持ちになれたようだ。また、プール遊びの約束事を見直したところ、気を付けて遊ぶ姿が見られ、成長を感じた。
- 今月初めに夏休みについて話したところ、長い休みがあることを理解した子もいるが、ピンと来ていない子も多かった。保育室の片付けや大掃除、また終業式に参加したことで、ようやく夏休みに入ることを感じられたようだ。
- お泊まり保育の話をすると、「夜、トイレに行きたくなったらどうしよう」「ママがいないと眠れない」などの声があった。期待も大きいが、心配なこともあるので、一人一人と話をして対応を伝えた。みんなで泊まることを楽しみに、当日を迎えたい。

8月 月案 文例

幼稚園／認定こども園

夏の間、園ではお泊まり保育やプール開放、夏祭りなどの行事が予定されていることでしょう。子どもたちの喜ぶ顔を楽しみにしながら、しっかり準備しましょう。

前月末の子どもの姿

- 終業式に参加し、夏休みという長い休みが始まることを知る。夏休み中に園で予定されている行事を聞いて、期待をもつ。
- 水着に着替えたり、水着を脱いで衣服を着たりすることが自分でできる子が多くなる。
- 入道雲や急な雨にびっくりしたり、興味をもったりする。

◆ 月のねらい

- 熱中症に注意して、夏の遊びを楽しむ。[健康]
- 夏の花に、興味をもって接する。[自然]
- 異年齢児と関わって遊ぶ。[協同]
- 家族で地域のお祭りなどに参加して楽しむ。[社会]
- 夏の自然を見たり、感じたりして味わう。[自然]
- 夏の生活の仕方を知り、健康に過ごす。[健康]
- 園の行事へ楽しく参加する。[社会]

週のねらい

- 保育者や友達とプール遊びを楽しむ。
- 異年齢児とプールで関わりながら遊ぶ。
- 水に体を沈めたり、顔をつけたりして遊ぶ。
- 廃材を使って水遊びを楽しむ。
- 夏の自然物を見付けて遊ぶ。
- 夏の様々な自然に、興味・関心をもつ。
- 夏祭りに期待し、楽しんで参加する。
- 盆踊り大会に向けて踊ることを楽しむ。
- お泊まり保育の内容を知り、期待をもつ。
- 夏ならではの経験を、保育者や友達に発表する。
- 2学期の予定を知り、運動会があることを期待する。
- 暑い夏の時期を健康に過ごすにはどうすればいいか保育者と考え、実行しようとする。

内 容

- プールの中をみんなで歩いて流れるプールをしたり、数人で浮き輪につかまって保育者に引っ張ってもらったりなど、みんなでプール遊びを楽しむ。
- 水のかけ合いを、思いきり楽しむ。
- ペットボトルや牛乳パックで水遊び用具をつくり、園庭やプールで遊ぶ。
- セミの鳴き声を当てっこしたり、抜け殻探しをしたりして遊ぶ。また、保育室で飼育しているカブトムシの世話をする。
- 汗がなぜ出るのかみんなで考え、話し合う。
- 園庭のアサガオ、ヒマワリなど夏の花を世話し、関心をもつ。
- 夏祭りでは、夜店のゲームや食べ物を親子で楽しむ。
- 曲に合わせて、友達と盆踊りを踊る。
- お泊まり保育で行うカレーづくりや花火大会の係を決める。

環境構成

- プールで遊ぶための浮き輪や、宝探し用の玩具を準備しておく。
- セミの種類を調べることができるように、昆虫図鑑を用意しておく。
- 夏祭りでは、親子が楽しめるような内容を考え、安全に過ごせるように準備する。
- 盆踊り用の曲は、子どもが楽しんで踊れるもの、振りが簡単なものを選ぶ。
- 水分補給がいつでもできるようにお茶を用意し、日陰で休めるように場所を整える。
- 異年齢児と一緒に楽しめるような遊びを準備する。
- 好きな遊びが見付けられるよう、コーナーづくりを工夫する。
- いろいろな夏の遊びができるよう準備しておく。

「幼児期の終わりまでに育ってほしい姿」の　[健康]：健康な心と体　[自立]：自立心　[協同]：協同性　[規範]：道徳性・規範意識の芽生え　[社会]：社会生活との関わり　[思考]：思考力の芽生え

保育者の援助

- プール遊びに夢中になっていると、水分補給を忘れがちになるので、休息をしっかり取るようにする。
- 盆踊りでは保育者が手本となり、楽しくリズミカルに踊る姿を見せる。
- 異年齢児と関わることが増えるので、互いの気持ちが伝わるように様子を見て援助する。
- 夕立、入道雲などに気付けるよう声をかける。
- お泊まり保育では、不安を感じている子の話を聞き、思いに寄り添って優しく受け止める。
- カレーづくりでは、火の扱いに十分に注意する。
- キャンプファイヤーは範囲を決め、子どもが近づきすぎないようにする。
- お泊まり保育では、寝ている子どもの様子を見て、怖がったりトイレに行きたかったりする子には、声をかける。

 ### 家庭との連携

- 家庭と連携しながら、夏期保育中の子どもの健康を管理する。
- 力に刺されたときの対応について話しておく。
- お祭りやラジオ体操などに親子で参加し、いろいろな世代とのつながりを深められるよう呼びかける。
- 夏に流行する感染症について知らせる。
- 9月からの予定、持ち物などについて知らせる。
- お泊まり保育について知らせ、持ち物の用意をしてもらう。その際、当日子どもがどこに何が入っているか自分で分かるように、親子で準備することが大切だと知らせる。また、持ち物にはすべて記名することを徹底する。
- 夏祭りの内容を知らせ、親子で参加することを呼びかける。
- 生活リズムが乱れやすくなるので、早寝早起きを心がけるように伝える。

 ### 食　育

- カレーづくりに必要な材料を子どもに聞き、準備できるようにする。
- 包丁の使い方を伝え、野菜を切る際はそばで見守る。
- 夏野菜を収穫し、とれたての野菜を味わえるようにする。
- スイカ割りをして、スイカを味わう機会を設ける。
- 暑くてもしっかり食事をとることで、元気で過ごせることを話す。
- 冷たい物をとりすぎないように伝える。

 ### 評価・反省

- 夏祭りでスイカ割りをした。目隠しをするのが怖い子は目をつぶって行った。家庭ではなかなか体験できないので、多くの子が参加してスイカをおいしく味わった。
- ミニトマトやナスなどを収穫し、お泊まり保育のときに調理して食べた。収穫したばかりの野菜はおいしく、「ナスが苦手」と言っていた子も食べることができて嬉しそうにしていた。
- お泊まり保育では、夜に寝るときにみんな興奮ぎみで、寝るまでに時間がかかった。でも、その後は疲れていたのか、ぐっすりと寝る子が多かった。友達と寝ること、保護者と離れて寝ることは初めての子が多かったが、多くの子が楽しく過ごすことができた。
- 寝る前に不安がっていた子も、友達と話すうちに眠り、朝までぐっすり眠ることができてよかった。
- 夏祭り、お泊まり保育ともに、夏らしい楽しい体験ができてよかった。子どもや保護者の感想を大切に、これからの保育の参考にしていこうと思う。

 ### 職員との連携

- 8月中の行事について内容を把握し、役割分担をはっきりさせ、スムーズに進められるよう協力し合う。
- 安全にプール遊びができるように、保育者同士で常に気を付けて、子どもから目を離さないようにする。
- 保育者の休みのローテーションが夏期保育の子どもたちに影響しないよう、子どもの体調や遊びの様子などの引き継ぎをしっかり行う。

9月 月案 文例

幼稚園／認定こども園

久しぶりに保育者や友達と会って、話したいことが山積みの子どもたち。夏休みにいろいろな経験をして、ちょっぴりたくましくなったように感じます。

月案（幼稚園・こども園）　→　P146-P147　9月の月案文例

前月末の子どもの姿

- 夏休み中に家族で旅行に行ったこと、祖父母の家に泊まったことなどを話す。
- プールでバタ足や浮くことができたと報告する。
- お泊まり保育後、保護者が迎えにきた際に「一人で寝られたんだよ」などと話して、自信をもつ。
- 登園日に友達と好きな遊びを一緒に楽しむ。帰る時間になっても、なかなか遊びが終わらない。

月のねらい

- 気の合う友達と、思いを出し合いながら遊ぶことを楽しむ。[協同][言葉]
- 保育者や友達と、思いきり体を動かして遊ぶ楽しさを味わう。[協同]
- 夏から秋へ変わる自然に興味をもち、身近な生き物や植物に関心をもつ。[自然]

週のねらい

- 園生活のリズムを取り戻し、安定して生活する。
- 夏休み中の出来事を、自分なりに表現し、友達や保育者に伝える。
- 保育者や友達と関わりながら、一緒に活動する楽しさを味わう。
- 友達と思いやイメージを出し合いながら、遊ぶことを楽しむ。
- 友達や保育者と関わりをもちながら、好きな遊びを楽しむ。
- 園庭の草花や植木などに親しむ。
- 自然物に触れたり、気候の変化を感じたりしながら、秋を楽しむ。
- お年寄りと関わり、親しみの気持ちをもつ。
- 好きな遊びを見付けて、自分のペースで取り組む。

内容

- 夏休み中に経験したこと、できるようになったことなどをみんなの前で話す。また、友達の話を聞く。
- 当番表を作成し、進んで当番活動を行う。
- 自分の思いを伝えたり、友達の思いや表情に気付いたりしながら遊ぶ。
- みんなと一緒に活動することを楽しむ。
- 自分のやりたい遊びを見付け、楽しんで取り組む。
- 自分の思いを伝えるための言葉を知る。
- 運動会に向けての活動（玉入れやかけっこなど）に進んで取り組む。
- 涼しい風を感じたり、虫の音を聞いたりすることで、秋の気候を知る。
- 運動会に向けての活動を通し、ルールを守りながら競う楽しさを知る。

環境構成

- 1学期の遊びや製作がすぐできるように、玩具や用具、材料などを用意しておく。
- リラックスできる場所にござやカーペットを敷き、ゆったり過ごせるようなコーナーを整える。
- 花を使って色水をつくり、ジュース屋さんごっこが楽しめるように、必要な材料を用意したり、場を広めに確保したりする。
- 戸外での活動は、まだ暑いため、帽子をかぶるように声をかける。
- 玩具の数を人数に応じて用意する。
- 涼しくなってきたので、その日の気候によって、砂場での水の使用を考える。
- 子どもが捕まえた虫を入れる飼育ケースを用意したり、種類や飼い方が調べられるよう、図鑑を用意したりする。
- 夏休みの経験を再現して遊べるよう、必要になりそうな物を用意しておく。

保育者の援助

- 遊んだ物の片付けに気付いて行う子や、片付け方を覚えていて進んで行う子には、「次に使う人が取りやすいね」などと認める言葉をかける。
- 運動会のリハーサルに最後まで参加していた姿を具体的に認め、その子の自信につながるような言葉を意識してかける。
- ゆったりとした生活の流れの中で、子どもの気持ちを丁寧に受け止め、共感した声をかける。
- お年寄りとの関わりについて話し、どんな態度や言葉で接するのがふさわしく、喜んでもらえるのかを考えられるようにする。
- お月見には、ススキや収穫物などのお供え物を飾ることを知らせ、行事の意味を伝える。
- クラスみんなで競い合う遊びに取り組む際は、ルールを分かりやすく伝える。
- 夏休み中の出来事を聞いてほしい子がたくさんいるので、一人一人の話を落ち着いて最後まで聞くことができるような時間を設ける。

食育

- 秋に植える野菜の苗や種を準備し、大切に育てようとする意欲をもてるようにする。
- お月見の意味を知り、月見団子づくりをする機会をもつ。
- お好み焼き集会では、お好み焼きをつくるところを実際に見せ、楽しく食べられるようにする。
- 関西出身の保育者にお好み焼きについての話をしてもらい、食生活について興味・関心をもつ。

職員との連携

- 運動会に向け、必要な用具の点検や安全な運営に配慮し、けがなく終えられるように、職員間で打ち合わせをする。
- 運動会のリハーサルでは、会場に準備する道具も多いので、職員総出で手際よく行えるように、打ち合わせをする。

家庭との連携

- 夏休みのしおりに、休み中の生活の様子やできるようになったことなどを書いて提出してもらう。
- 子どもたちが園生活のリズムを取り戻し、活発に遊びはじめた様子をクラスだよりなどで伝える。
- 避難訓練に親子で参加し、災害時の行動について考えるきっかけにしてもらう。
- 運動遊びが活発になることを伝え、着替えの補充や汗ふき用のハンカチの用意をお願いする。
- 運動会に向けた取り組みの様子を伝え、家庭でも運動会に期待をもてるように話題にしてもらう。
- 衣替えのことを伝え、衣類を秋冬物も準備してもらい、記名の徹底をお願いする。

評価・反省

- 夏休み中の話は、どの子の話も聞きたいと思っていたが、一人一人としっかり目を合わせて会話ができなかったことを反省する。
- 運動会のリハーサルでは「疲れた」という感想だけで終わることのないよう、楽しい気持ちを子どもと共有するようにした。運動会本番に向けて、気持ちを高められるような言葉かけや話をしていこうと思う。
- 保育者自身が楽しそうに運動会の種目に取り組み、子どもにも声をかけた。運動会を楽しみにする気持ちが高まったようでよかった。
- 製作が発展して、つくった物で遊ぶ姿が多く見られた。同じ物をつくった友達と遊びが始まり、楽しんでいた。つくって遊べる製作物を増やしていきたい。
- 花を使った色水遊びを楽しんだ。自分でアサガオの花を選び、どんな色の水になるか楽しみにしながら行った。アサガオの種ができているところがあり、みんなで発見を喜ぶことができた。
- 自分なりのイメージをもって遊びを楽しんでいる子が多い。友達がしている遊びが楽しそうだと感じて、一緒に遊びはじめる子もいるが、ずっと一人の世界で黙々と遊びつづけている子もいる。気の合う友達もいるので、その子と一緒に遊ぶ楽しさを十分に味わえるように見守ろうと思う。

幼稚園・認定こども園 10月 月案 文例

気候もよく、体を動かして遊ぶにはもってこいの季節です。鬼ごっこやしっぽ取りなど、簡単なルールの遊びで、みんなで遊ぶことの楽しさを味わいましょう。

前月末の子どもの姿

- 運動会当日に向けて、子どものやる気や期待感が高まった。リハーサルを経験し、自分なりに楽しみにしていること、努力したいことなどが見えてきている。
- 一緒に遊びたい友達ができて、友達と関わりたい気持ちが強い子が多い。思うように遊べる子もいれば、遊べない子もいる。

月のねらい

- 自分の思いを言葉や動きで表現し、友達と関わり合いながら、遊びを進める。 言葉 表現
- 思いきり体を動かして遊ぶ楽しさを味わう。 健康
- 戸外で体を動かし、ルールのある遊びを楽しむ。 規範
- 行事に期待をもち、みんなで活動する楽しさを感じる。 協同 社会
- 秋の自然に興味をもち、落ち葉などの自然物を、遊びに取り入れて楽しむ。 自然

週のねらい

- 運動会を楽しみにし、体を動かして遊ぶ楽しさを味わう。
- 秋らしい空や気候に気付き、自然物を楽しむ。
- 鬼ごっこなど、みんなでする遊びを楽しむ。
- 友達と競い合いながら、思いきり体を動かして遊ぶ。
- 大勢の友達と一緒に、目的をもって遊びを進める。
- 友達と一緒にイメージを出し合いながら、いろいろな遊びを楽しむ。
- 遊びの準備や片付けを、自分たちで行う。
- サツマイモ掘りを経験して、収穫を喜ぶ。
- 友達とイメージを共有したり、協力したりしながら遊びを進める楽しさを味わう。
- ボールを投げて遊ぶ。

内容

- 遊びの中で必要な物を、自分たちだけでつくろうとする。
- 秋ならではの自然を楽しんだり、秋ならではの気候を感じたりしながら活動を楽しむ。
- 秋の自然の中で散歩を楽しむ。
- 友達と応援し合ったり励まし合ったりしながら、運動会を楽しむ。
- 自分の思いを十分に伝える言葉を知り、使おうとする。
- 運動会で楽しかったこと、嬉しかったこと、努力したことなどを思い出し、絵で表現する。
- 鬼ごっこなど、友達と体を動かす遊びを楽しむ。
- 歌いながら体を動かす遊び（「むっくりくまさん」など）を楽しむ。
- みんなと一緒に体を動かす楽しさや、ルールのある遊びの楽しさを感じる。

環境構成

- 運動会で行う種目の用具（バトン、玉入れの玉など）を取り出しやすい場所に置き、遊びに使えるようにしておく。
- 走ったりボールを投げたりなど、いろいろな運動ができるよう、道具や場所を確保する。
- 運動会で5歳児が行った競技や、踊った曲の音源などを、子どもの要望に応じて使えるよう準備しておく。
- 運動会当日に飾る旗や、みんなでつくった入場門の装飾を保育室に置き、運動会の雰囲気を感じられるようにする。
- 散歩に行った際など、子どもが拾った木の実や小枝、落ち葉などを保育室に飾り、種類を調べることができるよう図鑑を用意しておく。
- 段ボール箱、大きな布、ござなど、子どもが遊ぶスペースをつくる物を用意しておく。

保育者の援助
- 運動会の当日には、家の人たちが見に来てくれることを話し、楽しみにできるようにする。
- 「家の人と一緒に走ったことが嬉しかった」など、運動会について話したり、当日の気持ちを思い出したりできるように聞きながら、絵をかけるようにする。
- 自分の思うように遊べずに、友達との関係で悲しい思いをしたり、遊びきれずに満足感が得られずにいる場合は、保育者が一緒に遊びに入り、友達同士がどんな遊びをしているのか、どんな関係なのか様子を見る。
- 久しぶりの散歩なので、安全に歩けるように、道路を歩くときの約束事をみんなで確認する。
- 秋の自然物を見付けた際の嬉しさや、ワクワクする気持ちを一緒に味わう。
- 鬼ごっこなどをくり返し楽しみながら、少しずつルールのある運動遊びや集団で行う遊びを楽しめるようにする。
- 表現遊びに消極的な子には個別に対応し、保育者と一緒に楽しめるように援助する。
- 子どもの思いを聞き、言葉の使い方を知らせる。

 ### 食育
- 掘ったサツマイモをみんなで洗い、干しておく。
- サツマイモでどんな料理がつくれるか話題にする。
- サツマイモの収穫を喜び、焼きイモにして食べたり、ふかしたりして十分に味わう機会をもつ。
- 畑のダイコンやカブへの水をやり、生長や変化を知ることができるようにする。
- 食べ終わったら、自分でコップを片付けたり、テーブルをふいたりするように促す。

 ### 職員との連携
- 運動会では、職員それぞれの担当を再確認し、スムーズに進行させる意識をもつ。
- 園庭で焼きイモをつくる際は、子どもが火のそばへ近寄らないよう、職員みんなで気を付ける。

 ### 家庭との連携
- 衣替えで園服や園帽が変わることを知らせるが、暑い場合は調節できるようにしてもらう。
- 親子競技の説明、保護者競技への参加について、クラスだよりや掲示で分かりやすく知らせる。
- 運動会のプログラム、観覧にあたってのお願い事項を配布する。
- 運動会では保護者にも声をかけ、子どもたちを応援してもらったり、盛り上げたりしながら、みんなで楽しめるようにする。
- イモ掘り遠足の際に、必要な物や爪を切ることなどを知らせる。
- 秋の自然に触れて楽しんでいる様子を伝え、家での過ごし方の参考にしてもらう。
- 掘ったときの様子を話しながらサツマイモを渡し、家庭でも子どもと一緒に味わってもらう。

 ### 評価・反省
- 運動会への取り組みの中で、5歳児とたくさん関わることができた。その中で、「年長さんって優しいな」と感じる子、「かっこいいな」と感じる子など、5歳児へのあこがれや安心感をもつ子が増えた。
- 気の合う友達のグループもあるが、一人で遊んでいる子もいる。さり気なく声をかけ、友達と一緒に遊ぶと楽しいと思えるきっかけをつくっていきたい。
- 公園へ散歩に行き、秋の自然に触れたり、天気のよい日は園庭で遊んだりすることができた。子どもの発見や言葉を聞き逃さず、共感したい。
- イモ掘り遠足では、みんなで大型バスに乗り、バスレクを楽しんだ。畑ではイモ掘りを全力で楽しむ姿、土の中に虫を発見する姿などが見られた。昼食後は疲れもあり、ちょっとしたことで泣きはじめる子もいた。サツマイモが大きく、土を掘る活動が想像していたようにはできない子が多かった。
- 子どもたちは毎月の誕生会をとても楽しみにしている。その嬉しさから、興奮していたので、「今日はみんなが主役で一番かっこいい日」であることを話し、落ち着いて参加できるようにした。

幼稚園・認定こども園 11月 月案 文例

風が冷たくなってきましたが、体を動かして遊ぶとポカポカします。木の実や落ち葉で造形するのも楽しい季節です。子どもの発想を生かしましょう。

前月末の子どもの姿

- 「みんなでなわとびをしよう」と言った際、「ぼく、できない」と保育者に訴えにくる子や、表情がくもって心配そうにしている子がいた。
- 保育参観では、ほとんどの子がふだんと変わらず楽しんだが、中には保護者がいることで興奮ぎみになったり、いつもより張り切って片付けたり、保護者が帰った後に不安定になったりなど、様々な姿が見られた。

月のねらい

- 目的をもって遊びに取り組む満足感を味わう。[自立]
- 気の合う友達と、イメージや思いを言葉や動きで伝えながら遊ぶ。[協同][言葉][表現]
- 友達と一緒に、思いきり体を動かして遊ぶ楽しさを味わう。[協同]
- 集まりの流れが分かり、全体への話をしっかり聞いて受け止める。[規範]
- 秋の自然の中で、好きな遊びを楽しむ。[健康]

週のねらい

- ドングリ、落ち葉、小枝など身近な秋の自然物を使い、イメージを膨らませて遊ぶ楽しさを味わう。
- 園庭や園外の秋の自然に親しみ、遊びの中に取り入れて楽しもうとする。
- 担任のいない避難訓練を経験する。
- 友達の遊びに興味をもち、参加しようとする。
- 5歳児と一緒に、戸外遊びを楽しむ。
- 年下の子どもと関わり、自分たちがお兄さん、お姉さんだという感覚を味わう。
- なわとびを使った遊びを、みんなで楽しむ。
- ルールのある遊びや、楽器を使った遊びをし、友達の動きに目を向けながら自分も動くことを楽しむ。
- 製作物を生かしながら、友達と遊ぶことを楽しむ。

内容

- チューリップの球根やムスカリの球根を観察しながら植える。
- 消防避難訓練では、消防士の話を聞いたりシアターを見たりして、災害時の行動や、火遊びをしてはいけないことを知る。
- くじ引き屋さんごっこで、くじをつくったり引いたりして楽しむ。
- 近くの園へ行き、年下の子どもと触れ合って遊ぶことを楽しむ。
- お家ごっこや、引っ越しゲームなど、短なわで遊ぶ楽しさを感じる。
- ルールのある遊びやリズム遊びなど、集団で行う遊びを楽しむ。
- 折り返しリレーや転がしドッジボールに、興味をもって取り組む。

環境構成

- 気候も気持ちよく、戸外遊びが楽しい時期なので、好きな遊びをたっぷり楽しめるように時間を確保する。
- しっぽ取りでは、場所が狭いとぶつかりやすく、転倒の危険があるので、広めに場所を確保して思いきり体を動かせるようにする。
- 製作遊びででき上がった作品をコーナーに飾り、他の友達の作品を見て、刺激を受けられるようにする。
- 積み木の扱いに慣れてきたら、積み木の数を増やし、イメージするものがつくれるようにする。
- 自然物を使った作品づくりでは、興味をもった子から始められるように材料をそろえておく。
- 折り紙や色画用紙など、紙を丸めると果物やおにぎりなどができることを伝え、いろいろな紙を使いやすい大きさに切って用意しておく。
- イメージしたものを表現しやすいように、楽器や衣装を用意しておく。

保育者の援助

- チューリップはみんなが5歳児クラスになるころに咲くことを話し、生長を楽しみにしながら栽培できるように話す。
- 作品展に向けての作品づくりでは、保育者と友達が楽しくつくる姿や、でき上がった友達の作品を見て、少しずつやる気が出るようにする。
- 箱積み木遊びの約束事をみんなで再確認する。実際に見たり触ったりして、これまでのソフト積み木との違いに気付き、気をつけて遊ぶべきことをみんなで考えさせる。
- 製作コーナーで、保育者が「一緒につくってみよう」と誘いながら、自分から進んで活動に取り組めるよう援助する。
- 消防避難訓練では、消防士が行う消火活動を見たり、煙ハウスを経験したりして、火災の怖さや状況を知るようにする。
- イモ掘りでは、いろいろな大きさや形のサツマイモを掘った嬉しさや楽しさに共感する。

食 育

- お弁当の保温で気を付けることを話す。
- カブを収穫し、これまで世話をしたことや生長についてみんなで話をする。また、どのようにして食べるかを相談し、カブに興味をもたせる。
- キウイの収穫では、食べごろの実を収穫し、味わえるようにする。
- 昼食時、テーブルをふいたりお茶を配ったりなどの支度を子どもと一緒に行う。

職員との連携

- 保育者がいないと進まない遊びもあるので、様子を見ながら遊び道具を出し、保育者同士で声をかけ合って遊びを盛り上げる。
- 5歳児の刺激を受けながら遊べるように、担任と相談して、一緒に遊ぶ時間を設ける。

家庭との連携

- 気温が下がってきたので、手洗い、うがいを行い、風邪やインフルエンザの予防を呼びかける。
- 保育参観では、ふだんの遊びへの取り組みや友達との関わりなどについての資料を配布し、参観する際の参考にしてもらう。
- 遠足に向け、子どもと一緒に持ち物の用意をし、当日は自分で扱えるようにしてもらう。
- 寒い日には上着を着て遊ぶことを伝え、動きやすく、自分で着脱できる上着をお願いする。
- 園で行っている劇遊びを家庭でもできるように、使用している絵本などを紹介する。
- 製作遊びに使えそうな素材（梱包用のクッション材、毛糸、リボンなど）を集めていることを知らせ、協力をお願いする。

評価・反省

- なわとびを使ったしっぽ取りは初めてだったが、子どもたちから「もっとしっぽを短くしようよ」「少ししっぽを隠しちゃおう」など、自分たちなりに作戦を考える姿も見られた。中には、しっぽを取られるたびに大泣きする子もいた。くり返し楽しむ中で、悔しさよりもしっぽ取りの楽しさを感じられるようにしたい。
- レストランごっこ用の製作物は一日1品目ずつ種類が増えていった。子どもから、どんなメニューをつくりたいかアイデアも出てきたので、少しずつメニューを増やし、店員役やお客さん役も増やして関わりを広げていきたい。
- 新入園児の面接の前日、来年入園する新しい友達が来ることを話し、みんなで迎える準備をしようと、保育室の整理に取り組んだ。自分たちも次は5歳児になることを、少しずつ意識できる機会をつくっていきたい。
- 保育室に自然物の作品を飾った。見たり触ったりした子から、「つくりたい」「ヘビをつくる」などの反応があり、つくりたい子は製作を楽しんだ。製作に消極的な子もいるが、友達が製作している姿やできた作品を見て、つくりたくなるといいなと思う。

幼稚園・認定こども園 12月 月案 文例

風邪、インフルエンザ、胃腸炎などがはやりだします。一番の予防は、やはり手洗い、うがい。子どもたちにも丁寧に伝え、毎日実行したいものです。

前月末の子どもの姿

- 5歳児との劇遊びを楽しみにする姿が見られ、自分の選んだ劇が行われる日を覚えていて、「僕は明日だよ」などと話している子もいた。
- ごっこ遊びで身近な用具や材料を使いながら、イメージに合う物をつくった。
- 鬼ごっこやドッジボールなどルールのある集団遊びを自分たちで楽しもうとするが、ルールが共有できずにトラブルになることもある。

月のねらい

- 2学期の終わりを感じながら、自分たちの使った場所を進んできれいにする。 自立
- こま回しや、なわ遊びなどに興味をもち、くり返し遊ぶ楽しさを味わう。 社会 表現
- 季節の変化に興味をもち、寒さに応じた生活の仕方を身に付ける。 自然
- 年末年始の過ごし方を知り、興味をもつ。 社会

週のねらい

- 友達の遊びや、つくっているものに興味をもち、自分でもやってみようとする。
- 自分たちが遊んで過ごした保育室の清掃をみんなで協力して行う。
- 自分のやりたい戸外遊びに取り組む。
- 劇遊びや楽器に興味をもつ。
- 5歳児との関わりの中で、表現遊びを楽しむ。
- 他のクラスの友達と関わる楽しさを味わったり、担任以外の保育者と関わったりする。
- 自分なりの目的をもち、活動に取り組もうとする。
- 冬の行事や自然事象に興味や関心をもつ。
- 寒さに負けず、戸外で体を動かして遊ぶ楽しさを味わう。

内容

- 体を動かす遊びに、くり返し挑戦する。
- 友達とタイミングを合わせて歌ったり、楽器を鳴らしたりすることを楽しむ。
- 風の冷たさ、葉がなくなった木などに気付き、冬が来たことを感じる。
- お楽しみ会への参加を楽しみにする。
- シャボン玉ショーに期待し、興味をもって楽しむ。
- 大好きな5歳児に安心感を抱きながら、自分なりに表現遊びを楽しむ。
- 製作コーナーで自然物を使った動物づくりを楽しむ。
- 友達とイメージを共有しながら、積み木で遊ぶことを楽しむ。
- クリスマスに向けてリースづくりなどの製作を行う。
- 年賀状づくりを通して、新年を迎えることを知る。
- 新年に向け、保育室の大掃除に取り組む。
- 楽器演奏を楽しみ、クリスマス会で発表する。
- 折り紙でクリスマス飾りをつくることを楽しむ。

環境構成

- 掃除をしてきれいになった保育室を見て、気持ちよさを感じ、また3学期に遊べることを楽しみにできるようにする。
- ごっこ遊びや積み木遊びなどでは、子どものイメージに応じて自分たちで必要な物を工夫できるように、玩具や用具を出しやすいところに置く。
- フープを置いて、ケンパができるようにしておいたり、転がしドッジボール用のラインを地面にかいておいたりする。
- クリスマスの製作では、自分なりに工夫してつくれるよう、いろいろな素材を用意しておく。
- 子どもと一緒に、クリスマスの装飾をする。
- クリスマスソングやお正月の歌などを流し、年末年始の雰囲気をつくる。

「幼児期の終わりまでに育ってほしい姿」の 健康：健康な心と体　自立：自立心　協同：協同性　規範：道徳性・規範意識の芽生え　社会：社会生活との関わり　思考：思考力の芽生え

保育者の援助

- 製作活動では、できないところは保育者や友達が手伝い、製作をする楽しさを味わい、やって良かったと思えるように援助する。
- 室内遊びでも戸外遊びでも、新しい遊びが始まったので、それぞれに挑戦している姿を認める。
- 今月の誕生児は、緊張しやすい二人なので、事前にインタビューの経験をしておく。当日は、大きな声で返事ができたこと、好きな食べ物を言えたことを認め、大勢の前で自分の思いが話せるように、そばに付いて援助する。
- 大掃除では、保育者も一緒にぞうきんを絞り、絞り方を伝える。
- 終業式が終わったら、まじめに式に参加していた姿を十分に認め、自信をもてるようにする。

家庭との連携

- 生活発表会では、参観中のおしゃべりは控えるなどのマナーについて理解を求める。
- 年末年始ならではの生活に、子どもも関われるようにしてほしいことを伝える。
- 子どもが夢中になっている運動遊びをクラスだよりに掲載し、寒くても体を動かす大切さを伝える。
- 個人面談では、2学期の成長や遊びの様子などを具体的に伝え、家庭での子育てに生かせるように話し合う。
- 冬休みの過ごし方について伝え、生活リズムが乱れないように留意してもらう。
- 冬休み生活表の内容を説明し、記入をお願いする。
- クリスマス会でサンタクロースに会えることを楽しみにする姿、最近は椅子取りゲームやフルーツバスケットなどの集団遊びを楽しんでいる姿など、子どもたちの園での様子をおたよりや掲示で知らせる。

食育

- もち米をとぎ、蒸し上がったもち米を味わって、もちつきに興味をもてるようにする。
- もちつきを経験し、みんなでつきたてのもちの食感を楽しみながら食べられるようにする。
- 大勢の人が関わってもちつきを進めていることを知り、感謝の気持ちをもてるようにする。
- もちについて知っていることを話し合い、お正月の準備にもちつきをすることや、鏡もちを飾る意味などを伝える。
- おせち料理の由来を伝える。

評価・反省

- 三輪車を使った遊びは、こだわりの強い子が最後まで遊んでいる。そのため、イメージの違いでぶつかることが多くなった。自分の思いやイメージを言葉で伝えることが苦手な子もいるため、保育者の仲介が必要だが、友達同士で話を進められそうなときや、解決できそうなときは見守り、どのように解決していくかを見て、必要なときにはフォローをしたい。
- 友達のしている遊びをじっくり見てから新しい遊びに取り組むことの多いA子が、最近はお店屋さんごっこの店員役を楽しんでいる。お客さんとのやり取りや、声を出してお店の宣伝をするなどの行動は積極的にできないため遊びが止まることもある。保育者が客役になって遊ぶことも必要だと感じた。
- 大掃除やお楽しみ会を通して、学期末を迎えることを理解できたようだ。冬休み中にやってみたいことや、楽しい年末年始を迎えてほしいことを話した。
- お楽しみ会では、どんなことをするかまだ分かっていない子が多かった。12月の誕生会でサンタさんからの手紙を読むとサンタさんに会えることを楽しみにしはじめ、期待と夢をもって会に参加することができた。

職員との連携

- 冬に多い感染症について、予防や対応について話し合い、嘔吐物の処理の仕方などを共通認識しておく。
- ダイコン、カブ、ハクサイなど冬の野菜を献立に入れてもらうよう栄養士と相談する。
- 5歳児と一緒に楽器遊びをする際、4歳児は緊張するので、5歳児の担任と協力し、安心して演奏できるようにする。

1月 月案 文例

幼稚園／認定こども園

年末年始に楽しい経験をたくさんした子どもたち。園でも凧あげやこま回しなどのお正月遊びが盛んです。うまくできると嬉しくて、何度もくり返すでしょう。

前月末の子どもの姿

- クリスマスお楽しみ会に喜んで参加し、サンタさんからのプレゼントで遊ぶ。
- 大掃除では、ぞうきんの絞り方を確認しながらあちこちをふき、ホコリがたくさんたまっている部分に驚きながら、きれいになることを喜ぶ。
- 終業式では、フラフラすることなく最後までしっかりと立って話を聞くことができた。

月のねらい

- 自分なりの目当てをもち、くり返し取り組み、工夫して遊ぶ。[自立]
- 冬の自然に興味・関心をもつ。[自然]
- 園生活のリズムを取り戻し、遊びに取り組む。[健康]
- かるた取りを友達と楽しみ、取った枚数を数えて比べることを喜ぶ。[数・字]
- 発表会に向けての活動に、興味をもって取り組む。[思考]
- 友達とのつながりを感じながら、みんなで活動に取り組む楽しさを味わう。[協同]

週のねらい

- 正月の雰囲気の中で、遊びや生活を進める。
- 友達と一緒に動いたり、自分なりの動きを楽しんだりする。
- 鬼遊びを、子どもたち同士で進める。
- 友達や保育者が楽しく正月遊びをする姿を見て、興味をもつ。
- 冬の自然に興味をもち、見たり遊びに取り入れたりする。
- 寒さに負けず、戸外で体を十分に動かして遊ぶ。
- 友達と考えを出し合い、工夫して遊びを進める。
- クラスの行事に向けた取り組みを楽しみ、自分のできることをする。

内容

- 冬休み中に自分が経験したことを、友達や保育者に喜んで話す。
- 生活習慣を思い出しながら、身の回りのことは自分でする。
- 正月遊びに興味をもち、友達と一緒にやり方のコツを教え合って楽しむ。
- こま回し、凧づくり、すごろくなどの正月遊びに興味をもち、くり返し挑戦しようとする。
- クラス全体で氷鬼や増やし鬼をすることを楽しむ。
- 発表会に向け、みんなで歌う楽しさを味わう。
- イメージを膨らませながらごっこ遊びをし、友達と一緒に遊ぶ。
- 節分の由来や節分集会の話を聞き、自分の中にいる鬼（追い出したいこと）をみんなで想像する。
- 発表会に必要な装飾品を様々な素材でつくる。
- 友達とイメージを広げて、表現遊びを楽しむ。

環境構成

- 正月らしく干支の壁面装飾をしたり、鏡もちを飾ったりする。
- こま、すごろく、かるたなどの正月遊びの玩具を取り出しやすいところに用意しておく。
- 鬼のお面づくりでは、保育者の見本を見せたり、読んだ絵本をいつでも見られるように準備したりして、鬼のイメージをもてるようにしておく。
- 寒さが続く際は、バケツや空き容器に水を入れておき、いつでも氷づくりができるように用意する。
- 発表会で使う物を準備し、すぐに取り出して遊べるようにしておく。
- 劇で使う物を子どもが工夫してつくれるように、材料を取り出しやすい場所に置く。
- 雪が降った際には、みんなで雪遊びができるような準備をする。

保育者の援助

- 2学期の終業式で努力した姿、すてきだった姿を具体的にもう一度伝え、意識して始業式に参加できるようにする。
- 冬休み中に、なわとびなどできるようになったことを認める言葉をかける。
- 製作コーナーの飾り切りでは、見本を置き、つくり方を話して、最後まで自分でつくれるように援助する。
- 発表会の活動では、一人一人の様子をよく見て、声をかけたり認めたりし、自信をもって取り組めるようにする。
- 遊びが進むと、自分たちだけで遊びを続けられるので、保育者は遊びから抜けて様子を見守る。
- 正月遊びは、初めのうちは保育者がルールを説明し、ルールをみんなで共通理解できるような援助を行う。

家庭との連携

- クラス懇談会では、冬休み中の子どもの様子などを話し合い、情報交換する。
- 風邪、インフルエンザが流行する時期なので、家庭でも手洗い、うがいを徹底するように呼びかける。
- 発表会に向けて、役になりきって楽しんでいることや、道具づくりに取り組んでいる姿などを伝え、理解を深めてもらう。
- 正月遊びへの取り組みについて伝え、家庭での遊びの参考にしてもらう。
- 保育参観への参加を呼びかけ、子どもの様子を見てもらい、3学期の見通しや目当てなどについても話す。
- 年末年始は生活リズムが乱れがちなので、園での様子を伝え、疲れがたまらないように早寝を心がけてほしいとお願いする。

食 育

- お正月に食べたおせち料理のことを話題にし、日本の伝統的な食べ物について興味をもつ。
- 鏡開きをしたもちを、おしるこにしたりお雑煮にしたりして食べ、日本の伝統的な食文化に触れられるようにする。
- 昼食時の当番の手順、食事のマナー、あいさつなどを再確認する。
- 箸やスプーンの持ち方、食べやすい食器の置き方などを再確認する。

評価・反省

- 正月遊びのすごろくに興味を示す子が多かった。友達が遊んでいる姿を見てルールを覚えたり、保育者と一緒に楽しみながらルールの確認をしたりして、遊びを楽しんでいる。こまを動かす際、数え方を間違っている子もいるので、くり返し遊びを楽しむ中で覚えられるようにしたい。
- 今まで5歳児が行っていたウサギ当番の姿を見て、「やってみたい」と興味をもつ子が多い。あこがれのウサギ当番に期待をもち、5歳児のお兄さんやお姉さんと一緒にできることを楽しみにする気持ちを受け止め、意欲的な活動へとつなげたい。
- 発表会に向けての活動が始まった。自分のやりたい役になりきって、動きや表情、声や言葉などで自分なりの表現を楽しむ。中には、表現することが苦手な子もいるので、保育者も役になりきって楽しむ姿を見せ、表現する楽しさを伝えたい。
- 鬼の顔をクレヨンでかく活動を行った。鬼の表情はなかなか想像しにくいので、見本を見せ、読んだ絵本をいつでも見られるように準備した。いろいろな形の顔があることやはじき絵にすることを伝え、自分なりの鬼づくりを楽しめるように工夫した。

職員との連携

- しっぽ取りなどは、保育者が入らなければ遊びが進まないこともあるので、他のクラスの保育者たちとも連携を図りながら、遊びの様子を見守る。
- 正月遊びは家庭での経験に差があるので、初めのうちは保育者がやって見せ、じょうずな保育者は手本となってコツを伝える。
- グループ活動では、2学期の反省を生かせるように、気付いたことなどを担任同士で話し合う。

2月 月案 文例

幼稚園 / 認定こども園

まだまだ寒い日が続きますが、春のたよりもちらほらと聞こえてきます。年度末に向け、クラスのまとまりを感じられるような集団遊びを楽しみましょう。

月案（幼稚園・こども園） → P156-P157 2月の月案文例

前月末の子どもの姿

- 発表会に向けての活動に意欲的に参加する姿、自分なりの表現を思いきり楽しむ姿、お客さんの前で緊張する姿、みんなで行う活動にうまく入ることができない姿などが見られた。
- 男児が鉄棒に興味をもち、取り組みはじめた。その姿を見て、自分でもやってみようとする姿が見られる。できるようになることが楽しい子、保育者と一緒に楽しさを味わう子、ちょっと怖さもあるけれどやってみようとする子など、いろいろな姿が見られる。

月のねらい

- 同じ目標に向かって、友達と考えを出し合い、遊びを進めることを楽しむ。 [協同] [思考]
- 劇、歌、楽器演奏など、いろいろな方法で表現することを楽しむ。 [表現]
- 冬から春への季節の移り変わりを感じたり、自然事象に興味・関心をもったりする。 [自然]
- トランプやすごろくなどの遊びを通して、数に興味をもつ。 [数・字]
- クラスで行う活動に意欲をもって取り組み、自分の力を発揮する。 [自立] [思考]

週のねらい

- 自分より小さい子に対して、お兄さんお姉さんとして接することを楽しむ。
- 自分たちが興味のある遊び、やりたい遊びを、友達と一緒に進める楽しさを感じる。
- グループ活動の中で、友達と活動を楽しむ。
- グループ活動に参加し、いろいろな友達や担任以外の保育者と触れ合う。
- 5歳児と関わりながら、感謝の気持ちをもつ。
- 節分の集会に参加し、行事に親しむ。
- 季節の行事に関心をもち、製作を楽しむ。

内容

- 友達とイメージを伝え合いながら、遊びを楽しむ。
- 氷鬼などの集団遊びを楽しむ。
- 鬼のお面をつくったり、三方の準備をしたりする。
- 節分や豆まきについての話を聞く。
- 家庭で楽しんだ雪遊びを、園でも楽しむ。
- 友達がいることでできる雪遊び（雪合戦や大きな雪山づくりなど）を楽しむ。
- 一度経験した飾り切りを生かして、ひな人形づくりを楽しむ。
- 劇遊びを、5歳児に見てもらう。
- 曲の雰囲気を感じ、みんなで歌ったり楽器演奏をしたりする。
- 生活発表会に参加し、舞台で劇や合奏、歌を歌うことを楽しむ。
- 生活発表会では大勢の前で、自信をもって発表する。
- ウメの開花を見たり球根の生長を見たりして、早春の自然に気付く。
- 園の大きなひな人形を見たり、ひな人形をつくったりして、ひな祭りに興味をもつ。

環境構成

- 鉄棒では回る楽しさだけではなく、鉄棒にぶら下がったり上がったりする楽しさを味わえるように、クラス全体で鉄棒に触れる時間を設ける。
- 豆まきの際、遊具や友達と衝突したりしないように、場所の整備をする。
- 当番活動の手順や内容は、絵にかいて掲示する。
- 劇に使う小物や衣装を、子どもと相談しながら一緒につくる。
- ひな人形づくりでは見本を用意し、自分なりのイメージでつくれるように材料を用意しておく。
- つくったひな人形は、みんなが見ることができる場に飾る。

保育者の援助

- トラブルが起きても、子ども同士で解決できそうな場合は見守る。
- 製作活動が多くなるので、どこを大事にして取り組むのがよいか、そのつど子どもと相談しながら丁寧に進める。
- 一人一人の表現を認め、自信をもって発表できるようにする。
- 少数の意見を大切にし、自分で言えたことや人に伝えられたことを認める。
- 他クラスや異年齢児の表現を見たり、見てもらったりし、みんなの前で表現することに興味をもてるように言葉をかける。
- みんなで歌ったり合奏したりすることの楽しさに気付けるよう言葉をかけて、みんなでつくり上げる良さを味わえるようにする。
- 雪遊びの後の着替えなどが、自分で必要を感じて行えるように声をかける。
- 手を洗った後、手を洋服でふく子には声をかけ、ハンカチを使う習慣を身に付けられるようにする。

食 育

- 風邪予防のためにはバランスのよい食事が大切なことを話し、食事と健康について関心をもたせる。
- 豆に含まれている栄養や、豆からできている食べ物について話し、豆に関心をもてるようにする。
- 食べ物には体を温める力があること、どんな食べ物にその力があるのかを話し、食べ物と体の関係に興味がもてるようにする。

職員との連携

- 学年全体を3つのグループに分けて活動する際には、それぞれの担任に活動中の様子を伝える。
- 豆まき集会では、職員たちの追い出したいこと（鬼）も聞いておき、それらも追い出すことを子どもたちに伝え、みんなで楽しむようにする。
- ひな祭り集会の内容を、打ち合わせる。

家庭との連携

- 家庭でも豆まきが楽しめるように、鬼のお面や三方を当日に持ち帰る。
- 一人一人が工夫し、その子なりに発表会に臨んでいることを降園時などに保護者に伝え、生活発表会に期待してもらう。
- 一日入園に来た年下の友達に優しく接したり、5歳児から当番を引き継いだりしたことなどを伝え、成長について喜び合う。
- 子どもがひな人形づくりに取り組んだ姿などを話し、持ち帰った後は家庭でも飾ってもらえるように伝える。
- 発表会の当日は、子どもが緊張する姿を受け止め、温かく見守ってもらえるように話す。
- 生活発表会の後、感想を聞いたり書いてもらったりして今後につなげる。

評価・反省

- 実際のひな人形を見ながら、製作を楽しんだ。人形の顔の色を肌色で塗る子もいれば、人形の白い肌の色をそのまま表現する子もいた。また、表情の細かいところまで気付きながらつくる子もいた。その子なりのこだわりや考えた部分を具体的に認めながら、つくる楽しさを感じられるように言葉をかけた。一人一人の個性が光るひな人形ができ上がり嬉しく思う。片付けも自分から進んで行っていた。
- 今まであまり鉄棒に取り組まなかった子も取り組みはじめた。急に手を離してしまう子や、体に力が入りすぎてうまく回れない子もいる。鉄棒のそばに付いて、取り組む手伝いをするうちに、鉄棒を楽しむ子が増えた。ぶら下がったり、前回りをしたりしているので目を離さないようにする。
- 劇では、十分に表現できる子、恥ずかしさからいつもの表現が出せない子、みんなの中に入っていけない子など、いろいろな姿が見られた。自分なりの表現ができるのに、もう一歩を踏み出せない子が、みんなの前で表現することを楽しめるように、努力している姿やその子なりの表現をたくさん認め、自信をもてるようにしたい。

幼稚園・認定こども園 3月 月案 文例

日差しがやわらかくなり、春の訪れを感じられるようになりました。5歳児に進級することを楽しみにしながら、しめくくりの行事にもしっかり取り組みましょう。

月案（幼稚園・こども園） → P158-P159 3月の月案文例

前月末の子どもの姿

- お別れ会に向けて、学年の友達と一緒に意欲的に取り組んだ。グループ活動だけではなく、学年全体で集まっての活動（みんなで立つ、自分で考えて並ぶ、担任以外の保育者の話を聞いて動くなど）からも成長した姿が見られた。
- 5歳児や引っ越しをする友達との別れが近づいたことを感じ、悲しむ姿も見られる。

月のねらい

- 友達とお互いにイメージを出し合い、遊びを進める。[協同][思考]
- 友達と遊びながら、自分のやりたいことをして満足感をもつ。[協同][自立]
- 5歳児に進級することを楽しみにし、自信をもって行動する。[自立]
- 春の自然に興味・関心をもち、春の訪れを感じる。[自然]

週のねらい

- このクラスでの生活が、残りわずかであることを感じながら、友達との関わりを楽しむ。
- 5歳児や保育者との関わりを楽しむ。
- 同じクラスの友達や保育者と関わりながら、遊びや活動を楽しむ。
- 5歳児になることに期待をもち、残りわずかな生活を楽しむ。
- 5歳児への感謝の気持ちをもち、意欲的にお別れ会に向けての活動に参加する。
- 友達と思いやイメージを伝え合い、遊ぶ楽しさを味わう。
- 自分の力を発揮し、友達と協力しながら目的に向かって活動する。
- 進級することに期待や自信をもつ。

内容

- 5歳児へ感謝の気持ちをもち、お別れ会に参加し、クラスのみんなとやり遂げた達成感を味わう。
- 自分なりの考えを出し、友達の考えを聞きながら遊ぶ。
- 春の植物の生長や自然の変化に気付く。
- 親子お楽しみ会があることを知り、保護者と一緒に遊ぶことや、お別れ会で発表した出し物を見てもらうことを楽しみにする。
- 5歳児に贈る、ペン立てづくりを楽しむ。
- 自分の考えを相手に伝えながら、好きな遊びを進める。
- ひな祭り集会に参加し、行事を楽しむ。
- 修了式の練習に参加し、5歳児の修了を祝う気持ちをもつ。
- 5歳児の修了式で、心を込めて歌ったり、花束を渡したりする。

環境構成

- モモやナノハナを保育室に飾り、春らしい雰囲気をつくる。
- 5歳児から引き継いだ玩具や当番表などを、大切にするように伝える。
- 一年間使った保育室や玩具、遊具をきれいにしたり、つくった製作物などの整理をしたりする。
- 大掃除に必要なぞうきんは、クラスの人数分用意する。
- お別れ会の係や当番活動では、役割が分かるように内容を掲示したり、バッジを用意したりする。
- 親子お楽しみ会に向けて、舞台の飾りなど出し物の用意をする。
- お別れ会の会場の準備を、子どもと一緒に行う。
- 園庭の植物や池の生き物の変化を知らせ、春の訪れを感じられるようにする。
- 個人マークをはがしたり、ロッカーをふいたり新学期に備える。

「幼児期の終わりまでに育ってほしい姿」の[健康]：健康な心と体　[自立]：自立心　[協同]：協同性　[規範]：道徳性・規範意識の芽生え　[社会]：社会生活との関わり　[思考]：思考力の芽生え

保育者の援助

- 戸外遊びで新しい遊びに挑戦している子には、安全に遊べるように援助する。
- 花粉症、中耳炎などの症状がある子には、鼻水をかむ習慣を身に付けられるように声をかける。
- 気になる友達関係の遊びに、保育者も入って、様子を見る。
- 友達と一緒に努力したことなどを具体的に認め、気付けるように言葉で伝えながら、自信をもって進級できるようにする。
- 鉄棒では、コアラやサルのポーズなどを紹介し、楽しみながら鉄棒に触れられるようにする。
- 保育室の清掃は3回目、砂場や遊具の清掃は2回目になる。できるところは子どもに任せ、自分たちで進められる嬉しさを感じながら取り組めるようにする。
- お別れ遠足では、5歳児と手をつないで歩き、一緒に遊び、たくさん触れ合えるようにする。

食 育

- ひなあられ、ひしもちなど、ひな祭りのときに出される食べ物について知らせる。
- ひな祭りには、ちらしずしやハマグリのすまし汁について話をする。
- ジャガイモの種イモを植える際には、これからのジャガイモの生長や収穫時期について話し、期待をもたせる。
- ジャガイモの栄養について、話す時間をとる。
- ジャガイモを使った料理にはどんなメニューがあるか、みんなで話せるようにする。

職員との連携

- お別れ遠足やお別れ会では、5歳児との交流ができるように、職員同士で連携を図る。
- お別れ会では温かい雰囲気で進められるよう、担任同士が臨機応変に対応する。
- 卒園式と修了式は春らしさと厳粛さのある雰囲気で行えるよう、飾り付けなどを考える。

家庭との連携

- 当番活動が始まったことを伝え、5歳児としての活動について、クラスだよりなどで伝える。
- クラス懇談会で子どもたちの一年間の成長を振り返り、保護者の園やクラスへの協力に対する感謝の気持ちを伝える。
- 進級に向け、身に付けたい生活習慣や持ち物について、丁寧に伝える。
- 次年度のスタートに向けて、持ち物や記名などについて具体的に伝え、準備をお願いする。
- 5歳児の修了式に参加するにあたり、協力してもらいたいことを伝える。
- 親子お楽しみ会の内容を伝え、参加を呼びかける。
- 一年間の子どもの成長を共に喜び合う。

評価・反省

- 修了証書授与式の予行に参加し、一生懸命に取り組んでいる5歳児たちの姿を見たり、すてきな歌を聞いたりした。1時間10分の間、緊張感をもって真剣に参加する子もいれば、自分なりに暇つぶしを考えて座っている子もいた。いろいろな姿があったが、おしゃべりせずに最後まで参加する約束を守ろうとしている姿が見られ、4歳児なりに成長したと感じた。
- お別れ会を経験して、5歳児との別れを感じたり、今までの5歳児との出来事を思い出したりした子も多いようだった。
- ほとんどの子どもは、5歳児になることを楽しみにし、期待をもっている。いろいろなことができるようになったこと、友達と一緒に努力できるようになったことなどを具体的に認めたり、気付けるように言葉で伝えたりしながら、一人一人が自信をもって進級できるようにしたい。
- 最後の誕生会であることを話し、待ちに待った3月生まれの友達をみんなでお祝いできるように話した。誕生会を楽しみにする子がほとんどだが、中には、みんなの前で立って返事をしたり、インタビューに答えたりすることに緊張し、不安を感じる子もいる。何回か練習をして、心構えができるようにしたい。

こんなとき どうする？

月案 Q&A

Q 「子どもの姿」は、数人の子どもを見て記入していけばよいのでしょうか？

A 特徴的な姿、変化してきた姿をとらえる

もちろん、全員がそうなっていなければ書けないわけではありません。3、4人の子どもでも、あるグループでもOKです。育ってきた姿、周りへ刺激になりそうな姿は積極的に書いていきます。また、流行している遊びや言葉も記しておくとよいでしょう。それを踏まえて、ねらいや援助を考えられるからです。

Q 新担任なので、4月はまだ子どもの様子も分かりません。どう計画を立てればよいのでしょうか？

A 4月はまず、保育者との絆から

月初めの子どもの様子を見てからでも、立案はOKです。その際、前年度の4月の月案を見て参考にするとよいでしょう。年度の初めにまず求められるのは、保育者との信頼関係づくりです。子どもが安心できる受け入れと楽しい遊びを計画しましょう。

Q 「環境構成」を書く際、どうしても「こう整える…」だけになってしまいます。記入のコツは何でしょうか？

A 何のために整えるのか、意図を明確に

「内容」を経験させるための環境構成ですから、「しておくこと」を書くのではなく、「何のためにそうするのか」を示すことが大切です。「布団を敷く」ではなく、「眠りたいときに安心してすぐ眠れるように、布団を敷いておく」と書けば、意図が伝わります。

第4章

保育日誌の書き方

保育終了後に記入する「保育日誌」は、月ごとに分けて子どものエピソードを中心に紹介しています。

4歳児の保育日誌

おさえたいポイント

育ちを感じられた場面を描写しよう

「ねらい」に近づいているうれしい姿を、周りの状況も合わせて書いておきましょう。また、ハプニングも子どもが育つきっかけになります。その場にいなかった者も、読めば情報が共有できるように詳しく書きます。保育者の想いや反省、今後の見通しなども加えると、役に立つ日誌になります。

この保育日誌は、保育後にその日を振り返りながら記入するものです。どのような保育をして、子どもがどう考えて行動したのかが読み取れるようにしましょう。

主な活動
その日の主な出来事や遊びについて記します。後で見直した際に、こんなことがあった日だとすぐに思い出せることが大切です。

子どもの様子
一日のうちで最も嬉しかったり困ったりした印象的な場面を、子どもの姿がリアルに浮かび上がるように書きます。子どもの事実と保育者の関わりの事実を記入します。

評価・反省
子どもの様子を書いた場面を、保育者はどうとらえて何を思ったか、保育者の心の内を書きます。ありのままの思いと明日への心構えを記入します。

4月13日(月)

主な活動
- 入園式に参加する。
- 室内遊び
- リズム遊び

子どもの様子

やったー！　さくら組
- 新しいクラスになり、興奮した姿が多い。特にAくん、Bくん、Cくん、Dくんは、すぐそばで名前を呼んでも耳に入らない。楽しい、嬉しい気持ちが止まらないようであったが、「大事なお話をします」と、全体に話をすると、聞く姿も見られる。黙ってどこかへ行ってはいけないこと、なぜいけないのか、積み木、遊具は戦いごっこに使うものではないことなどを伝えると、少し落ち着いたようだ。

リズム遊び
- ホールでリズム遊びを行う。体を動かす→楽しい→大きな声が出るという男児が多い。大きな声を出して走ると危険なこと、リズム遊びではピアノの音をよく聞くことを伝える。30分間ほど体を動かして保育室に戻ると、満足した子、まだ遊び足りない子の姿があったので、ホールで氷鬼をした。しっかりとルールを守るまでにはいかないが、楽しく遊ぶ姿が見られた。

評価・反省
- 嬉しい、楽しい気持ちを、違う方法で発散できるよう、様子を見ながら工夫したい。

5月20日(水)

主な活動
- 園庭遊び（砂場遊び、ボール遊び、鬼ごっこ）

子どもの様子

座って待てるかな？
- ほぼ全員が登園したころに片付けを伝え、帽子をかぶってテラスで待つように言った。数名は待ち切れず、何度か園庭へ出てしまうが、声をかけると戻ってきた。全体に向けての話は、話し手を見ることができず、早く園庭で遊びたいという気持ちが強く、目線が合わなかったため、「目が合うといいな」と声をかけ、保育者もしゃがんでみると、やっと全員と目が合った。

イメージが広がるごっこ遊び
- タイヤを並べ、「海賊なんだ！」と男児同士での遊びが展開し、「料理する」「ここは海」とイメージを共有して遊びが広がっていった。Bくんが欠席のためか、Aくんがふらっとテラスへ出ても、仲間が声をかけると戻ってきた。

評価・反省
- 全体に向けての話をするときは、子どもたちの注目を集め、意識が向いてから話すように気を付ける。
- ごっこ遊びでは、子どもたちのイメージを大切にして見守っていきたい。

4・5月 保育日誌

	4月13日(月)	5月20日(水)
主な活動	●入園式に参加する。 ●室内遊び ●リズム遊び	●園庭遊び（砂場遊び、ボール遊び、鬼ごっこ）
子どもの様子	**やったー！　さくら組** ●新しいクラスになり、興奮した姿が多い。特にAくん、Bくん、Cくん、Dくんは、すぐそばで名前を呼んでも耳に入らない。楽しい、嬉しい気持ちが止まらないようであったが、「大事なお話をします」と、全体に話をすると、聞く姿も見られる。黙ってどこかへ行ってはいけないこと、なぜいけないのか、積み木、遊具は戦いごっこに使うものではないことなどを伝えると、少し落ち着いたようだ。 **リズム遊び** ●ホールでリズム遊びを行う。体を動かす→楽しい→大きな声が出るという男児が多い。大きな声を出して走ると危険なこと、リズム遊びではピアノの音をよく聞くことを伝える。30分間ほど体を動かして保育室に戻ると、満足した子、まだ遊び足りない子の姿があったので、ホールで氷鬼をした。しっかりとルールを守るまでにはいかないが、楽しく遊ぶ姿が見られた。	**座って待てるかな？** ●ほぼ全員が登園したころに片付けを伝え、帽子をかぶってテラスで待つように言った。数名は待ち切れず、何度か園庭へ出てしまうが、声をかけると戻ってきた。全体に向けての話は、話し手を見ることができず、早く園庭で遊びたいという気持ちが強く、目線が合わなかったため、「目が合うといいな」と声をかけ、保育者もしゃがんでみると、やっと全員と目が合った。 **イメージが広がるごっこ遊び** ●タイヤを並べ、「海賊なんだ！」と男児同士での遊びが展開し、「料理する」「ここは海」とイメージを共有して遊びが広がっていった。Bくんが欠席のためか、Aくんがふらっとテラスへ出ても、仲間が声をかけると戻ってきた。
評価・反省	●嬉しい、楽しい気持ちを、違う方法で発散できるよう、様子を見ながら工夫したい。	●全体に向けての話をするときは、子どもたちの注目を集め、意識が向いてから話すように気を付ける。 ●ごっこ遊びでは、子どもたちのイメージを大切にして見守っていきたい。

📖 記入のコツ!!

嬉しくてたまらない子どもたちの様子がよく伝わります。どのような指導をしたのかを書いておくことで、読んだ後輩が保育を学べます。

📖 記入のコツ!!

今月の子どもたちの姿から学んだことで、これから気を付けていこうと思ったことを記します。

6・7月 保育日誌

6月4日(木)

主な活動
- 園庭遊び(フープ、鬼ごっこ、サッカー)
- 大なわとび

子どもの様子

ダンゴムシのケースが!
- 朝、自分たちのクラスのダンゴムシケースに、5歳児が水を入れているのを子どもが目撃! 水がたっぷり入っていたため、ダンゴムシは水の中では生きられないことを保育者が伝えていると、「そうだよ! ダンゴムシはね……」と説明する姿がある。先週も同じようなことがあり、今回はコケも入れられ、におう。Eくん、Fくん、Gくん、Hくんと保育者できれいにし、そのことをクラス全体にも伝える。もしこのようなことがまた起こったら、「小さい子には優しく伝える」と言う子どもたち。「年長さんだったら?」の問いに少し考える子どもたち。「ダンゴムシがかわいそうだから、本を見てやって!って言う」「お水はダメって言う」との声が上がる。「年長さんに言える?」と聞くと、「だってダンゴムシがかわいそうだもん」との声。自分たちも「毎日見ていなかった」との声もあり、飼うのであれば毎日世話をすることを再確認した。ダンゴムシに心を寄せる声が上がり、嬉しく思った。

評価・反省
- ダンゴムシの件では、みんなで様々なことを考えて話し合うよい活動となった。

 記入のコツ!!

保育者と子どものやり取りを、リアルに会話スタイルで書いておくと読み手によく伝わります。

7月21日(火)

主な活動
- プール遊び
- 総合避難訓練

子どもの様子

プール遊びの約束
- プールでの約束事を確認してから入るが、IくんとJくんは楽しさが上回り、プールの周りを走ったり、飛び込んだりすることがある。一度プールから出て、よく話して伝えた。担任が二人に、約束事をしっかりと伝えて、安全にプールで遊ぶ基本をつくっていきたい。

プールでの宝探し
- スーパーボールを使って、宝探しゲームを行う。水の中でのカラフルなボールはきれいで、子どもも夢中で拾っていた。Kちゃんは顔に水がかかるのが苦手な様子。一対一で関わりながら水と親しめるようにしたい。

総合避難訓練
- プールの準備中にサイレンが鳴り、地震との放送。すぐにテーブルの下に潜るよう伝えると、子どもたちも行動に移していた。

評価・反省
- 総合避難訓練では、近くの避難所へ行く際に、保育者が何も言わなくても、手で口を押さえている子がいた。ふだんの訓練がしっかり浸透していることを感じた。

 記入のコツ!!

子どもの様子は一つの場面でも三つの場面でも、書き残しておきたいと思ったところはいくつでも書いてOKです。次の月の保育に生かしましょう。

8・9月 保育日誌

8月12日(水)

主な活動
- お楽しみ会（ダンス）
- プール遊び

子どもの様子

野菜の大収穫
- ピーマンが豊作で、朝から一人ずつはさみで収穫をする。「どれがいいかな？」「これは小さいから、また今度にする」と自分なりに考え、それぞれが好きなピーマンを選んでいた。トマトとキュウリは一つずつだったため、どんな調理の仕方になるかと、子どもたちと話した。今日はトマトとピーマンを一緒に炒め、上にキュウリをのせた料理が登場した。「先生、今日のピーマンおいしいよ」という感想や、おかわりする姿も見られた。

フラメンコ＆フラダンス体験
- お楽しみ会第2弾として、今回はダンスを見て体験する時間となる。間近で見た子どもは興味津々だった。Jくんはフラダンスに照れていたが、まねしようと動いていた。クラスに戻って感想を聞くと、Lくんは「ダンスを見て感動しそうになっちゃった」とのこと。Mくん、Nくん、Oちゃんもそれぞれ感想を言った。新しいものに触れたことがとても新鮮だったようだ。

評価・反省
- 野菜の調理では、毎回違った調理の仕方をしてくれる調理員さんに感謝の気持ちでいっぱいである。

> **記入のコツ!!**
> 保育は保育者だけでできるものではなく、調理員やその他のスタッフがいてこそ、ということが伝わります。感謝の気持ちをそのまま記しましょう。

9月4日(金)

主な活動
- 運動遊び（大なわとび、かけっこ、スキップ）
- 旗づくり

子どもの様子

スランプもありながら
- 今まで余裕を見せてとんでいた子が、先週末から回っているなわの中に入ってとぶことが難しくなった。スランプもあるのか、ゆっくり着実に進めていきたい。Iくん、Kちゃん、Pちゃんを含め、「必ず1回はとびに来てね」と伝えると、ほぼ全員がとびにやってきた。Qくんは、なわを回すタイミングをつかむと1回、2回ととぶことができ、保育者がタイミングを合わせると、最後は3回とぶことができた。Rちゃんは一度でも成功すると笑顔を見せていたため、「できたね」と声をかけると嬉しそうであった。

絵の具やりたい
- 先週に引き続き、朝から絵の具を準備していると「私やりたい」と声が上がった。「汚れないようにスモックを着てね」と伝えると、自分で着てボタンをはめていて、扱いがうまくなったと感じる。筆先を使ってかける子が増え、輪郭をなぞるのもうまくなっている。

評価・反省
- なわとびでは、成功体験を増やして次へつなげたい。
- 筆の使い方、絵の具をどのくらい筆につければいいかなどが身に付いてきた。

> **記入のコツ!!**
> 子どもは成長しつづける存在ですが、常に前進しているわけではありません。行きつ戻りつしている姿もとらえて記していきましょう。

10・11月 保育日誌

10月21日(水)

主な活動
- 運動会

子どもの様子

いよいよ！

- このところ、毎朝母親と別れにくかったSくんも、今日は笑顔で別れることができた。オープニングから遊戯まで、緊張する姿が見られたが、どれも力いっぱい頑張る姿がある。遊戯では、全員がスキップで登場することもでき、終了すると「上手にできたよ！」「完璧！」などと口々に言いながら担任にスカーフを渡した。玉入れ後は少し間があったため、ラムネ、麦茶をとり、リラックスできた。麦茶は気温が高かったためとてもほしがり、ふだん以上にとるようにした。他のクラスの遊戯のときも、立ち上がって踊り、一緒に楽しんでいる。大なわの少し前から、Tくんが「頭が痛い」と言いはじめ、水分をとるが、大なわのときはふだんの元気が今一つ見られなかった。すべての競技を終えると、達成感のようなものを、子どもたちも感じているようで、「終わったね」と笑い合う姿が見られた。

評価・反省
- 待ちに待った本番、どの競技も一生懸命に取り組んでいた。大勢の方の前で堂々と発表することができ、自信につながったと思う。

 記入のコツ!!

運動会という子どもたちにとってはハレの特別な一日。いつもと違う姿も見られます。興奮する姿、緊張する姿なども書いておくとよいでしょう。

11月17日(月)

主な活動
- 園庭遊び（鬼ごっこ）
- 積み木遊び

子どもの様子

ルールのある遊び

- 十字架鬼を楽しく行っているが、途中で「え〜！」という声や泣き声が聞こえてきた。様子を見守ると、鬼や逃げる子が、線を飛び越えてしまったり、線の中や外を関係なく動き回ったりする場面がある。「鬼が入っちゃいけない線に入ったらどうなるかな？」と聞いてみると、「ルール違反だよ」とのこと。夢中になると、つい線を越えて入ってしまうが、「次はどうする？」と聞くと「守ろう」と言う声だった。全員が守って遊ぶと、保育者が入らなくてもゲームが少し続いた。

積み木祭り!?

- ホールでいろいろな積み木を使って遊ぶことを伝えると、「やったー！」「積み木祭りだ！」と喜ぶ。ふだんなかなか広い場所を確保できないので、今回は4、5歳児の積み木をすべて出すと、すぐに思い思いの積み木を手にし、町や動物園をイメージしてつくりはじめた。

評価・反省
- ルールのある遊びを楽しく続けるためにはどうすればいいのか、体験しながら理解してほしい。
- 積み木遊びでは、いろいろな種類の形が数もたっぷりとあるため、みんなが楽しむことができた。

 記入のコツ!!

友達との遊びの中ではルールを守らないと遊びが成立しないことがあります。子どもたちが守ったほうがいいと思えるようになった過程がよく分かります。

12・1月 保育日誌

	12月9日(水)	1月8日(金)
主な活動	●劇遊び(「かいじゅうたちのいるところ」)	●正月遊び(羽根つき、こま回し、かるた、すごろく) 
子どもの様子	**次から次へとアイデアが浮かぶ** ●今日は絵本の主人公のセリフを膨らませるため、クラスで話し合いをした。昨日、絵本をもう一度読むと、子どもたちはいつになく真剣な顔つきで聞いていた。「かいじゅうはこのとき、どんなことを話したのかな?」と聞くと、少しずつ言葉が出てきた。かいじゅうの出番や魅力が増えるようにと考え、かいじゅうのさし絵を見せながら「このクラスのかいじゅうは、どんなかいじゅうなのかな?」と問いかけると、答えが返ってきたため、一つずつホワイトボードに書いた。Jくんはそれまでソワソワとしていたが、「何かあるかな?」と聞いてみると、「赤かいじゅう、ピンクかいじゅう」と答えた。Iくんも「鳥かいじゅう」と言い、他の子もイメージがわいたようで盛り上がっていた。	**羽根つき** ●保育者とUくんが羽根つきを始めると、Vくんも加わって羽根つきを始める。Vくんは「絵の付いてないほうでやるんだよ」「下からつくんだよ」と、羽根つきをよく知っていて、「そうなの?」と保育者が感心すると嬉しそうである。自分で羽根を持ち、羽子板でつくのは難しく、Uくんは何度もくり返す。Vくんは上手に羽根をつき、保育者が打ち返した羽根も打つことができる。そばで見ていたWくんは、ミスをした子のところへ行き、「バツ、バツ」と言う。失敗したときに墨で×印をかかれることを知っていて、かくまねをしている。 **七草** ●七草について話をする。「セリ、ナズナ……」と名前を知らせると、「?」という表情であったが、七草の中にはダイコン、カブ、ペンペングサなど子どもたちが知っている種類があることを伝えると、少し興味がわいたようだった。
評価・反省	●一つ案が出てくると、次々と言葉が出て止まらない様子に、発想が豊かでイメージが広がりやすいのだと感じた。イメージを形にする手伝いをしながら、子どもたちのやりたい気持ちを引き出したい。	●羽根つきは大人でも難しい。Vくんの姿に刺激されて、やってみたい子が増えたので、担任も含めて取り組んでいこうと思う。 ●七草は絵を見せて説明したが、実物があればよかったと思う。

 記入のコツ!!
子どもたちの姿を見て感じたこと、考えたこと、そして次にはどのように導きたいのかを明確に記しておきます。

 記入のコツ!!
体験させたい遊びを、意図的に環境をつくって誘うことがあります。どのような子どもの動きや、やり取りがあったのかを記しておくと、次年度の環境づくりにも役立ちます。

2・3月 保育日誌

2月10日(水)

主な活動	●プレゼントづくり（鉛筆立て） ●園庭遊び（雪遊び、氷鬼、なわとび）
子どもの様子	**わー、すてき！** ●昨日、5歳児へのプレゼントづくりを行うことを話しておいたためか、「今日、つくるんでしょ！」と、とても楽しみにしている様子が見られる。つくってみたい子から始めようと思っていたが、どの子もやる気満々。さっそく紙粘土を丸め、ビーズをはめる。ビーズは一人8個と伝えると、「どの色にしようかな」と迷いながら、自分の紙コップに8個選ぶ。二人でつくって渡す子は一緒につくることを知らせた。QくんとCくんは二人で紙粘土を丸め合い、ビーズも二人で飾る。また、XちゃんとHちゃんは二人でつくることを忘れて一人でつくり始めてしまうが、二人でもう一度ビーズを付け直しながら、「ごめんね」と仲よくつくり直している。 **雪だ！** ●雪に触れて楽しむ子が多かったので、保育者が黙々と雪山からかまくらをつくりはじめると、子どもも興味をもち一緒に加わった。
評価・反省	●XちゃんとHちゃんは、トラブルにならず、二人で一つの作品に仕上げている姿には、成長を感じた。 ●かまくらの中に一人ずつ入り、どんな感じか体験することができた。

 記入のコツ!!
一目見て何をしたのか分かるように、できるだけ詳しく書きます。毎日同じ言葉の連続にならないようにしましょう。

3月22日(火)

主な活動	●お花見散歩（○○公園）
子どもの様子	**お花見散歩に行ってきたよ** ●気持ちのよい天気で、子どもも朝から「今日はお花見散歩だよね」とウキウキしている様子。公園に着くと「かくれんぼしよう」「氷鬼がいい」と、それぞれ好きな遊びに入る。好きな遊びをしていると、「先生、花が咲いていたよ」との声が聞こえる。「サクラじゃない？」という声で、みんなでサクラの木へ向かうと、上のほうのサクラがきれいに咲いていた。落ちた花を拾い、両手いっぱいに見せてくれるJくんが「先生、春を探そうよ」とかわいらしいことを言う。Pちゃんは花びらを1枚、手の平にのせ、フーッと息を吹きかけて、「うわー、きれい」とうっとりしている。それを見た周りの子も同じようにまねをする。とてもきれいで、春を感じることができた。何度もくり返し息を吹きかけては、花びらが落ちる様子を楽しんでいた。お弁当は大喜びで、調理室の協力や全クラスの協力により、子どもたちの笑顔があふれていた。
評価・反省	●卒園式の練習が続くので、これからも時間を見付けて散歩に出かけたい。

記入のコツ!!
春を感じる経験は貴重ですね。子どもたちの言動を感動と共に記しましょう。近隣のサクラのポイントもチェックを。

第5章

ニーズ対応

防災・安全／保健
食育／特別支援児
異年齢児保育／子育て支援

この章では多様なニーズにこたえるために、防災・安全計画や保健計画、子育て支援の指導計画など、六つの計画を紹介します。

防災・安全計画

おさえたい ❸ つのポイント

❶ 子どもの命を守るために

私たちの最大の使命は、子どもの命を守ることです。何が起ころうとも、子どもの安全を最優先に行動しなくてはなりません。そのための計画は、常によりよいものとなるよう、訓練が終わったあとには見直しを重ねましょう。

防災・安全計画 ❶ 避難訓練計画

月ごとに、設定する災害や犯罪内容を「種別／想定」に書き、それに対する避難訓練で子どもに身に付けさせたい「ねらい」やどのような援助が必要かを具体的に書きます。

	4月	5月	6月
種別	基礎訓練（園児）／机上訓練（職員）	地震	火災
想定	火災・地震 ①	地震	調理室より出火
ねらい	●基礎的な知識を得る。 ●放送を静かに聞く。 ② ●防災頭巾の使い方を知る。 ●「おかしも」の意味を知る。	●放送を聞き、保育者のところへ素早く集まる。 ●机の下へ安全に避難する。	●非常ベルの音を知る。 ●保育者のところへ静かに集まる。 ●放送の指示に従い避難する。 ●「おかしも」の確認を知る。
保育者の援助	●集会形式で非常ベルの音を聞かせる。 ●放送による指示をよく聞くことを知らせる。 ●訓練日程及び役割分担の確認。 ③ ●災害時備蓄品の確認。 ●非常用リュックの中身を確認。 ●非常勤・アルバイト職員への周知。	●放送を聞き、保育者のそばに集まり、机の下に避難させる。 ●ホールに集合し（2〜5歳児）、防災頭巾をかぶらせる。	●「押さない、かけない、喋らない、戻らない」の約束の確認。 ●調理室から出火の際の職員の行動確認。 ●2階保育室は非常階段より避難させる。 ●各保育室より消火器を持ってくる。
時刻／避難場所	10:00／ホール ④	10:00／ホール	10:00／園庭

❶ 種別／想定
どの危険に対する訓練なのか、具体的に想定します。想定の幅が広いほど役立ちます。

❷ ねらい
この訓練で、子どもが何を身に付けるのかを子どもを主語にして書きます。

❸ 保育者の援助
保育者がしなければならないこと、子どもに伝えるべきことなどを具体的に書きます。

❹ 時刻／避難場所
訓練の開始予定時刻を明記。また、避難場所についても具体的に記しておきます。

防災・安全計画 ❷ リスクマネジメント計画

保育のあらゆる場面で想定できるリスクについて、事前に訓練や対応するための計画です。「ヒヤリ・ハット報告」「チェックリスト報告」など未然に防ぐ対策も明記します。

	4月	5月	6月	7月	8月	9月
担当職員が行うこと	●自衛消防組織の確認 ●避難用リュックサックの確認 ① ●SIDS勉強 ●アレルギー食の提供方法確認	●訓練用人形・AED借用依頼 ●バックアップ園の看護師を依頼 ●起震車申し込み ●消火器の場所の周知	●AEDの使い方・人工呼吸法について学ぶ ●3園合同訓練打ち合わせ ●プール遊びマニュアル確認 ●熱中症対策の確認	●消防署へDVD借用依頼 ●引き取り訓練お知らせ（園だより） ●消火器の使い方	●煙中訓練申し込み ●防犯訓練（警察）依頼	●緊急時メール送信の確認
実施する訓練	●火災（調理室） ●「おかしも」 ② ●避難基本行動確認	●地震①（おやつ後） ●地震②（第1避難所へ避難）	●地震・火災（早・遅番） ●緊急時の対応（職員）	●火災（3園合同・消防署立ち会い） ●初期消火・通報訓練、起震車体験	●火災（プール時・合同保育） ●避難服着用	●地震（関東地方一帯） ●メール配信訓練 ●引き取り訓練
ヒヤリ・ハット報告	●報告書作成 ●報告書回覧 ③ ●職員会議にて検討					●職員会議にてケース討議
チェックリスト報告	●事故リスク軽減のためのチェック ④ リストにて確認		●職員会議にて気付きの報告			

	10月	11月	12月	1月	2月	3月
担当職員が行うこと	●3園合同訓練打ち合わせ ●園外での安全確認	●感染症対策マニュアル確認 ●嘔吐・下痢対応	●ヒヤリ・ハット事故発生場所・時間帯集計	●デイホームとの打ち合わせ ●保育園実践研修	●福祉作業所との打ち合わせ ●危機管理マニュ	●早・遅番マニュアル見直し、検討 ●年間避難訓練反省

❶ 担当職員が行うこと
その月に担当職員がしなければならない業務について記します。確認したことは、上司に報告します。

❷ 実施する訓練
その月に行う訓練が一目で分かるように記しておきます。種別や想定も書いておくとよいでしょう。

❸ ヒヤリ・ハット報告
日常的に記しているヒヤリ・ハット事例を、職員間で共有し、改善へ取り組みます。

❹ チェックリスト報告
毎月、事故防止チェックリストを見ながら、危険をチェックします。なるべく多くの職員で行うとよいでしょう。

② 万が一を想定する

火事、地震、突風や竜巻、津波、不審者、ミサイル攻撃…。どのような危険が襲ってきても、落ち着いて最善の行動がとれるようにします。想定外だった、では済まされません。あらゆる可能性を考え尽くします。

③ 見えない危険を見つけだす

日常生活の中にも、危険は隠れています。けがをしやすい場所、アレルギーの対応、遊具の点検や水遊びの見守りなど、これまで大丈夫だったからといって今日も無事とは限りません。見える化させる努力をしましょう。

防災・安全 事故防止チェックリスト

園内はもちろん、園外においても注意するチェック項目を各年齢ごとに示します。毎月行うため、季節ならではの項目などを加えていくのもよいでしょう。

NO	項目	
1	子どもの遊んでいる遊具や周りの安全を確認している。	☐
2	すべり台やブランコなど、固定遊具の遊び方のきまりを守るよう話している。	☐
3	玩具を持ったり、カバンをかけたりしたまま、固定遊具で遊ぶことがないように注意している。	☐
4	すべり台の上でふざけるなど、危険な遊びをしないように話している。	☐
5	揺れているブランコには近づかないように注意している。また、止まってから交代するよう教えている。	☐
6	シーソーは反対側に人がのると、急に上にあがることを教えている。	☐
7	登り棒の登り方、降り方を指導し、下にマットを敷いて必ず付き添っている。	☐
8	砂場では砂の汚染や量、周りの枠について注意・点検している。	☐
9	砂場周辺は砂で滑りやすいことを注意し、指導している。	☐
10	鉄棒で遊ぶ際は下にマットを敷き、必ずそばに付き添っている。	☐

① チェックした日
チェックリストに沿って、いつ確認したのか日付を記入します。毎月行う必要があります。

② チェック内容
保育室、園庭、共有スペース、散歩時など保育のあらゆる場面において、安全に過ごせるようチェックする項目です。各年齢や園独自の項目を加えてもよいでしょう。

防災・安全 ヒヤリ・ハット記入シート

ヒヤリ・ハットが起きたとき、そばにいた保育者だけでなく、全職員で共有するためのシートです。一目で分かる内容報告と集計が、事故を未然に防ぐことにつながります。

① いつ・だれが・どこで
ヒヤリ・ハットした日付、時間帯、場所、けがをした（しそうになった）子どもの名前、目撃した保育者の名前を記します。

② どうしたか
何が起きたのかを、具体的に書きます。

③ 職員の対応
その際、保育者がどのような行動をとったか、具体的に記します。

④ 今後気を付けること
その経験から何を感じ、次に同じことが起こらないために何が大切かを書きます。

⑤ 過去に同じケースがあった有無
自分は経験していなくても、以前も同じようなことがあったか、丸をつけます。

⑥ 報告日
いつ報告したのか日付を記入します。未然に防げた場合も報告する必要があります。

⑦ けがの種類
どのようなけがか、該当するものに丸をつけます。大きなけがは別に書きます。

⑧ 集計
一か月間にどのくらいの件数があったか、分かるようにしておきます。未然に防げた場合もしっかりと集計しましょう。

防災・安全計画① 避難訓練計画

ここがポイント！

必要以上に怯えさせない

非常事態が起きたという緊張感をかもし出すことは訓練でも大切ですが、むやみに怖がらせないようにします。保育者と共に行動すれば、自分の命を守れることを伝えましょう。

	4月	5月	6月
種別	基礎訓練（園児）／机上訓練（職員）	地震	火災
想定	火災／地震	地震	調理室より出火
ねらい	●基礎的な知識を得る。 ●放送を静かに聞く。 ●防災頭巾の使い方を知る。 ●「おかしも」の意味を知る。	●放送を聞き、保育者のところへ素早く集まる。 ●机の下へ安全に避難する。	●非常ベルの音を知る。 ●保育者のところへ静かに集まる。 ●放送の指示に従い避難する。 ●「おかしも」の確認を知る。
保育者の援助	●集会形式で非常ベルの音を聞かせる。 ●放送による指示をよく聞くことを知らせる。 ●訓練計画及び役割分担の確認。 ●災害時備蓄品の確認。 ●非常用リュックの中身を確認。 ●非常勤・アルバイト職員への周知。	●放送を聞き、保育者のそばに集まり、机の下に避難させる。 ●ホールに集合し（2～5歳児）、防災頭巾をかぶらせる。	●「押さない、かけない、喋らない、戻らない」の約束の確認。 ●調理室から出火の際の職員の行動確認。 ●2階保育室は非常階段より避難させる。 ●各保育室より消火器を持ってくる。
時刻／避難場所	10:00／ホール	10:00／ホール	10:00／園庭

	10月	11月	12月
種別	火災	総合訓練／他園と合同訓練／地震	地震（予告なし）
想定	近隣より出火	地震／西側マンションより出火／散歩時	震度6／警戒宣言
ねらい	●すみやかに園庭に集まり、第2避難場所（A小学校）へ安全に避難する。	●火災予防、火の用心の話を聞いて理解する。 ●園外保育時の避難を知る。	●緊急地震速報を聞き、保育者のところにすみやかに集まる。 ●放送の指示に従い、避難する。
保育者の援助	●園庭に子どもを集め、クラスごとに小学校に避難する。 ●防災物品を準備する（寒い日は防寒具）。	●消防署員の立ち会いの下、通報訓練を行い、消火器の取り扱いの指導を受ける。 ●火災の恐ろしさを知り、避難時の注意を聞く。 ●散歩中の地震は安全を確保し、状況をきちんと把握して園に連絡を入れる。	●緊急地震速報が入り、後に大地震がくることを想定し、眠っている子どもたちを起こし、布団をかける。 ●避難と並行し、防災頭巾・上履きの準備。 ●避難経路の確保。
時刻／避難場所	9:45／A小学校	10:00／保育室・園庭	15:00／室内の安全な場所

♣ 年間目標

● 非常時において、自分の命を守るための行動を身に付ける。

	7月		8月	9月
	地震（予告なし）	防犯訓練	火災（予告なし）	地震／引き取り訓練
	地震／プール時 夏季保育中	不審者の出現	近隣より出火／朝の保育時	地震／震度6／遅番時
	●プール時での避難を知る。	●不審者からの身の守り方を知る。	●「おかしも」の内容を理解する。	●防災頭巾の使い方を知る。
	●プールバッグ・上履き（靴）の位置を確認。 ●水の中、裸の子どもへの対応。 ●水から上がり、バスタオルをはおらせ、園庭に避難させる。	●不審者が現れたときの子どもへの対応、どのように身を守るかを知らせる。	●当番保育者の指示に従い、避難させる。 ●少数の職員での避難、誘導。 ●肉声での伝達。 ●防災物品の確認（各クラスのリュックも含む）。	●引き取り名簿の作成。 ●保護者を確認し、名簿記入後引き渡す。 ●保護者に登降園時の経路の安全確認を促す（お知らせ配布）。 ●分散している園児の把握。 ●引き取りの保護者への対応。
	10:00／園庭	2歳児〜／園庭・保育室	8:15／園庭	15:45／園庭

	1月	2月	3月
	火災	地震（予告なし）	地震（予告なし）／机上訓練（職員）
	事務室より出火	遅番時	震度6／警戒宣言
	●放送を静かに聞く。 ●防災頭巾を適切に使う。 ●「おかしも」の再確認をする。	●延長時の避難の仕方を知る。 ●机の下に入る、布団をかぶせてもらうなど、頭を守る。	●緊急地震速報を聞き、保育者のところへすみやかに集まる。
	●集会形式で非常ベルの音を聞く。 ●放送による指示をよく聞くことを知らせる。 ●訓練計画及び役割分担の確認。 ●災害時備蓄品の確認。 ●非常用リュックの中身を確認する。 ●非常勤・アルバイト職員への周知。	●周囲の落下物を取り除き、避難経路の確保、防災頭巾・グッズを用意する。 ●園児の人数確認。 ●非常勤・アルバイトへの誘導・防災グッズをそろえるなどの動きを知らせる。	●緊急地震速報が入り、後に大地震がくることを想定し、園庭に避難する。 ●今年度の防災計画を反省し、改善点を出し合う。 ●避難訓練計画の反省。 ●次年度への申し送り。
	10:00／ホール	17:30／保育室	11:00／園庭

ニーズ対応 **防災・安全**

防災・安全計画 ②
リスクマネジメント計画

ここがポイント！

様々な危険から、子どもを守る

ＡＥＤの使用から感染症の対策まで、あらゆるリスクを想定しながら、子どもの安全を守ることが求められます。備えあれば憂いなしと心得ましょう。

CD-ROM ニーズ対応 → P174 リスクマネジメント計画

	4月	5月	6月	7月	8月	9月
担当職員が行うこと	●自衛消防組織の確認 ●避難用リュックサックの確認 ●SIDS確認 ●アレルギー食の提供方法確認	●訓練用人形・AED借用依頼 ●バックアップ園の看護師を依頼 ●起震車申し込み ●消火器の場所の周知	●AEDの使い方・人工呼吸法について学ぶ ●3園合同訓練打ち合わせ ●プール遊びマニュアル確認 ●熱中症対策の確認	●消防署へDVD借用依頼 ●引き取り訓練お知らせ（園だより） ●消火器の使い方確認	●煙中訓練申し込み ●防犯訓練（警察）依頼	●緊急時メール送信の確認
実施する訓練	●火災（調理室） ●「おかしも」 ●避難の基本行動確認	●地震①（おやつ後） ●地震②（第1避難所へ避難）	●地震・火災（早・遅番） ●緊急時の対応（職員）	●火災（3園合同・消防署立ち会い） ●初期消火・通報訓練、起震車体験	●火災（プール時・合同保育） ●避難服着用	●地震（関東地方一帯） ●メール配信訓練 ●引き取り訓練
ヒヤリ・ハット報告	●報告書作成 ●報告書の回覧 ●職員会議にて検討					●職員会議にてケース討議
チェックリスト報告	●事故リスク軽減のためのチェックリストにて確認			●職員会議にて気付きの報告		

	10月	11月	12月	1月	2月	3月
担当職員が行うこと	●3園合同訓練打ち合わせ ●園外での安全確認、役割分担	●感染症対策マニュアル確認 ●嘔吐・下痢対応方法確認 ●保育安全の日	●ヒヤリ・ハット事故発生場所・時間帯集計	●デイホームとの打ち合わせ ●保育園実践研修発表会	●福祉作業所との打ち合わせ ●危機管理マニュアル見直し	●早・遅番マニュアル見直し、検討 ●年間避難訓練反省 ●リスクマネジメント活動反省 ●来年度の引き継ぎ
実施する訓練	●地震（散歩時） ●防犯訓練（合い言葉確認）	●地震・火災（3園合同） ●煙中訓練	●地震（昼寝時）	●火災（2階沐浴室） ●非常滑り台使用	●地震・火災（デイホームより避難） ●国道への避難	●地震・火災（福祉作業所より避難）
ヒヤリ・ハット報告	●報告書作成 ●報告書の回覧 ●職員会議にて検討				●来年度に向けて報告書からの検討	
チェックリスト報告	●事故リスク軽減のためのチェックリストにて確認	●職員会議にて気付きの報告		●来年度に向けてリストの検討		

事故防止チェックリスト

チェックした日　月　日

1	子どもの遊んでいる遊具や周りの安全を確認している。	☐
2	すべり台やブランコなど、固定遊具の遊び方のきまりを守るよう話している。	☐
3	玩具を持ったり、カバンをかけたりしたまま、固定遊具で遊ぶことがないように注意している。	☐
4	すべり台の上でふざけるなど、危険な遊びをしないように話している。	☐
5	揺れているブランコには近づかないように注意している。また、止まってから交代するよう教えている。	☐
6	シーソーは反対側に人がのると、急に上にあがることを教えている。	☐
7	登り棒の登り方、降り方を指導し、下にマットを敷いて必ず付き添っている。	☐
8	砂場では砂の汚染や量、周りの枠について注意・点検している。	☐
9	砂場周辺は砂で滑りやすいことを注意し、指導している。	☐
10	鉄棒で遊ぶ際は下にマットを敷き、必ずそばに付き添っている。	☐
11	三輪車の足掛け乗りやスクーターはスピードがつくと転倒しやすいことを知らせている。	☐
12	園庭の状況にあった遊び方を選び、保育者は子どもの行動を常に確認している。	☐
13	子どもの足にあった靴か、体にあったサイズの衣類かを確認している。また、靴を正しくはいているか確認している。	☐
14	なわとびの安全な遊び方やロープの正しい使い方を指導している。	☐
15	フェンスや門など高くて危険なところに登らないよう指導している。	☐
16	肘内障を起こしやすい子ども、アレルギーや家庭事情など配慮を要する子どもを全職員が把握している。	☐
17	室内・室外で角や鋭い部分にはガードがしてある。	☐
18	ロッカーや棚は倒れないよう転倒防止策を講じている。	☐
19	室内は整理整頓を行い、使用したものはすぐに収納場所に片付けている。	☐
20	はさみなどは正しい使い方を伝え、使用したら必ず片付けている。	☐
21	箸などを持って歩き回ることがないように注意している。	☐
22	給食の魚を食べる際は骨に注意し、食べ方を指導している。	☐
23	子どもが鼻や耳に小さな物を入れて遊んでいないか注意している。	☐
24	先の尖った物を持つ際は、人に向けたり、振り回したりしないよう指導している。	☐
25	子どもが直接触れてやけどをするような暖房器具は使用していない。また、子どもが暖房器具のそばに行かないよう気を付けている。	☐
26	床が濡れたらすぐにふきとるようにしている。	☐
27	トイレ用の洗剤や消毒液は子どもの手の届かないところに置いている。	☐
28	水遊びをするときは、必ず保育者が付き添っている。	☐
29	飼育動物と触れ合うときは、そばに付いて注意している。	☐
30	火は熱いことを教え、気を付けるよう指導している。	☐
31	散歩の際は人数確認をしている。	☐
32	道路では飛び出しに注意している。また、交通ルールなどの安全指導をしている。	☐
33	散歩の際は、動物、自動車、バイク、自転車、看板などに触らないよう気を付けている。	☐
34	信号を渡る際は列を短くし、安全に迅速に渡るようにしている。	☐
35	手をつないで走ったり、階段の上り下りをしたりすると、転んだ際に手がつきにくいことを保育者は理解し、指導している。	☐
36	散歩の際、園が近づくと早く帰園しようとして、走ったり早足になったりすることが危険であることを、保育者が理解している。	☐
37	公園は年齢にあった公園を選び、遊ばせる際には安全に十分気を付けている。	☐
38	年齢にあった固定遊具であるか、雨などで滑りやすくなっていないかなど点検して遊ばせている。	☐
39	石や砂を投げてはいけないことを指導している。	☐
40	犬などの動物は咬むことがあると子どもに教えている。	☐
41	蜂の巣がないか点検し、蜂の嫌がることをすると刺されると教えている。	☐

防災・安全

ヒヤリ・ハット記入シート

ヒヤリ・ハットを最大限に生かす

大切なのは、ヒヤリ・ハットを、「ああ、無事でよかった」で済まさないことです。一歩間違えれば重大な事態になったわけです。「今後、そうならないために、今何をしておくべきか」を考える機会です。

CD-ROM ニーズ対応 → P176-P177 ヒヤリ・ハット

NO	いつ		だれが	どこで	どうしたか	職員の対応
1	6/1(木) 天気：晴れ	早番 (午前) 昼　午後 遅番	名前：はるか 年齢：2歳 保育者：小林	園庭	遊んでいて目に砂が入った。	目を洗う。目の中に砂が残っていないかを確認する。
2	6/2(金) 天気：晴れ	早番 (午前) 昼　午後 遅番	名前：はると 年齢：1歳 保育者：田村	園庭	ボールを持ったまま走り、鉄棒でおでこをぶつける。	傷がないかを確認し、15分間冷やす。こぶになっていないかを確認する。
3	6/5(月) 天気：晴れ	早番 (午前) 昼　午後 遅番	名前：たつや 年齢：5歳 保育者：北島	園庭	2歳児とぶつかりそうになり、転んで左ひざをすりむく。	流水で洗う。止血する。
4	6/6(火) 天気：晴れ	早番 (午前) 昼　午後 遅番	名前：ともひさ 年齢：2歳 保育者：山下	散歩	タイヤ公園脇の階段で転ぶ。	全身にけががないか、頭部や口の中が切れていないか、歯がゆらいでいないかを確認する。
5	6/12(月) 天気：晴れ	早番　午前 昼　午後 (遅番)	名前：みどり 年齢：3歳 保育者：篠塚	2歳児保育室	延長保育に入る前、2歳児保育室の流し台にあるせっけんボトルをとって口に入れようとする。	すぐに止めに入る。なぜ口に入れようとしたのかを子どもに確認し、せっけんの成分について話す。
6	6/16(金) 天気：晴れ	早番 (午前) 昼　午後 遅番	名前：こうた 年齢：5歳 保育者：渡辺	プール	プールのふちをのぞき込み、プールの中に体をのり出す。	声をかけて止める。なぜ危険であるかを話す。
7	6/21(水) 天気：晴れ	早番 (午前) 昼　午後 遅番	名前：せいたろう 年齢：4歳 保育者：本山	4歳児保育室	カメのたらいに指を入れる（カメの口先）。	すぐに止めに入る。かまれていないかを確認する。
8	6/22(木) 天気：くもり	早番　午前 昼　午後 (遅番)	名前：えいた 年齢：3歳 保育者：山下	園庭	三輪車で小さな段差に乗り上げ、つんのめって下唇をぶつけて切る。	下唇を流水で洗い、冷やす。歯がゆらいでいないかを確認する。
9	6/28(水) 天気：くもり	早番　午前 昼　午後 (遅番)	名前：さおり 年齢：3歳 保育者：篠塚	園庭・水道場	水を飲みに来たたくやが、前に並んでいたさおりの腕をかむ。	流水で洗い、冷やしながら、傷がないかを確認する。すぐに冷やし、跡にはならなかった。
10	6/30(金) 天気：雨	早番 (午前) 昼　午後 遅番	名前：しゅんすけ 年齢：2歳 保育者：山下	2歳児保育室	ボールの上に乗ってしまい転倒。	痛いところはないかを全身を見ながら確認する。

今後気を付けること	過去に同じケースがあった有無	報告日	けがの種類	
砂が思わぬところで入ることがあるため、注意してそばに付いていく。	㊲・無	6/1	擦り傷　切り傷　ひっかき　かみつき　打撲　㊛その他	未然
視界がまだ狭い年齢のため、気を付けると同時に、鉄棒はくぐらないように知らせていく。	有・㊙	6/2	擦り傷　切り傷　ひっかき　かみつき　㊙打撲　その他	未然
小さい子に気を付けながら遊ぶことを知らせる。	㊲・無	6/5	㊙擦り傷　切り傷　ひっかき　かみつき　打撲　その他	未然
両手にウメの実を持っていたので、手に持って歩くことのないよう配慮する。	有・㊙	6/6	㊙擦り傷　切り傷　ひっかき　かみつき　打撲　その他	未然
せっけんボトルを口に入れようとすることもあると認識し、流し台に行ったときなど今後注意していく。	有・㊙	6/12	擦り傷　切り傷　ひっかき　かみつき　打撲　その他	㊙未然
全体にも声をかけ、プールのふちの部分には触らないように注意していく。	有・㊙	6/19	擦り傷　切り傷　ひっかき　かみつき　打撲　その他	㊙未然
カメはかむことがあるので、危険であることを伝える。	有・㊙	6/21	擦り傷　切り傷　ひっかき　かみつき　打撲　その他	㊙未然
三輪車をこぐスピードや場所など、危険のないように伝えていく。	㊲・無	6/23	擦り傷　切り傷　ひっかき　かみつき　打撲　㊙その他	未然
たくやは思いがけず、口や手が出てしまうことがあるので、そばに付いて見ていく。	有・㊙	6/28	擦り傷　切り傷　ひっかき　㊙かみつき　打撲　その他	未然
大きなボールは、上にのってしまうことに気を付ける。身のこなしなどの練習をしていく。	㊲・無	6/30	㊙擦り傷　切り傷　ひっかき　かみつき　打撲　その他	未然

集計		事故	未然
年齢	1歳児		
	2歳児		
	3歳児		
	4歳児		
	5歳児		
	その他（　　）		
	合計		
場所	室内保育室		
	散歩先		
	園庭		
	トイレ/テラス		
	その他（　　）		
	合計		
けがの種類	擦り傷		
	切り傷		
	ひっかき		
	かみつき		
	打撲		
	その他（　　）		
	未然		
	合計		
時間帯	早番		
	午前		
	昼		
	午後		
	遅番		
	合計		

ニーズ対応　防災・安全

保健計画

おさえたい 3 つのポイント

1 病気の早期発見を

検診を通して、体に異常がないかチェックします。早期に発見することが、早い回復につながるからです。無理のない検診の計画を、園医と相談しながら立てましょう。その際、予防する方法なども最新の情報を得られるようにします。地域の保健センターとも連携しましょう。

子どもたちの健康な生活を守るために、園として配慮しなければならないことや子どもたちに指導すること、検診の予定などを年間計画へ記載します。全職員で共有しましょう。

ねらい：一年を見通し、期に応じたねらいを具体的に書きます。健康に過ごすために、おさえたいことです。

行事：その期に行われる検診など、保健に関わる行事を書きます。

援助：一人一人の様子を把握しながら予防を心がけます。

職員との連携：園内で共通理解しておかなければならないことを洗い出し、意識できるようにします。

	1期（4・5月）	2期（6〜8月）
ねらい	●新しい環境に慣れる。	●梅雨期を快適に過ごす。 ●暑い夏を無理なく過ごす。
行事	●身体測定1回／月 ●アタマジラミのチェック1回／月 ●春の検診（頭囲・胸囲、カウプ指数）	●歯科検診 ●プール前検診 ●プール開き
園児への保健教育	●保健だよりの配布時に健康教育を行う（年4回、4・5歳児）。	●プールに入るための体調管理について ●3〜5歳児：手洗いについて ●4・5歳児：プライベートゾーンについて ●4・5歳児：歯について ●4・5歳児：頭について
援助	●個々の健康状態、発達・発育を把握し、保護者と情報交換する（バイタルサイン、生活リズム、排泄、食事、アレルギー、予防接種、虐待の有無）。	●温度、湿度に合わせた衣服の調整をする。 ●発汗による皮膚のトラブルを予防し清潔を保てるようにする。 ●正しい手洗いを教える。 ●冷房使用時の温度と外気温の差に注意する。 ●虫刺されの予防とケアをする。 ●夏の感染症を早期発見し予防に努める。 ●プールの衛生、健康管理、安全管理を行う。 ●休養、睡眠を十分に取れるよう、環境を整える。
職員との連携	●配慮が必要な子どもの対応、保健マニュアルの活用をすすめる。 ●看護師連絡会での情報を知る。 ●新人保育者の保健教育を行う（嘔吐・下痢処理、子どもの病気と観察、保護者対応などを知らせる）。	●プールでの安全面、応急処置について伝える。 ●心肺蘇生法（AEDの使い方など）について伝える。
家庭・地域との連携	●検診の結果を通知し、必要に応じてアドバイスしたり受診をすすめたりする。 ●保健だより、クラスだより、掲示板を活用して伝える。 ●保護者会で生活リズム、帽子、爪、靴について伝える。	●プール前検診の結果を知らせ、必要時には受診をすすめる。 ●休日も生活リズムを保ってもらう。 ●家庭でも皮膚を観察し、清潔に努めてもらう。 ●プール遊びのための体調観察をお願いする。

❷ 好ましい生活習慣を

清潔を保つための生活習慣を身に付けられるようにします。毎日すべきこと、季節によって気を付けることなど、子どもが自分から進んでできるような環境をつくり、促します。生活の流れの中で、当たり前にできるようになることが理想です。家庭とも連携し、習慣付けましょう。

❸ 健康は自分で守る意識を

健康は保護者や医師が守ってくれるものではなく、自分自身で守るものであることを自覚させましょう。体の各部位の働きと大切さについて、また、それらをケアする方法についても分かりやすく知らせていくことが必要です。自分の体を自分で管理する意識を育みます。

	3期（9～12月）	4期（1～3月）	
	●生活リズムを整える。 ●風邪を予防する。	●寒さに負けず、体を動かして元気に遊ぶ。	
	→	→	
	●秋の検診（頭囲・胸囲の測定、カウプ指数）		**園児への保健教育** 子どもたちへ伝えることについて書きます。また、身に付いているか、時々確認する必要があります。
	●3～5歳児：手洗いについて ●3～5歳児：咳エチケット・鼻のかみ方について ●5歳児：おなかについて	●うがいの仕方を教える。	
	●積極的に十分体を動かせる環境を用意する。 ●けが予防に努める。 ●薄着で過ごせるよう働きかける。 ●手洗い、うがいを積極的に行えるように促す。 ●暖房使用時の温度（18～20℃）、湿度（50～70％）を調整し、感染症にかからない環境をつくる。	●インフルエンザなどの感染症を早期発見し、予防に努める。 → → ●咳が出る子にはマスクの着用を伝える。	
	●嘔吐・下痢処理を共通理解する。	●欠席や発熱などの情報を共有する。	**家庭・地域との連携** 家庭と情報交換すべきことや、園に通っていない子どもに対する配慮なども記します。
	●カウプ指数、成長曲線が気になる子は保護者に伝える。 ●スキンケア、感染症について伝える。 ●気温や活動に応じた着替えをお願いする。 ●食品を取り扱う際は、爪を切り、エプロンや三角巾を使用することをすすめる。	●予防接種の確認をし、特に麻疹については必ず接種するようすすめる。 ●冬の規則正しい生活について伝える。 ●早寝・早起き・朝ごはんをお願いする。	

保健計画

危険を知らせ、予防法を伝える

体に入ろうとするウイルスの存在を知らせ、自分から予防する行動を起こせるようにします。目に見えないものを感じる力の育ちも、計画に位置付けていきます。

	1期（4・5月）	2期（6〜8月）
ねらい	●新しい環境に慣れる。	●梅雨期を快適に過ごす。 ●暑い夏を無理なく過ごす。
行事	●身体測定1回／月 ●アタマジラミのチェック1回／月 ●春の検診（頭囲・胸囲、カウプ指数）	●歯科検診 ●プール前検診 ●プール開き
園児への保健教育	●保健だよりの配布時に健康教育を行う（年4回、4・5歳児）。	●プールに入るための体調管理について ●3〜5歳児：手洗いについて ●4・5歳児：プライベートゾーンについて ●4・5歳児：歯について ●4・5歳児：頭について
援助	●個々の健康状態、発達・発育を把握し、保護者と情報交換する（バイタルサイン、生活リズム、排泄、食事、アレルギー、予防接種、虐待の有無）。	●温度、湿度に合わせた衣服の調整をする。 ●発汗による皮膚のトラブルを予防し清潔を保てるようにする。 ●正しい手洗いを教える。 ●冷房使用時の温度と外気温の差に注意する。 ●虫刺されの予防とケアをする。 ●夏の感染症を早期発見し予防に努める。 ●プールの衛生、健康管理、安全管理を行う。 ●休養、睡眠を十分に取れるよう、環境を整える。
職員との連携	●配慮が必要な子どもの対応、保健マニュアルの活用をすすめる。 ●看護師連絡会での情報を知る。 ●新人保育者の保健教育を行う（嘔吐・下痢処理、子どもの病気と観察、保護者対応などを知らせる）。	●プールでの安全面、応急処置について伝える。 ●心肺蘇生法（AEDの使い方など）について伝える。
家庭・地域との連携	●検診の結果を通知し、必要に応じてアドバイスしたり受診をすすめたりする。 ●保健だより、クラスだより、掲示板を活用して伝える。 ●保護者会で生活リズム、帽子、爪、靴について伝える。	●プール前検診の結果を知らせ、必要時には受診をすすめる。 ●休日も生活リズムを保ってもらう。 ●家庭でも皮膚を観察し、清潔に努めてもらう。 ●プール遊びのための体調観察をお願いする。

♣ 年間目標

- 健康で毎日を過ごす。
- 自分の体の様子を知り、進んで健康な体をつくる。
- 健康であるために必要なことを知り、自分や他者の命を大切にする。

3期（9〜12月）	4期（1〜3月）
●生活リズムを整える。 ●風邪を予防する。	●寒さに負けず、体を動かして元気に遊ぶ。
●秋の検診（頭囲・胸囲の測定、カウプ指数）	
●3〜5歳児：手洗いについて ●3〜5歳児：咳エチケット・鼻のかみ方について ●5歳児：おなかについて	●うがいの仕方を教える。
●積極的に十分体を動かせる環境を用意する。 ●けが予防に努める。 ●薄着で過ごせるよう働きかける。 ●手洗い、うがいを積極的に行えるように促す。 ●暖房使用時の温度（18〜20℃）、湿度（50〜70%）を調整し、感染症にかからない環境をつくる。	●インフルエンザなどの感染症を早期発見し、予防に努める。 ●咳が出る子にはマスクの着用を伝える。
●嘔吐・下痢処理を共通理解する。	●欠席や発熱などの情報を共有する。
●カウプ指数、成長曲線が気になる子は保護者に伝える。 ●スキンケア、感染症について伝える。 ●気温や活動に応じた着替えをお願いする。 ●食品を取り扱う際は、爪を切り、エプロンや三角巾を使用することをすすめる。	●予防接種の確認をし、特に麻疹については必ず接種するようすすめる。 ●冬の規則正しい生活について伝える。 ●早寝・早起き・朝ごはんをお願いする。

ニーズ対応 保健

食育計画
おさえたい 3 つのポイント

1 食べることは楽しいこと

みんなで食べるお弁当や給食。食べることは、人間が生きるうえで欠かすことのできない営みです。それが楽しみになるように、おいしさを味わうすてきな時間になるように、演出することが望まれます。子どもの笑顔を思い浮かべながら、食育計画を立案しましょう。

食育計画 1

食育の取り組みを、園児、保護者、地域への3方向に向けてそれぞれどのような援助が必要か考えます。月ごとに、前月の援助を踏まえながら明記します。

1 園児に向けて
月ごとに育みたいマナーや食の経験について書きます。月によって大きく変えるのではなく、前月の指導を継続しつつ、新たな要素を入れます。

2 保護者に向けて
園だけで食育は成立しません。家庭でも心がけてほしいことについて、保護者へ働きかける内容です。

3 地域に向けて
地域に働きかけることにより、子どもにもよい影響があります。地域と連携する事柄を載せます。

食育計画 2

食育を六つの項目に分け、それぞれについて「内容」と「保育者の援助」をのせています。月齢に応じた内容の進み方も、項目ごとに見渡すことができます。

1 内容
食育を六つの項目に分け、それぞれのジャンルで経験させたいことを挙げています。

2 保育者の援助
「内容」に挙げたことを、子どもが経験できるように「保育者の援助」を具体的に記します。

3 食べ物と健康について
好き嫌いせず、いろいろな味に慣れるための取り組みです。

4 食具の使い方について
発達に伴い、だんだんと食具が正しく使えるように導きます。

5 マナーについて
食に対する姿勢として育みたいことを記します。

6 楽しく食べるために
食を楽しむための環境づくりや、配慮することについて記します。

7 バイキング
自分の食べられる量を把握し、自分で食品を選ぶ能力を育みます。

8 食材・栽培について
野菜を育てたり、クッキングしたりする活動を経験できるようにします。

❷ 年齢に応じた食材への親しみ方

食べたことのない物は、子どもは本能で拒否します。食材を見て触れて、名前や育ち方を知ることによって、親しみがもてるものになっていきます。実際に植えて育てたり、畑でできている様子を見たり、絵本や写真で花や実り方を知らせるなど、親しみがもてる工夫をすることが大切です。

❸ 年齢に応じた食のマナー

食事をする際に、周りの子に嫌な思いをさせるのはマナー違反です。「どうしてみんな、嫌な気持ちになったのかな、どうすればいいのかな」と共に考えながら、よりよいふるまい方を身に付けられるようにします。知らせたいことは、計画の中に位置づけておきましょう。

食育計画 ❸

食育における「園の目標」を明記し、各年齢ごとの「年間目標」「調理員との関わり」をのせています。個人の計画のベースとなる、期の「ねらい」と「保育者の援助」を明記します。

年間目標
各年齢ごとに、この一年で期待する子どもの姿について書きます。

調理員との関わり
実際に調理してくれる人と触れ合うことで、子どもたちには大きな学びがあります。積極的な関わりを促しましょう。

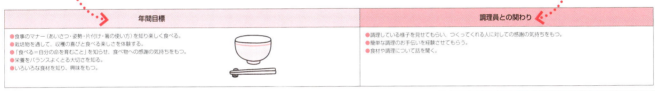

年間目標	調理員との関わり
●食事のマナー（あいさつ・姿勢・片付け・箸の使い方）を知り楽しく食べる。 ●栽培物を通して、収穫の喜びと食べる楽しさを体験する。 ●「食べる＝自分の命を育むこと」を知らせ、食べ物への感謝の気持ちをもつ。 ●栄養をバランスよくとる大切さを知る。 ●いろいろな食材を知り、興味をもつ。	●調理している様子を見せてもらい、つくってくれる人に対しての感謝の気持ちをもつ。 ●簡単な調理のお手伝いを経験させてもらう。 ●食材や調理について話を聞く。

	1期（4・5月）	2期（6〜8月）	3期（9〜12月）	4期（1〜3月）
ねらい	●友達や保育者と一緒に楽しく食べる。 ●保育者に調節してもらって自分の適量を知る。 ●マナーを意識して食べる。（食器の持ち方・並べ方・三角食べ・おしゃべりに夢中になりすぎないなど） ●食後の後始末を自分で行う。 ●箸の使い方を知り、使う。 ●食事をつくってくれる人に感謝の気持ちをもつ。	●一定時間を目安に食べようとする。 ●食器や箸を正しく持ち、こぼさないように食べる。 ●野菜を育て、育つ過程を目にしながら、収穫を楽しみ、収穫した野菜を食べる。 ●簡単な調理活動をし、食材に興味をもつ（ラップおにぎり・食材の皮むきなど）。	●自分の適量を知る。 ●食事をつくってくれる人の気持ちを考えて食べる。 ●栄養指導を受け、栄養の違いや大切さを知る。	
保育者の援助	●声の大きさ、話題など食事中にはマナーがあることを知らせる。 ●箸の正しい持ち方を伝え、難しい子どもへはスプーンも用意する。 ●「いただきます」「ごちそうさま」が自分から言えるように、まず保育者が示す。	●栽培している野菜の生長が楽しめるように声をかけ、興味・関心がもてるようにする。 ●献立の中にどんな野菜が入っているかを話して、食付かの興味を高めるようにする。 ●クッキング保育では、ピーラーなどの扱いに十分注意をはらう。 ●食事の終わる時間を視覚的に知らせ、意識しやすいようにする。	●調理室を見学して、どのように食事づくりをしているのかを知り、調理員・栄養士への感謝を伝える。 ●献立からどんな野菜や肉が入っているかを考え、料理するとどうなるかを気付けるようにする。 ●バランスのよい食事が、健康な体をつくることも知らせる。	●配膳などの準備も保育者と一緒に行い、食器の配置を知る。 ●体に関する絵本を用意して、子どもが興味をもてるようにする。 ●クッキング保育では、自分でつくったという喜びが味わえるようにする。

ねらい
期ごとに食育の「ねらい」を立てます。保育者間で相談して決めます。

保育者の援助
「ねらい」に合わせた保育者の援助を書きます。子どもが経験できるように具体的に記します。

食育計画①

ニーズ対応 → P184-P185 食育計画1

ここがポイント！

いろいろな食べ物の育ち方を知る

家庭では口にしない食べ物も、世の中にはいろいろあります。野菜はどのようにできるのか、実際に育ててみることで、体感することができます。食べ物を広く知る経験を重ねましょう。

	4月	5月	6月	7月	8月	9月
園児に向けて	●準備…4月現在の食事マナーと食事量などを把握し、食育計画を立てる。	●楽しい雰囲気の中で食事が進むようにする。	●食具のマナーを守る（食器の位置など）。 ●食具の使い方に慣れる（観察・考察・検討）。 ●野菜を育てる。	●みんなで育てた夏野菜を収穫する。 ●周りの畑を見る（散歩時）。 ●ジャガイモ掘りのイモの調理活動をする。	●残さず食べる。 ●「命をいただきます」の意味を知る。 ●収穫した野菜をみんなで食べる。触る・皮をむく。 ●野菜でスタンプをする。 ●おにぎりづくり。	●体のしくみを知る。「食べ物はどこへ行く？」 ●マナー、姿勢、食べ方を知る。 ●お月見団子づくりをする。
保護者に向けて	●準備…保護者に向けた食育計画を検討する。	●給食のサンプル、紙面による周知を行う。	●家族で一緒に食べることの大切さを知らせる。 ●「食育月間」の周知。	●買い物に行った際、いろいろな野菜の名前を子どもに伝えてもらう。 ●食品衛生について（サルモネラ菌、大腸菌）話す。	●食べ物を話題にしてもらう。 ●水分補給について話す。 ●食事のリズムを意識し、できるだけ子どもと一緒に食事をする。 ●献立レシピの紹介。	●おなかがすくリズムを、体得できるようにする。 ●朝食の大切さを知らせる。
地域に向けて	●準備…地域に向けた食育計画を検討する。	●園外の掲示板を利用して、園の食育計画を掲示する。	●「食育月間」の周知。 ●水分補給の大切さについて話す。	●朝食の大切さについて話す。	●食品衛生について（サルモネラ菌、大腸菌）話す。	●アレルギー食品の紹介。

●食を通じて健康な心と体を育て、自ら健康で安全な生活を送る力を養う。

10月	11月	12月	1月	2月	3月
●みんなで楽しくクッキングする。 ●食具の使い方に慣れる（中間観察・考察）。 ●みんなと一緒に食事を楽しむ。 ●旬の食材から季節を感じる。 ●食事のマナーについて知る。	●苦手な食べ物をどう調理したら好きになるか話す。 ●においをかいで献立を当てる（カレー粉、酢）。 ●ｍｙおにぎりづくりをする。	●一つ一つ味わいながら食べる。 ●食べ物と体の関係について知る。 ●カルシウムについて知る。	●日本の伝統行事の食事について知る。	●食に感謝する気持ちを育てる。 ●食具の使い方を知る（年間まとめ・考察）。	●一年間を振り返って、食事がどう変わったのか伝える。 ●給食でセルフバイキングを経験する。 ●クッキーづくりをする。
●家族で一緒に食べることの大切さを知らせる。 ●食前、食後のお手伝いにつながる話をする。	●食べたい物、好きな物が増えるように伝える。 ●食品衛生について（ノロウイルス）話す。	●年末子ども会のメニューの紹介。 ●親子クッキングについて知らせる。	●おせち料理の話を話題にする。	●毎日3食を食べることの幸せについて話す。	●子どもたちの好きなメニューベスト3と、そのレシピの紹介。
●家族で一緒に食べることの大切さを知らせる。	●食品衛生について（ノロウイルス）話す。	●年末子ども会の取り組みを行う。 ●年末子ども会のメニュー紹介。	●おせち料理とそのいわれの紹介。	●冬野菜を使ったメニューの紹介。	●子どもと一緒に簡単なクッキーづくりをする。

食育計画②

箸の持ち方を根気強く知らせる

まず、正しい持ち方で保育者が食事をする姿を見せます。1本ずつ正しく指に持たせて動かせることを確認しましょう。美しい持ち方は、一生の財産になります。

		食べ物と健康について	食具の使い方について (スプーン、フォーク、箸などの持ち方・時期)	マナーについて (手洗い、あいさつ、座り方など)
4歳	内容	●いろいろな食べ物を食べてみる。	●スプーン、フォーク、食器を正しく持って食べる。 ●箸に慣れる（個人に合わせて園の箸とフォークを併用）。 ●箸を正しく持って食べる。 ●メニューによって食具を使い分ける。	●正しい姿勢で食べる。 ●一定時間内に食べられるようになる。 ●食後の歯磨きの習慣が身に付く。
	保育者の援助	●食べ物と健康のつながりを、絵本などを使って知らせ、いろいろな食材に興味をもてるようにする。	●まだ箸がきちんと持てない子には、分かりやすく、そのつど知らせる。 ●自分の持ち物の管理ができるようになったら、個人箸を取り入れる。 ●箸の正しい使い方を知らせる。 ●箸を用意してもらうにあたり、箸の素材や長さ、箸箱の使いやすさなどを保護者に知らせる。 ●食具を使い分けられるように、食材やメニューを知らせる。	●子どもに合った高さの椅子や机、子どもに合った大きさのお碗やお皿を用意する。 ●早食いの子は、ゆっくりかんで食べるように、また、おしゃべりに夢中にならないように知らせる。 ●歯磨きの大切さを知らせ、歯の磨き方を掲示する。

ねらい
- 「食」に興味や関心をもち、みんなと一緒においしく食べる。

楽しく食べるために	バイキング	食材・栽培について (クッキングなど)
●友達と一緒に会話をしながら食事をする。 ●食べたいという気持ちになって、自分から進んで食べる。	●ふだんと違ったスタイルで食事を楽しむ。 ●自分の食べられる量を知る。	●身近な植物を栽培したり、収穫したりする。 ●収穫した物を使って、クッキングを楽しむ。
●友達と楽しく食べる中で、食事のマナーを知らせる。 ●食事前の活動で十分に満足させ、空腹感を味わえるようにしておく。	●異年齢児とのバイキング形式の食事を設け、楽しめるようにする。	●野菜を栽培し、観察をしたり世話をしたりして、食材に興味や愛情をもてるようにする。 ●クッキングなどを通して食材が変化する様子を観察し、自分でつくる楽しさを味わえるようにする。 ●食べ物の大切さや、食べることの楽しさを伝える。

ニーズ対応　食育

食育計画 ③

いただきます、ごちそうさま

私たちは、他の動物や植物の命をいただいて、自分の命をつないでいます。目の前の食べ物に向けて、「いただきます」と、つくってくれた人や材料を運んでくれた人を思い浮かべて、「ごちそうさま」と心をこめて言えるように導きましょう。

年間目標

- 食事のマナー（あいさつ・姿勢・片付け・箸の使い方）を知り楽しく食べる。
- 栽培物を通して、収穫の喜びと食べる楽しさを体験する。
- 「食べる＝自分の命を育むこと」を知らせ、食べ物への感謝の気持ちをもつ。
- 栄養をバランスよくとる大切さを知る。
- いろいろな食材を知り、興味をもつ。

	1期（4・5月）	2期（6～8月）
ねらい	●友達や保育者と一緒に楽しく食べる。 ●保育者に調節してもらって自分の適量を知る。 ●マナーを意識して食べる。（食器の持ち方・並べ方・三角食べ・おしゃべりに夢中になりすぎないなど） ●食後の後始末を自分で行う。 ●箸の使い方を知り、使う。 ●食事をつくってくれる人に感謝の気持ちをもつ。	●一定時間を目安に食べようとする。 ●食器や箸を正しく持ち、こぼさないように食べる。 ●野菜を育て、育つ過程を目にしながら、収穫を楽しみ、収穫した野菜を食べる。 ●簡単な調理活動をし、食材に興味をもつ（ラップおにぎり・食材の皮むきなど）。
保育者の援助	●声の大きさ、話題など食事中にはマナーがあることを知らせる。 ●箸の正しい持ち方を伝え、難しい子どもへはスプーンの併用をする。 ●「いただきます」「ごちそうさま」が自分から言えるように、まず保育者が示す。	●栽培している野菜の生長が楽しめるように声をかけ、興味・関心がもてるようにする。 ●献立の中にどんな野菜が入っているかを話して、食材への興味をもつようにする。 ●クッキング保育では、ピーラーなどの扱いに十分注意をはらう。 ●食事の終わる時間を視覚的に知らせ、意識しやすいようにする。

園の目標

- 楽しく食事をする。
- 身近な野菜を育て、収穫する喜びを味わい親しみをもつ。
- いろいろな食材について、興味や関心をもつ。

調理員との関わり

- 調理している様子を見せてもらい、つくってくれる人に対しての感謝の気持ちをもつ。
- 簡単な調理のお手伝いを経験させてもらう。
- 食材や調理について話を聞く。

3期（9〜12月）	4期（1〜3月）
●自分の適量を知る。 →	→
●食事をつくってくれる人の気持ちを考えて食べる。 →	→
●栄養指導を受け、栄養の違いや大切さを知る。	
●調理室を見学して、どのように食事づくりをしているのかを知り、調理員・栄養士への感謝を伝える。 ●献立からどんな野菜や肉が入っているかを考え、料理するとどうなるかを気付けるようにする。 ●バランスのよい食事が、健康な体をつくることを知らせる。	●配膳などの準備も保育者と一緒に行い、食器の配置を知る。 ●体に関する絵本を用意して、子どもが興味をもてるようにする。 ●クッキング保育では、自分でつくったという喜びが味わえるようにする。

特別支援児の指導計画

おさえたい 3 つのポイント

1 個に応じて丁寧に見極める

その子の特徴や行動、理解の程度を、しっかりととらえることが必要になります。丁寧に関わりながら、見極めましょう。そこから、どこに力点を置いて指導するのかが導きだされます。その際、一人ではなく、複数の保育者の目で見て、話し合って見極めることが重要です。

特別支援児の指導計画 ①

行動の特徴を多角的にとらえ、年間目標を設定します。そして、一年を4期に分けて、子どもの姿をもとに期のねらいを定め、援助を書きこみます。

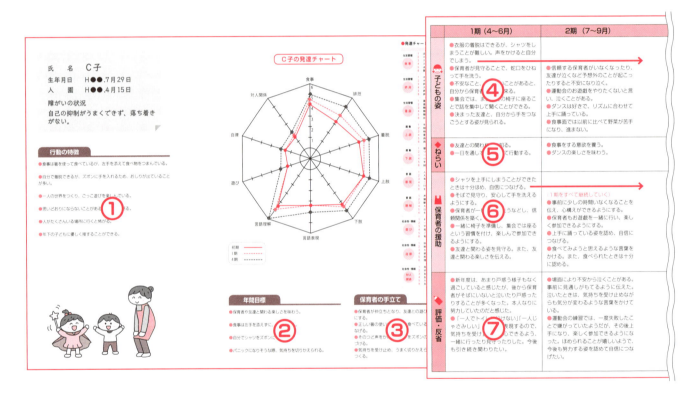

① 行動の特徴
その子の日常の様子や好きなこと、嫌がることなど、その子との関わりで注意する点が分かるように記述します。

② 年間目標
この一年で、どのような姿に成長してほしいかを考え、目標を立てます。

③ 保育者の手立て
年間目標に近づくために、保育者はどのように援助するかという方針を書きます。チームで取り組むことも含みます。

④ 子どもの姿
その期が始まる前の子どもの姿を、事実として具体的に書きます。どこまで育っていて、どんな面に困難があるのかを記します。

⑤ ねらい
④の子どもの姿に対して、その期におけるねらいを立てます。年間目標に近づくためのスモールステップと考えます。

⑥ 保育者の援助
その期のねらいに近づけるために、どのような援助を行うのかを具体的に記します。環境のつくり方を含めて書きます。

⑦ 評価・反省
その期の終わりに、援助した結果、子どもはどのように成長したのか、援助の効果はあったのかについて、考察して記します。

❷ 願いをもつと、ねらいが生まれる

その子のよさやかわいらしさを認めつつ、次にどういう面を発達させることが、その子にとって幸せなのかを考えます。素朴に、その子がこういう姿になったらいいなあという願いをもつと、そのためには、どのようなスモールステップが必要なのかを導きだすことができます。

❸ 計画と指導の結果とを見比べる

子どもの日々の生活を見つめ、指導によりどう変容してきたか、うまくいったのか空振りだったのかを事実としてしっかり書き留めます。そこから、次の手立てが生まれます。計画と記録を連動させ、計画に無理があれば修正を加えながら、その子に合ったものを目指しましょう。

特別支援児の指導計画 ❷

現在の状況を五つの項目でとらえ、それぞれについて長期の目標を設定します。保護者や保育者の率直な思いを記しておきます。

氏　名　D男
生年月日　H●●.6月15日
入　園　H●●.4月11日
障がいの状況
右半身にまひが見られる。言葉の遅れがある。

保護者の思い❷
家庭以外の保育者や友達との関わりを楽しみ、それをきっかけにいろいろな遊びに取り組んでほしい。
毎日の積み重ねで確実にできることが増えてほしい。

保育者の願い❸
園生活を楽しみにし、安心して……
興味をもっていろいろな活動に取り組んでほしい。
自分のことを自分でやってみる……

卒園時の目標❹
集団生活の楽しさを知り、友だちとの関わりを深める……

4月現在の状況❶（生活習慣／情緒／対人関係／言葉・認識／運動機能）

長期目標❺

4〜9月

	ねらい❻	保育者の援助❼	評価・反省❽
生活習慣	登園時や昼食時の流れが分かり、自分でできることは自分でしようとする。	着脱など、一人では難しい作業を援助する。自分でできる嬉しさを感じられるように、本児のやる気や努力を認める。	自分でやってみようとする姿が見られるが、動きが止まってしまうことがある。保育者と喜びを共有する姿が見られる。
情緒	安心して園生活を送り、いろいろな活動や遊びに興味をもって取り組む。	保育者が本児にとって安心できる存在になれるよう、信頼関係を築く。保育者と遊びや活動を楽しみ、いろいろな経験ができるようにする。	保育者と信頼関係が築けたことで、安心感や甘えが見られるようになった。活動は、保育者と一緒ならやってみようと思えるようになった。
対人関係	保育者としっかり信頼関係を築き、安心して生活する。自分の好きな遊びを楽しむ中で、友達に興味がもてるようにする。	保育者との関係に安心感をもてるように、関係を築く。一緒の場にいる友達や一緒の遊びをしている友達に興味や関心をもつ。	困ったことがあると保育者に視線が動き、言葉で伝えられる。椅子運びや一緒に歩く際、友達に手伝ってもらうことがある。
言葉・認識	自分の気持ちや思いを受け入れられる嬉しさや喜びを味わう。	保育者に話をしてくれたら、その話を保育者が友達に仲介し、関わりを楽しめるようにする。	「これは？」と質問するときは、不安を感じていることが多い。その気持ちを和らげることで次の活動に進むことができる。
運動機能	クレヨンの持ち方を身に付け、スプーンやフォークも同じように持つ。右手を添える習慣を身に付ける。	くり返し、食具の持ち方を伝える。右手を添えることで作業がしやすくなることを、経験する中から感じられるようにする。	手づかみで食べることもあるので、食具を使うことを重視する。右手を使うポイントを伝えることで、自分でも意識する姿が見られる。

❶ 4月現在の状況
年度初めの子どもの状態をそのまま書きます。五つの側面を記します。

❷ 保護者の思い
保護者の思いをよく聞き、園でどのような生活をしてほしいと考えているのかを記します。

❸ 保育者の願い
保護者の思いを受けて、保育者としてどのように対応するのか、保育者がその子に何ができるのかを話し合って記します。

❹ 卒園時の目標
保護者の思いと保育者の願いを考え合わせ、目標として設定します。

❺ 長期目標
長い目で見て、どのような目標を立てることがその子にとって幸せかを考えます。卒園時の目標を見据えて、五つの側面を細分化します。

❻ ねらい
期ごとにねらいを立てます。より具体的なスモールステップから、ねらいを実現できるようにします。

❼ 保育者の援助
ねらいを実現するために、どのような方針で援助するのかを具体的に書きます。行う援助はたくさんあっても、特に意識することを挙げます。

❽ 評価・反省
援助を行った結果、育ちが見られたのか、効果がなかったのかを検証します。そのうえで次の方針を立てます。

特別支援児の指導計画 ①

氏　名　　C子
生年月日　　H●●.7月29日
入　園　　H●●.4月15日

障がいの状況
自己の抑制がうまくできず、落ち着きがない。

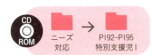

立案のポイント

発達を見通して、毎日を楽しく

　特別な支援を要する子どもには、それぞれの特徴があります。何がどこまでできるのか、何に困難を感じているのかを見極め、どうすれば安心して生活できるのか、何に力を入れて保育すれば、その子の幸せにつながるのかを考え、計画を立てます。

　他の子に近づけようとするよりも、毎日を楽しく過ごすためには何に配慮すべきかを考えましょう。

行動の特徴

● 食事は箸を使って食べているが、左手を添えて食べ物をつまんでいる。

● 自分で着脱できるが、ズボンに手を入れるため、おしりが出ていることが多い。

● 一人の世界をつくり、ごっこ遊びを楽しんでいる。

● 思いどおりにならないことがあると、泣いて怒る。

● 人がたくさんいる場所に行くと怖がる。

● 年下の子どもに優しく接することができる。

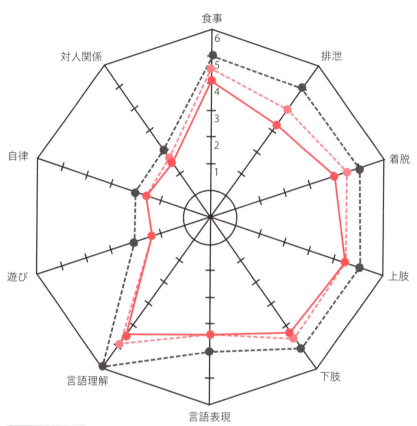

●発達チャートの見方

生活習慣 食事	1 ほとんど食べさせてもらう 2 スプーンで食べようとする 3 スプーンやフォークで食べようとする 4 スプーンですくって食べる 5 ほぼこぼさずに一人で食べる 6 箸を使って食べる
生活習慣 排泄	1 オムツ使用 2 オムツ使用 3 排泄した後で知らせる 4 大便を教える 5 排尿の前に教える 6 排尿・排便が自立する
生活習慣 着脱	1 着替えさせてもらう 2 着替えさせてもらう 3 簡単なものは脱ぐ 4 簡単なものは着る 5 簡単なものは着脱する 6 自分で着脱する
運動 上肢	1 手を出して物をつかむ 2 物をつまむ、放す 3 物を押す、引っ張る 4 重ねる、並べる 5 両手でぶら下がる 6 両手の協応がスムーズになる
運動 下肢	1 寝返る、強く蹴る 2 つかまり立ちや伝い歩き 3 一人歩きをする 4 小走りする 5 手すりなしで階段を登る 6 段差のあるところから両足でとび降りる
言語 表現	1 人や玩具などに向かって声を出す 2 大人のまねをして発言や動作をする 3 有意味語が多くなる 4 二語文を話す 5 日常生活で必要なことを言葉で表現する 6 生活に必要な言葉をほぼ取得し表現する
言語 理解	1 声の調子で感情を聞き分ける 2 簡単な言葉に反応し動作する 3 動きを表す言葉や物の名称が分かる 4 大人の指示を理解し行動する 5 日常生活の言葉をほぼ理解する 6 生活に必要な内容を理解する
社会性・情緒 遊び	1 そばにあるものを何でもいじる 2 一人遊びをする 3 平行遊びをする 4 見立てや模倣遊びが盛んになる 5 ごっこ遊びをする 6 気の合う子2〜3人で関わって遊ぶ
社会性・情緒 自律	1 快・不快を表現する 2 制止されると泣いて怒る 3 大人の顔色を見ていたずらをする 4 欲求を抑えて我慢することもある 5 思いどおりにならなくても我慢する 6 理由が理解できると我慢できる
社会性・情緒 対人関係	1 母親の姿が見えなくなると探す 2 好きな人の後を追う 3 友達の中に交じって一人で遊ぶ 4 友達のいるところへ自分から行く 5 大人が仲立ちとなって友達と遊ぶ 6 友達と関わって遊ぶことを好む

凡例
初期 ———
Ⅰ期 - - - - -
4期 - - - - -

年間目標

- 保育者や友達と関わる楽しさを味わう。
- 食事は左手を添えずに、箸で食べる。
- 自分でシャツをズボンにしまう。
- パニックになりそうな際、気持ちを切りかえられる。

保育者の手立て

- 保育者が仲立ちとなり、友達との遊びで会話を楽しめるようにする。
- 正しい箸の使い方で上手に食べているときは認め、自信へつなげる。
- そのつど声をかけ、シャツをズボンの中に入れることを習慣づける。
- 気持ちを受け止め、うまく切りかえられるようなきっかけをつくる。

ニーズ対応 特別支援児

C子の年間指導計画

	1期（4～6月）	2期（7～9月）
子どもの姿	●衣服の着脱はできるが、シャツをしまうことが難しい。声をかけると自分でしまう。 ●保育者が見守ることで、蛇口をひねって手を洗う。 ●不安なこと、できないことがあると、自分から保育者に言いに来る。 ●集会では、ままごとの椅子に座ることで話を集中して聞くことができる。 ●決まった友達と、自分から手をつなごうとする姿が見られる。	●信頼する保育者がいなくなったり、友達が泣くなど予想外のことが起こったりすると不安になり泣く。 ●運動会のお遊戯をやりたくないと言い、泣くことがある。 ●ダンスは好きで、リズムに合わせて上手に踊っている。 ●食事面では以前に比べて野菜が苦手になり、進まない。
ねらい	●友達との関わり方を知る。 ●一日を通して落ち着いて行動する。	●食事をする意欲を養う。 ●ダンスの楽しさを味わう。
保育者の援助	●シャツを上手にしまうことができたときは十分ほめ、自信につなげる。 ●そばで見守り、安心して手を洗えるようにする。 ●保育者が一緒に手を洗うなどし、信頼関係を築く。 ●一緒に椅子を準備し、集会では座るという習慣を付け、楽しんで参加できるようにする。 ●友達と関わる姿を見守る。また、友達と関わる楽しさを伝える。	（1期をすべて継続していく） ●事前に少しの時間いなくなることを伝え、心構えができるようにする。 ●保育者もお遊戯を一緒に行い、楽しく参加できるようにする。 ●上手に踊っている姿を認め、自信につなげる。 ●食べてみようと思えるような言葉をかける。また、食べられたときは十分に認める。
評価・反省	●新年度は、あまり戸惑う様子もなく過ごしていると感じたが、後から保育者がそばにいないと泣いたり戸惑ったりすることが多くなった。本人なりに努力していたのだと感じた。 ●「一人でトイレに行けない」「一人じゃさみしい」と言葉で表現するので、気持ちを受け止めて安心できるよう、一緒に行ったり見守ったりした。今後も引き続き関わりたい。	●場面により不安から泣くことがある。事前に見通しがもてるように伝えた。泣いたときは、気持ちを受け止めながらも気分が変わるような言葉をかけている。 ●運動会の練習では、一度失敗したことで嫌がっていたようだが、その後上手になり、楽しく参加できるようになった。ほめられることが嬉しいようで、今後も努力する姿を認めて自信につなげたい。

 保育のヒント

その子のお気に入りの物があると、じっと集中して物事に取り組めることがあります。そういう物を見付けられるといいですね。

 保育のヒント

気持ちの切りかえが難しい場合は、保育者があっけらかんとして新たな物を提示すると、興味をもつ場合もあります。

3期（10〜12月）	4期（1〜3月）	
●ズボンが腰で止まっている。 ●自分の気に入った場所を、ぐるぐる行き来する。 ●一人でごっこ遊びをする。 ●自由遊びでは、何をしたらよいか分からない。 ●保育者が常に近くにいないと、不安になり泣く。	●保育者の後追いが多くなる。 ●お遊戯を覚え、思い出して踊っている。	**記入のコツ!!** 決められたことはできるが、自ら自分の行動を選べない姿です。しっかり記入しておき、作戦を練りましょう。
●好きな遊びを友達と一緒にする。 ●身の回りのことに意欲をもつ。	●複数の友達と一緒に遊ぶ。 ●自分のやりたいことを言葉で伝える。	
●自分の名前シールが分かるように一緒に探し、身支度ができるように援助する。 ●保育者が仲立ちとなり、友達と遊べるようにする。室内より戸外のほうが、遊びに集中できるので楽しめるようにする。 ●手遊びのときなどは、保育者の見えるところでアイコンタクトを取りながら楽しめるようにする。 ●野菜を好むようになったので、大きさを大きくし歯ごたえを楽しむ。	（3期をすべて継続していく） ●本児が安心できるように、行動を先取りして伝える。 ●行動の変わり目には、落ち着いた場所で何をするのかを伝える。	**保育のヒント** 場所を変えて気持ちの立て直しを図りましょう。じゃんけんをしたり、簡単ななぞなぞをしたりするのもよいでしょう。
●保育者へのこだわりが強く、特定の保育者の後追いをすることが多い。少しでも見えなくなると、不安が強くなり、パニックになってしまう。今後どのように関わったらよいかが課題である。 ●自分の安心できる場所からなかなか離れられないので、誘いかけを多くしたが、なかなか遊びの共有までにはいかない。	●急な雨などで外遊びを中断して入室すると、強い不安感をもって泣いてしまう。しばらく自分に対して嫌な言葉を投げかけている。 ●友達が泣いていることに過敏になり、一緒に泣いている。 ●保育者が一対一で遊びの中に入ると、ごっこ遊びが共有できるが、友達が仲間に入ると、やめて別の場所へ行く。まだ友達とイメージを共有できないようだ。	

ニーズ対応 特別支援児

特別支援児の指導計画 ②

立案のポイント

一人一人に応じて丁寧に

　特別な支援を必要とする子どもの個人の計画です。保護者と面談し、どのような思いをもち、どのように育ってほしいと願っているのか、しっかり話を聞きます。そして、保育者の願いを重ね合わせ、子どもにとって無理のない指導計画を立てていきます。どこに配慮が必要なのか、他の保育者が読んでも分かるように記述しておきましょう。

氏　名　　D男
生年月日　H●●.6月15日
入　園　　H●●.4月11日

障がいの状況
右半身にまひが見られる。言葉の遅れがある。

4月現在の状況

生活習慣	●一つ一つの活動で声をかけたり、手を添えたりするなどの援助が必要である。 ●時間はかかるが、自分でできることは自分でやってみようとする気持ちがある。
情緒	●楽しい、嬉しいと感じたときは、表情や言葉、しぐさで表現できる。 ●怒ったり、泣いたりすることはほとんどないが、自分がやりたいと思っていることは譲れないという、こだわりがある。
対人関係	●保育者の名前を呼んだり、「来て～」と話したりし、安心できる存在になっている。 ●友達に対する興味や関心は、まだない。
言葉・認識	●小さな声ではあるが、いろいろな言葉を話し、聞いてもらうことを喜んでいる。 ●質問をすると短い言葉で答えられる。 ●文字が読める。
運動機能	●右手のまひのため、ほとんど左手のみで作業をする。 ●歩行は一人でもできるが、いろいろな物に興味をもち、注意散漫になるとバランスを崩して転倒することがある。

保護者の思い
●家族以外の保育者や友達との関わりを楽しみ、それをきっかけにいろいろな遊びを経験してほしい。
●毎日の積み重ねで、生活習慣など確実にできることが増えてほしい。

保育者の願い
●園生活を楽しみにし、安心して生活してほしい。
●興味をもって遊びや活動に取り組んでほしい。
●好きな遊び、やりたい遊びを自ら選んで、じっくりと楽しんでほしい。
●自分のことは自分でやってみようと、取り組んでほしい。

卒園時の目標	●集団生活の楽しさを知り、同年代の子どもたちとの関わりを深める中で、自分の気持ちを伝える。

長期目標

	●視覚的な援助とくり返しの経験で、基本的な生活習慣を身に付ける。
●手を添えてもらうなどの援助を受けながらも、自分でやってみようという気持ちで取り組む。自分でできた満足感をたくさん味わう。
	●安心して園生活を楽しむ。
●「○○したい」「○○をやってみたい」など、自分から遊びや活動を選んで、積極的に取り組む。
	●保育者（大人）との信頼関係を築き、安心して自分の思いを表現する。
●保育者に仲介され、同じ場にいる友達や同じ遊びをしている友達との関わりを楽しむ。
	●話を聞いて、共感してもらうことを通して、自分の思いを表現する喜びを感じる。
●あいさつを交わしながら、相手とのやり取りを楽しむ。
	●スプーンやフォーク、クレヨンの正しい持ち方を身に付ける。
●右手を添える習慣を付ける。
●いろいろな活動や遊びに保育者と一緒に参加して、様々な動きを経験する。

ニーズ対応 特別支援児

D男の期の指導計画　4～9月

		ねらい	保育者の援助	評価・反省
	生活習慣	●登園時や昼食時の流れが分かり、自分のことは自分でやってみようとする。	●着脱など、一人では難しい作業を援助する。●自分でできた嬉しさを感じ自信がもてるように、本児のやる気や努力を認める。	●自分でやってみようとする姿が見られるが、動きが止まってしまうことがある。●保育者とできた喜びを共有する姿が見られる。
	情緒	●安心して園生活を送り、いろいろな活動や遊びに興味をもって取り組む。	●保育者が本児にとって安心できる存在になれるよう、信頼関係を築く。●保育者と遊びや活動を楽しみ、いろいろな経験ができるようにする。	●保育者と信頼関係が築けたことで、安心感や甘えが見られるようになった。●活動は、保育者と一緒ならやってみようと思えるようになった。
	対人関係	●保育者としっかり信頼関係を築き、安心して生活する。●一緒の場にいる友達や一緒の遊びをしている友達に興味や関心をもつ。	●保育者との関係に安心感をもてるように、関係を築く。●自分の好きな遊びを楽しむ中で、友達に興味がもてるようにする。	●困ったことがあると保育者に視線や動き、言葉で伝えられる。●椅子運びや一緒に歩く際、友達に手伝ってもらうことがある。
	言葉・認識	●自分の気持ちや思いを受け入れられる嬉しさや喜びを味わう。	●保育者に話をしてくれたら、その話を保育者が友達に仲介し、関わりを楽しめるようにする。	●「これは？」と質問するときは、不安を感じていることが多い。その気持ちを和らげることで次の活動に進むことができる。
	運動機能	●クレヨンの持ち方を身に付け、スプーンやフォークも同じように持つ。●右手を添える習慣を身に付ける。	●くり返し、食具の持ち方を伝える。●右手を添えることで作業がしやすくなることを、経験する中から感じられるようにする。	●手づかみで食べることもあるので、食具を使うことを重視する。●右手を使うポイントを伝えることで、自分でも意識する姿が見られる。

記入のコツ!!
甘えられるのは信頼関係の第一歩。嬉しい変化はしっかり記入しておきましょう。

保育のヒント
友達のしていることを見るだけでもよいのです。「○○ちゃんは何してるかな？」などと声をかけるのも有効です。

保育のヒント
食具を使ったほうがかっこいいことを伝え、少しでも持つ気になったらほめましょう。

10〜3月

ねらい	保育者の援助	評価・反省
●保育者や友達に手伝ってもらいながら、自分のことは自分で行う。	●上履きをはくとき、ズボンを上げるときの仕上げ、階段の上り下りなどを励まし、十分に認めて自信につなげる。	●時間はかかるものの、着脱や食事などは、保育者が見守っていれば一人でできるようになった。自信にもなっている。
●保育者と一緒にいろいろな遊びや活動に取り組んでみようとする。	●一緒に遊びや活動を楽しみ、いろいろな経験ができるようにする。活動後はリラックスできるような関わりや遊びをする。	●新しい活動に関しては、説明を十分にする必要があった。今後は他児とは別に伝えていきたい。
●同じ場にいる友達や、本児と一緒にいたいと来てくれる友達との関わりの中で、友達に興味や関心をもつ。	●本児は相手の予想できない動きに怖さを感じているので、本児が安心して関われるよう、保育者が仲介役になる。	●時に保育者が関わりすぎてしまうので、気を付けたい。
●自分の気持ちや思いを受け入れられる、嬉しさや喜びを味わう。	●困ったときに「先生」と単語だけで伝えるが、「どうした」まで具体的に伝えられるような機会をつくる。また、言葉の見本を示す。	●保育者には心を許し、自分の気持ちを伝えてくれるようになった。その際には十分に耳を傾けたい。
●右手を添える習慣、右手を使う習慣を身に付ける。	●右手を添える方法を具体的に伝える。 ●右手を添えることで作業がしやすくなることを、くり返し経験する中で感じられるようにする。	●右手は添えるだけでなく、両手を使ってできることも伝えていきたい。

保育のヒント
こんなときにはこんなふうに言うとよいというモデルを示し、子どもが言葉を蓄積できるようにするとよいでしょう。

記入のコツ!!
自分でも便利だと思えるとできる範囲で、右手を使っていくようになります。上手にほめながら習慣になるように促しましょう。

ニーズ対応 **特別支援児**

異年齢児保育の指導計画

おさえたい ❸ つのポイント

1 どの年齢にも大切にしたいことを

育てたいこと、そのために経験させたいことは、環境や活動の中に潜在しています。それは3歳児でも5歳児でも、自ら関わって取り組むことで身に付いていきます。年齢や個人により、その深まりには差がありますが、感動や経験は、育ちによい影響を与えてくれます。

子ども同士が関わり合って育つ異年齢児保育。この中で子どもは社会性を身に付け、生活習慣の自立を獲得していきます。ここでは年間計画を紹介します。

年間目標
異年齢児クラスの一年間の目標です。3月までにその姿に近づくように育てていく、という方向性を示しています。

ねらい
年間目標に近づくために期ごとにねらいを立てます。このような姿に育ってほしい、という願いでもあります。

内容
「ねらい」の姿に近づくためには、どのような経験が必要かを考えて書きます。この期の間にその経験ができる保育をします。

環境構成と保育者の援助
「内容」に挙げた経験をさせるために、どのような環境と援助が必要かを考えて、具体的に記述します。年齢ごとの援助もあるとよいでしょう。

食育
「食育」のための具体的な援助について記載します。

年間目標
●安全な環境のもと、気持ちを受け止められ、安心して過ごす。

1期（4～6月）

ねらい
- 新しい環境の中で、欲求を受け止められ、安心した生活を送る。
- 保育者や異年齢児に親しみをもちながら、好きな遊びを楽しむ。
- 新しい生活の仕方を知り、自分のことは自分でしようとする。

内容
- 保育者や年上の子の手伝いにより、基本的な生活の仕方を知り、自分でしようとする。
- 安全な遊具の使い方を知り、戸外で体を十分に動かして遊ぶ。
- 保育者や異年齢の友達に親しみをもち、一緒に遊ぶ。
- 春の自然の中で異年齢の友達と花見をしたり、散歩を楽しんだりする。
- 5歳児の夏野菜やイネの苗植えを通して、春を感じたり、興味をもったりする。
- 絵本や紙芝居を読んでもらい、言葉のやり取りを楽しむ。

環境構成と保育者の援助
- 一人一人の気持ちを受け止め、安心して楽しく過ごせるように丁寧に関わる。
- 自分の持ち物を始末、整理しやすいように、各自のマークで自分の物や場所が分かるようにしておく。
- 園庭や道具の点検を行い、安全に遊べるようにしておく。
- 保育者も、子どもたちと一緒に体を動かして遊ぶ楽しさを共有する。
- 道路を歩くときは、交通ルールを伝えながら、4、5歳児が3歳児と手をつないで歩けるようにする。
- 絵本や図鑑を用意し、異年齢の友達同士で十分に伝え合う場をつくる。
- 4、5歳児の手伝いや、それをまねした3歳児が、表現する楽しさを味わえるようにする。

食育
- 保育者や異年齢の友達と一緒に、楽しく食事ができる雰囲気をつくる。

❷ 異年齢児が関わる場面を想像して

様々な活動の中で、異年齢児たちがどのように関わるかを予想し、お互いによい経験ができるように設定する必要があります。出しておく用具の数を調整したり、コーナーの広さを考えたりします。具体的なことを計画的に書いておくと、チームで保育する際に役に立ちます。

❸ 年齢ごとの援助を考えて

同じ活動でも、年齢によって援助は違うはずです。「3歳児には〜」「4歳児には〜」という記述があるほうが、より丁寧な計画だといえます。また、5歳児がいつも年下の子の世話をするというような位置づけにならないよう、思いきり力を発揮する場面も用意しましょう。

●異年齢児との関わりを広げていく中で、互いを認め合い、友達関係を深める。
●生活経験を通して自己を十分に発揮し、意欲的に活動に取り組む。

2期（7〜9月）	3期（10〜12月）	4期（1〜3月）
●梅雨期から夏季にかけて健康に留意し、快適な環境のもとで生活する。 ●嬉しいことや困ったことなど、自分の思いを言葉にする。 ●異年齢児との関わりを広げ、一緒に遊ぶことを楽しむ。	●気温の変化に応じ、健康に過ごす。 ●異年齢児との関わりを深め、共通の目的をもって活動することを楽しむ。 ●身近な自然環境に興味をもちながら、のびのびと体を動かして遊ぶ。	●冬の健康習慣を身に付け、寒さに負けず元気に過ごす。 ●生活に必要な習慣や態度が身に付き、自信をもって行動する。 ●保育者や異年齢児と、大きくなったことや、進級、就学を共に喜ぶ。
●夏の生活の仕方を知り、休息を十分に取ったり、水分補給をしたりする。 ●プールや砂、泥、水遊びなど、夏ならではの遊びを、異年齢の友達と一緒に十分に楽しむ。 ●異年齢の友達と遊ぶ中で、年下の子に優しくしたり、年上の子に甘えたりして、互いの存在や気持ちを知る。 ●夏野菜の生長や収穫を、異年齢の友達と喜び合う。 ●草花や小さな生き物に触れて遊ぶ。 ●夏祭りに参加することで、地域の人たちとの交流を楽しんだり、仲間意識をもったりする。	●気温の変化に応じて室内の温度や換気に配慮し、衣服の調節をしながら快適に過ごせるようにする。 ●異年齢の友達と気持ちを伝え合いながら、共通の遊びを楽しむ。 ●5歳児のイネの収穫や脱穀、イモ掘り、散歩を通して秋の自然に興味をもつ。 ●運動会や発表会の行事を経験する中で、達成感や充実感を味わう。 ●異年齢の友達と関わる中で、いろいろな行事に興味や関心をもち、言葉やせりふを模倣して楽しむ。 ●秋の自然物を使って楽しんだり、製作したりする。	●健康状態に異常を感じた際には自分から訴える。 ●冬の生活の仕方が身に付き、自分から進んで健康に注意しようとする。 ●寒さに負けず、異年齢の友達と元気に体を動かして遊ぶ。 ●3、4歳児は、5歳児との思い出を話し、「ありがとう」の感謝の気持ちをもって、お楽しみ会やお別れ遠足に参加する。 ●ごっこ遊びや伝承遊びを通して、言葉のやり取りを楽しむ。
●室内外の温度差に留意し、休息や水分補給、汗の始末などを適切に行えるようにしておく。 ●プール遊びや水遊びが十分に楽しめるように、必要な道具を用意する。 ●異年齢の友達との関わり方や遊び方について、保育者も一緒に遊ぶ中で知らせる。 ●夏野菜の収穫を異年齢の友達と喜び合うことで、食への関心がもてるように言葉をかける。 ●観察ケースや虫取り網を置き、また絵本や図鑑を用意し、いつでも見られるようにしておく。	●気温差の大きい時期なので、厚着にならないように気付かせて見守る。 ●年上の子がリーダーになり、異年齢の友達と遊ぶためのルールや役割が考えられるように保育者が仲立ちする。 ●5歳児の脱穀の手伝いを通して、食への興味や関心を広げる。 ●身近な自然と触れ合う中で、子どもの発見や驚きを大切に受け止め、共感する。 ●自然物を使って遊ぶ中で、数や大きさ、形に興味がもてるような言葉をかける。	●生活習慣が身に付いているか、見守りながら確認する。 ●保育者が一緒に行いながら、手洗い、うがいの大切さを知らせる。 ●子どもたちの成長を認め、進級、就学への喜びを、異年齢の友達と共有する。 ●5歳児に教えてもらった当番活動をする子どもの意欲を認め、自信につなげる。 ●一緒に遊びながら、ごっこ遊び、伝承遊びに興味をもたせ、会話を広げる。
●夏野菜の生長や収穫に興味をもてるように、保育者と世話をする。	●いろいろな食べ物に興味や関心をもち、苦手な物でも少しずつ食べられるようにする。	●食事のマナーを身に付け、感謝しながら食べることの大切さを感じられるようにする。

異年齢児保育の指導計画

3・4・5歳児混合

ここがポイント！

発達の違いに留意した計画を

発達の度合いが違う年齢の子どもが、共に生活しているクラスの指導計画です。すべての子どもの育ちの方向性が見える計画になるように留意しましょう。

年上の子、年下の子に対する配慮は、分けて書くようにします。年齢の違う子たちが共に暮らすよさを生かし、きょうだいがたくさんいるような助け合いの気持ち、刺激を受けたりまねて学んだりする雰囲気を大切にしましょう。

♣ **年間目標**
- 安全な環境のもと、気持ちを受け止められ、安心して過ごす。

1期（4～6月）

◆ ねらい
- 新しい環境の中で、欲求を受け止められ、安心した生活を送る。
- 保育者や異年齢児に親しみをもちながら、好きな遊びを楽しむ。
- 新しい生活の仕方を知り、自分のことは自分でしようとする。

★ 内容
- 保育者や年上の子の手伝いにより、基本的な生活の仕方を知り、自分でしようとする。
- 安全な遊具の使い方を知り、戸外で体を十分に動かして遊ぶ。
- 保育者や異年齢の友達に親しみをもち、一緒に遊ぶ。
- 春の自然の中で異年齢の友達と花見をしたり、散歩を楽しんだりする。
- 5歳児の夏野菜やイネの苗植えを通して、春を感じたり、興味をもったりする。
- 絵本や紙芝居を読んでもらい、言葉のやり取りを楽しむ。

環境構成と保育者の援助
- 一人一人の気持ちを受け止め、安心して楽しく過ごせるように丁寧に関わる。
- 自分の持ち物を始末、整理しやすいように、各自のマークで自分の物や場所が分かるようにしておく。
- 園庭や道具の点検を行い、安全に遊べるようにしておく。
- 保育者も、子どもたちと一緒に体を動かして遊ぶ楽しさを共有する。
- 道路を歩くときは、交通ルールを伝えながら、4、5歳児が3歳児と手をつないで歩けるようにする。
- 絵本や図鑑を用意し、異年齢の友達同士で十分に伝え合う場をつくる。
- 4、5歳児の手伝いや、それをまねした3歳児が、表現する楽しさを味わえるようにする。

食育
- 保育者や異年齢の友達と一緒に、楽しく食事ができる雰囲気をつくる。

- 異年齢児との関わりを広げていく中で、互いを認め合い、友達関係を深める。
- 生活経験を通して自己を十分に発揮し、意欲的に活動に取り組む。

2期（7～9月）	3期（10～12月）	4期（1～3月）
●梅雨期から夏季にかけて健康に留意し、快適な環境のもとで生活する。 ●嬉しいことや困ったことなど、自分の思いを言葉にする。 ●異年齢児との関わりを広げ、一緒に遊ぶことを楽しむ。	●気温の変化に応じ、健康に過ごす。 ●異年齢児との関わりを深め、共通の目的をもって活動することを楽しむ。 ●身近な自然環境に興味をもちながら、のびのびと体を動かして遊ぶ。	●冬の健康習慣を身に付け、寒さに負けず元気に過ごす。 ●生活に必要な習慣や態度が身に付き、自信をもって行動する。 ●保育者や異年齢児と、大きくなったことや、進級、就学を共に喜ぶ。
●夏の生活の仕方を知り、休息を十分に取ったり、水分補給をしたりする。 ●プールや砂、泥、水遊びなど、夏ならではの遊びを、異年齢の友達と一緒に十分に楽しむ。 ●異年齢の友達と遊ぶ中で、年下の子に優しくしたり、年上の子に甘えたりして、互いの存在や気持ちを知る。 ●夏野菜の生長や収穫を、異年齢の友達と喜び合う。 ●草花や小さな生き物に触れて遊ぶ。 ●夏祭りに参加することで、地域の人たちとの交流を楽しんだり、仲間意識をもったりする。	●気温の変化に応じて室内の温度や換気に配慮し、衣服の調節をしながら快適に過ごせるようにする。 ●異年齢の友達と気持ちを伝え合いながら、共通の遊びを楽しむ。 ●5歳児のイネの収穫や脱穀、イモ掘り、散歩を通して秋の自然に興味をもつ。 ●運動会や発表会の行事を経験する中で、達成感や充実感を味わう。 ●異年齢の友達と関わる中で、いろいろな行事に興味や関心をもち、言葉やせりふを模倣して楽しむ。 ●秋の自然物を使って楽しんだり、製作したりする。	●健康状態に異常を感じた際には自分から訴える。 ●冬の生活の仕方が身に付き、自分から進んで健康に注意しようとする。 ●寒さに負けず、異年齢の友達と元気に体を動かして遊ぶ。 ●3、4歳児は、5歳児との思い出を話し、「ありがとう」の感謝の気持ちをもって、お楽しみ会やお別れ遠足に参加する。 ●ごっこ遊びや伝承遊びを通して、言葉のやり取りを楽しむ。
●室内外の温度差に留意し、休息や水分補給、汗の始末などを適切に行えるようにしておく。 ●プール遊びや水遊びが十分に楽しめるように、必要な道具を用意する。 ●異年齢の友達との関わり方や遊び方について、保育者も一緒に遊ぶ中で知らせる。 ●夏野菜の収穫を異年齢の友達と喜び合うことで、食への関心がもてるように言葉をかける。 ●観察ケースや虫取り網を置き、また絵本や図鑑を用意し、いつでも見られるようにしておく。	●気温差の大きい時期なので、厚着にならないように気付かせて見守る。 ●年上の子がリーダーになり、異年齢の友達と遊ぶためのルールや役割が考えられるように保育者が仲立ちする。 ●5歳児の脱穀の手伝いを通して、食への興味や関心を広げる。 ●身近な自然と触れ合う中で、子どもの発見や驚きを大切に受け止め、共感する。 ●自然物を使って遊ぶ中で、数や大きさ、形に興味がもてるような言葉をかける。	●生活習慣が身に付いているか、見守りながら確認する。 ●保育者が一緒に行いながら、手洗い、うがいの大切さを知らせる。 ●子どもたちの成長を認め、進級、就学への喜びを、異年齢の友達と共有する。 ●5歳児に教えてもらった当番活動をする子どもの意欲を認め、自信につなげる。 ●一緒に遊びながら、ごっこ遊び、伝承遊びに興味をもたせ、会話を広げる。
●夏野菜の生長や収穫に興味をもてるように、保育者と世話をする。	●いろいろな食べ物に興味や関心をもち、苦手な物でも少しずつ食べられるようにする。	●食事のマナーを身に付け、感謝しながら食べることの大切さを感じられるようにする。

ニーズ対応 **異年齢児保育**

子育て支援の指導計画

おさえたい ③ つのポイント

❶ 在園児も園外の子も幸せに

子どもが幸せであるためには、子育てをしている人が幸せでなければなりません。辛い思いをしているなら、相談できる場を用意しましょう。子育ての喜びを伝えながら、子どもを育てるパートナーとして、必要な支援を考えていきましょう。

子育て支援の指導計画 ❶ 在園向け

保護者の悩みを想定し、どのように対応したら保護者と子どもが幸せになるかを考え、支援の内容を具体的に書きます。

行事

期ごとに保護者に関わる行事をピックアップします。子どもの育ちを感じることができるよう配慮します。

	1期（4・5月）	2期（6〜8月）	3期（9〜12月）	4期（1〜3月）
行事	●保護者会 ●こどもの日の集い ●保育参観	●水遊び、沐浴開始 ●プール遊び ●保育参観 ●夏祭り（七夕） ●笹送り	●バス遠足 ●運動会 ●秋祭り ●保育参観 ●個人面談 ●年末子ども会（劇の発表会）	●節分 ●保護者会 ●ひなまつり ●祝い会 ●お別れ会
保育者の支援	●保育者や保育室、物の場所が変わることで感じる保護者の不安を受け止め、安心感がもてるようにする。 ●保護者会で園の運営方針や目標に対して理解を促し、協力をお願いする。 ●友達との関わりが増え、トラブルや友達関係において、疑問や心配が保護者の中に生まれることも予想されるので、様子を丁寧に伝え、いつでも相談にのる姿勢を示し、不安を取り除く。 ●保育参観を行い、子どもの様子を見てもらうことで、保育への理解を得られるようにする。 ●クラスだよりや壁新聞などで、子どもの様子や成長を知らせ、共に喜び合う。	●体調を崩しやすい時期なので、家庭と連絡をとりながら、生活リズムの大切さや夏の過ごし方について知らせる。 ●プールに入るための健康状態をしっかりと把握し、感染症などを防ぐよう協力を得る。	●バス遠足について知らせる際、弁当の工夫の仕方や好ましい服装などについて細かく丁寧に伝える。 ●厚着になりすぎないよう、薄着の効用を伝える。 ●保育参観で実際の子どもの様子を見てもらい疑問や質問など、相談にのる。現状も伝える機会にする。 ●個人面談で、園での子どもの姿を伝え、成長を共に喜ぶ機会にする。 ●大掃除の手伝いや新年のあいさつなど、年末だからこそできる経験について伝える。	●保護者会を通して、子どもの生活面・情緒面・遊びの様子や成長を一緒に喜ぶと共に、これからのことを意識できるように話す。 ●保育参観で実際の子どもの様子を見てもらい疑問や質問など、相談にのる。現状も伝える機会にする。 ●就学祝い会に向けた活動の様子をクラスだよりなどで伝え、子どもの成長や頑張っている姿を共有する。 ●一年間の成長を保護者会などで伝え、共に成長を喜び、期待をもって5歳児クラスへ向かえるよう協力をお願いする。

保育者の支援

保護者が安心して子育てができるように、情報を提供したり相談にのったりします。特にその時期に必要な支援について説明します。

❷ 保護者それぞれへの支援

ひとり親、外国籍家庭、育児不安、親の障害など、保護者が様々な困難を抱えている場合があります。状況を理解し、個別の支援を計画的に行いましょう。秘密は厳守することも伝えます。安心して心を開いてもらえるよう、相手の身になって話を聞きます。

❸ 地域との連携を大切に

子育て広場を設けたり、公民館を利用できるようにしたりすることは、社会とつながるチャンスがなかった人々の世界を広げることになります。新しい出会いやネットワークがつくられるように働きかけましょう。保護者の視野が広がります。

子育て支援の指導計画❷ 地域向け

初めて訪れた親子にとっても居場所となるような空間と、役に立つ情報を提供できるように、活動や援助の方針を記します。

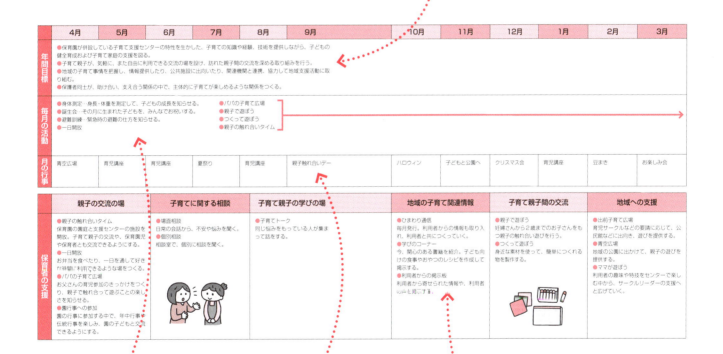

年間目標：一年を通して、訪れた親子に対して、どのような支援をしていくのかを具体的に書きます。

毎月の活動：一年間に、どのような活動を催し、どのような遊びの場を提供するのかを書いておきます。

月の行事：毎月する活動の他に、その月ならではの行事を記入します。月によって偏りがないように調整します。

保育者の支援：保護者が安心して子育てできるように、情報を提供したり相談にのったりします。特に必要な支援について説明します。

子育て支援の指導計画① 在園向け

ここがポイント!

トラブルを心配する声にこたえて

4歳児はトラブルが増える時期です。それだけ人に興味をもち、言いたいことが言えるようになったという証拠。トラブルは学びのチャンスであることを伝え、丁寧に説明する必要があります。

	1期（4・5月）	2期（6～8月）
行事	●保護者会 ●こどもの日の集い ●保育参観	●水遊び、沐浴開始 ●プール遊び ●保育参観 ●夏祭り（七夕） ●笹送り
保育者の支援	●保育者や保育室、物の場所が変わることで感じる保護者の不安を受け止め、安心感がもてるようにする。 ●保護者会で園の運営方針や目標に対して理解を促し、協力をお願いする。 ●友達との関わりが増え、トラブルや友達関係において、疑問や心配が保護者の中に生まれることも予想されるので、様子を丁寧に伝え、いつでも相談にのる姿勢を示し、不安を取り除く。 ●保育参観を行い、子どもの様子を見てもらうことで、保育への理解を得られるようにする。 ●クラスだよりや壁新聞などで、子どもの様子や成長を知らせ、共に喜び合う。	●体調を崩しやすい時期なので、家庭と連絡をとりながら、生活リズムの大切さや夏の過ごし方について知らせる。 ●プールに入るための健康状態をしっかりと把握し、感染症などを防ぐよう協力を得る。

♣ 年間目標

- 子どもが健康に過ごせるよう、保護者と協力する。

3期（9～12月）	4期（1～3月）
●バス遠足 ●運動会 ●秋祭り ●保育参観 ●個人面談 ●年末子ども会（劇の発表会）	●節分 ●保護者会 ●ひなまつり ●祝い会 ●お別れ会
●バス遠足について知らせる際、弁当の工夫の仕方や好ましい服装などについて細かく丁寧に伝える。 ●厚着になりすぎないよう、薄着の効用を伝える。	●保護者会を通して、子どもの生活面・情緒面・遊びの様子や成長を一緒に喜ぶと共に、これからのことを意識できるように話す。
●保育参観で実際の子どもの様子を見てもらい疑問や質問など、相談にのる。また現状も伝える機会にする。	●就学祝い会に向けた活動の様子をクラスだよりなどで伝え、子どもの成長や頑張っている姿を共有する。
●個人面談で、園での子どもの姿を伝え、成長を共に喜ぶ機会にする。 ●大掃除の手伝いや新年のあいさつなど、年末だからこそできる経験について伝える。	●一年間の成長を保護者会などで伝え、共に成長を喜び、期待をもって5歳児クラスへ向かえるよう協力をお願いする。

ニーズ対応　子育て支援

子育て支援の指導計画② 地域向け

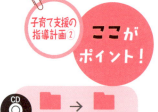

ここがポイント！

気軽に参加してもらえるように

「開設時間中はいつでも自由に来てください」という気持ちを示しつつ、人と人をつないでいきます。楽しい活動を提示し、参加してよかったという思いをもてるようにしましょう。

	4月	5月	6月	7月	8月	9月
年間目標	●保育園が併設している子育て支援センターの特性を生かした、子育ての知識や経験、技術を提供しながら、子どもの健全育成および子育て家庭の支援を図る。 ●子育て親子が、気軽に、また自由に利用できる交流の場を設け、訪れた親子間の交流を深める取り組みを行う。 ●地域の子育て事情を把握し、情報提供したり、公共施設に出向いたり、関連機関と連携、協力して地域支援活動に取り組む。 ●保護者同士が、助け合い、支え合う関係の中で、主体的に子育てが楽しめるような関係をつくる。					
毎月の活動	●身体測定…身長・体重を測定して、子どもの成長を知らせる。 ●誕生会…その月に生まれた子どもを、みんなでお祝いする。 ●避難訓練…緊急時の避難の仕方を知らせる。 ●一日開放			●パパの子育て広場 ●親子で遊ぼう ●つくって遊ぼう ●親子の触れ合いタイム		
月の行事	青空広場	育児講座	育児講座	夏祭り	育児講座	親子触れ合いデー

	親子の交流の場	子育てに関する相談	子育て親子の学びの場
保育者の支援	●親子の触れ合いタイム 保育園の園庭と支援センターの施設を開放。子育て親子の交流や、保育園児や保育者とも交流できるようにする。 ●一日開放 お弁当を食べたり、一日を通して好きな時間に利用できるような場をつくる。 ●パパの子育て広場 お父さんの育児参加のきっかけをつくり、親子で触れ合って遊ぶことの楽しさを知らせる。 ●園行事への参加 園の行事に参加する中で、年中行事や伝統行事を楽しみ、園の子どもと交流できるようにする。	●場面相談 日常の会話から、不安や悩みを聞く。 ●個別相談 相談室で、個別に相談を聞く。	●子育てトーク 同じ悩みをもっている人が集まって話をする。

10月	11月	12月	1月	2月	3月
ハロウィン	子どもと公園へ	クリスマス会	育児講座	豆まき	お楽しみ会

地域の子育て関連情報	子育て親子間の交流	地域への支援
●ひまわり通信 毎月発行。利用者からの情報も取り入れ、利用者と共につくっていく。 ●学びのコーナー 今、関心のある書籍を紹介。子ども向けの食事やおやつのレシピを作成して掲示する。 ●利用者からの掲示板 利用者から寄せられた情報や、利用者の声を掲示する。	●親子で遊ぼう 妊婦さんから2歳までのお子さんをもつ親子の触れ合い遊びを行う。 ●つくって遊ぼう 身近な素材を使って、簡単につくれる物を製作する。	●出前子育て広場 育児サークルなどの要請に応じて、公民館などに出向き、遊びを提供する。 ●青空広場 地域の公園に出かけて、親子の遊びを提供する。 ●ママが遊ぼう 利用者の趣味や特技をセンターで楽しむ中から、サークルリーダーの支援へと広げていく。

ニーズ対応　子育て支援

こんなときどうする？
ニーズ対応 Q&A

食育

Q クッキングや栽培をしないときの記入の仕方が分かりません。

A 食事中の話題や、食べ物関連の遊びも

　クッキングや栽培だけが、食育ではありません。給食やお弁当の際、どんなことを話題にするのか、箸や食器の扱い方はどう伝えるのかなど、書くことはたくさんあります。また、カレーライスの手遊びや野菜の出てくる紙芝居など、生活の様々な場面が食育につながることを意識しましょう。

防災・安全

Q いつ避難訓練をするのかは決めていますが、それだけでは不十分でしょうか？

A 振り返りから、次の実践へ

　避難訓練は、実施して終わりではありません。実際に行ってみて、子どもの動きや様子はどうだったのか、保育者の対応は適切だったのかを振り返り、次の計画に生かす必要があります。PDCAサイクルを意識し命を守るための改善を、常に考えます。

子育て支援

Q どうしても計画が、保護者中心になってしまいます。よいのでしょうか？

A 保護者も子どもも、どちらも大切

　保護者中心になっていると感じるなら、子どもに対する配慮を進んで書きましょう。それは子どもにとってよいことか、これで子どもが幸せかという視点を常にもっている必要があります。保育者は、もの言えぬ子どもの代弁者です。両者にとってよい支援ができるようにしましょう。

保健

Q 保健計画を立てるうえで、子どもの健康をどのような視点で見ればいいのでしょうか？

A 健康を維持するための方策も考える

　いつも力いっぱい活動できているかを見ていきましょう。病気の有無だけでなく、予防の活動も入ります。清潔を保つことや生活習慣も大切な要素となるのです。大人が守るだけでなく、子ども自身が生活の中で心がける姿勢を育てていく必要があります。

CD-ROMの使い方

付属のCD-ROMには、本誌で紹介している文例が、Word形式とテキスト形式のデータとして収録されています。CD-ROMをお使いになる前に、まず下記の動作環境や注意点をご確認ください。

●CD-ROM内のデータについて

CD-ROMを開くと章別にフォルダ分けされており、章フォルダを開いていくと、掲載ページ別のフォルダがあります。このフォルダの中に、そのページで紹介している文例のデータが入っています。

●CD-ROMに収録されているデータの見方

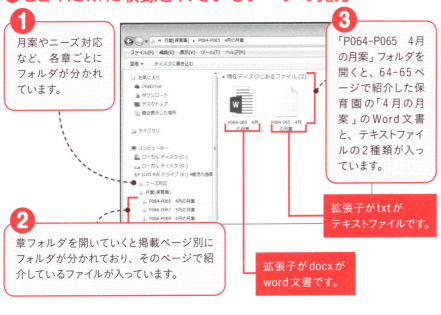

① 月案やニーズ対応など、各章ごとにフォルダが分かれています。

② 章フォルダを開いていくと掲載ページ別にフォルダが分かれており、そのページで紹介しているファイルが入っています。

③「P064-P065　4月の月案」フォルダを開くと、64-65ページで紹介した保育園の「4月の月案」のWord文書と、テキストファイルの2種類が入っています。

拡張子がdocxがword文書です。
拡張子がtxtがテキストファイルです。

Wordの内容を自分の園に合った指導計画に作り変えよう

●Wordの文章をコピーして、園の表に貼って使う

（※「Microsoft Word」をお持ちでない方は、同梱されているテキストファイルを使えば、同様に文章だけコピーして自分の園の表に貼り付けることができます。）
→ **P.212**

●CD-ROMのWordファイルをそのまま使って、園の表をつくる → **P.214**

CD-ROMをお使いになる前に

■動作環境
対応OS　：Microsoft Windows 7／10
ドライブ　：CD-ROMドライブ
アプリケーション：Microsoft Word 2010／2013／2016
（「Microsoft Word」をお持ちでない方は、同梱のテキストファイルを使えば、文章を自由にコピーして利用できます。）

■使用上の注意
●付属CD-ROMに収録されたコンテンツは、WindowsおよびWordの使い方を理解されている方を対象に制作されております。パソコンの基本操作については、それぞれの解説書をお読みください。
●本誌では、Windows 10上でMicrosoft Office 2016を使った操作手順を紹介しています。お使いのパソコンの動作環境によって、操作方法や画面表示が異なる場合があります。

●お使いのパソコンの環境によっては、レイアウトなどが崩れて表示される場合がありますので、ご了承ください。
●作成した書類を印刷するには、お使いのパソコンに対応したプリンタが必要です。

■付属CD-ROMに関する使用許諾
●本誌掲載の文例、および付属CD-ROMに収録されたデータは、営利目的ではご利用できません。ご購入された個人または法人・団体が私的な目的（指導計画などの園内の書類）で使用する場合のみ、ご利用できます。
●付属CD-ROMのデータを使用したことにより生じた損害、障害、その他いかなる事態にも、弊社は一切責任を負いません。

はじめに　CD-ROMに入ったWordファイルを開く

① CD-ROMを挿入する

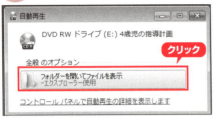

付属CD-ROMを、パソコンのCD-ROMドライブに挿入します。すると自動再生ダイアログが表示されるので、「フォルダーを開いてファイルを表示」をクリックします。

③ デスクトップにコピーする

「4月の月案」のWordファイルをクリックしたまま、ウィンドウの外にスライドし、デスクトップ上でマウスのボタンを離します。これでデスクトップ上にファイルがコピーされます。

② 目的のフォルダを開く

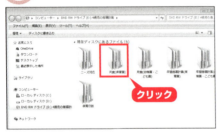

CD-ROMの内容が開き、各章の名前が付いたフォルダが一覧表示されます。ここでは「月案（保育園）」フォルダをダブルクリックして開きます。次に「P064-P065 4月の月案」を開くと64-65ページで紹介した、「4月の月案」のWordファイルとテキストファイルがあります。

④ Wordファイルを開く

デスクトップにコピーした、「P064-P065 4月の月案」のWordファイルをダブルクリックします。

Wordが起動して、このように「P064-P065 4月の月案」の文例が表示されます。

> **アドバイス**
> CD-ROMを挿入しても自動再生されないときは、スタートメニューをクリックし、「コンピューター」をクリックします。そしてCD-ROMドライブのアイコンをダブルクリックすると、CD-ROMの中身が表示されます。

Wordの文章をコピーして、園の表に貼って使う

① Wordの文章をコピーする

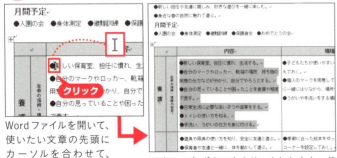

Wordファイルを開いて、使いたい文章の先頭にカーソルを合わせて、クリックします。

マウスの左ボタンをクリックしたまま、使いたい文章の終わりまでスライドします。文字列の色が変わり選択状態になります。

「ホーム」タブにある「コピー」ボタン（「貼り付け」ボタンの右隣、3つあるボタンの真ん中です）をクリックすれば、選択した文章がコピーされます。

② 自分の園の表を開く

文章をコピーしたら、続いて自分の園のファイルをダブルクリックして開きます。

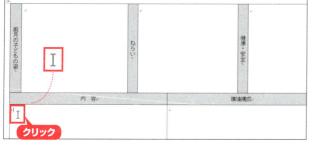

文章を貼り付けたい表の位置にカーソルを合わせ、クリックして入力状態にします。

③ 園の表に貼り付ける

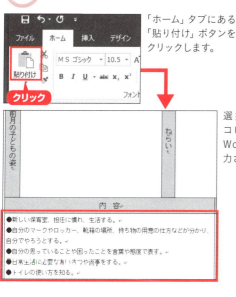

「ホーム」タブにある「貼り付け」ボタンをクリックします。

選択した箇所に、コピーしておいたWordの文章が入力されます。

④ 貼り付けた文章を一部書きかえる

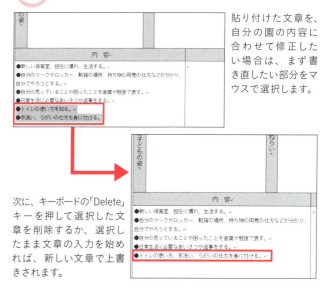

貼り付けた文章を、自分の園の内容に合わせて修正したい場合は、まず書き直したい部分をマウスで選択します。

次に、キーボードの「Delete」キーを押して選択した文章を削除するか、選択したまま文章の入力を始めれば、新しい文章で上書きされます。

⑤ 名前を付けて保存する

編集したWordファイルを保存するには、「ファイル」タブを開いて「名前を付けて保存」をクリックします。また「ファイルの種類」で「Word 97-2003文書」を選択しておくと、古いソフトでも開ける形式で保存できます。

 **書体や文字の大きさをかえたいとき**は、次の手順で行います。

❶ マウスで文章を選択

変更したい文章をマウスで選択状態にします。

❷ 好きな書体を選ぶ

「ホーム」タブのフォント欄右にある「▼」をクリックすると、変更できるフォント一覧が表示されます。好きな書体が選べます。

❸ 文字のサイズを選ぶ

フォントサイズ欄の右にある「▼」をクリックすると、文字のサイズが選べます。

左クリックして確定すれば、サイズが変更されます。

CD-ROMのWordファイルをそのまま使って、園の表をつくる

① タイトルや内容を書き直したい

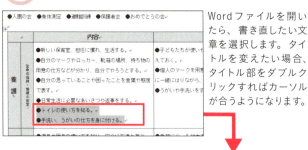

Wordファイルを開いたら、書き直したい文章を選択します。タイトルを変えたい場合、タイトル部をダブルクリックすればカーソルが合うようになります。

自分の園の内容に合わせて文章を書き直しましょう。キーボードの「Delete」キーを押して選択した文章を削除するか、選択したまま文章の入力を始めれば、新しい文章で上書きされます。

② 枠を広げたい・狭めたい

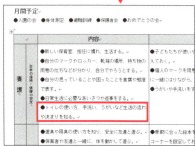

Word文書内の表の枠のサイズを変更したい場合は、広げたい枠の部分にカーソルを合わせましょう。カーソルのアイコンが左のように変わります。

このアイコンの状態で枠を上下左右にスライドして動かせます。

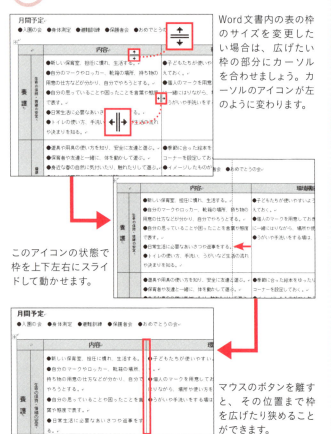

マウスのボタンを離すと、その位置まで枠を広げたり狭めることができます。

③ 枠を増やしたい

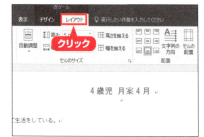

枠内をクリックすると「レイアウト」タブが表示されるようになるので、これをクリックします。

枠を増やすには、増やす箇所の枠を選択して「セルの分割」ボタンをクリックします。

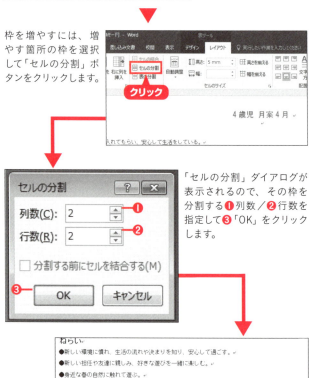

「セルの分割」ダイアログが表示されるので、その枠を分割する❶列数／❷行数を指定して❸「OK」をクリックします。

選択した枠が指定した列数／行数で分割されます。

④ 枠を減らしたい

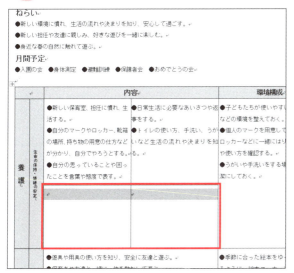

枠を結合して減らしたいときは、結合したいつながった複数の枠を、マウスで選択状態にします。

▼

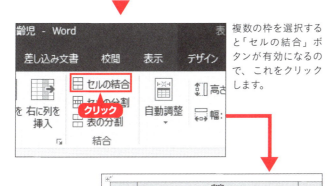

複数の枠を選択すると「セルの結合」ボタンが有効になるので、これをクリックします。

すると、選択した複数の枠が、一つの枠として結合されます。

アドバイス

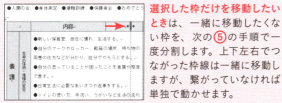

選択した枠だけを移動したいときは、一緒に移動したくない枠を、次の⑤の手順で一度分割します。上下左右でつながった枠線は一緒に移動しますが、繋がっていなければ単独で動かせます。

アドバイス

間違えて違う文章を消してしまったときは、左上の「元に戻す」ボタンをクリックすれば一つ前の操作に戻せます。レイアウトが崩れてしまったときも同様です。

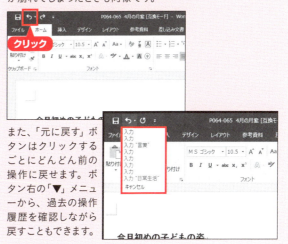

また、「元に戻す」ボタンはクリックするごとにどんどん前の操作に戻せます。ボタン右の「▼」メニューから、過去の操作履歴を確認しながら戻すこともできます。

⑤ 表を分割したい

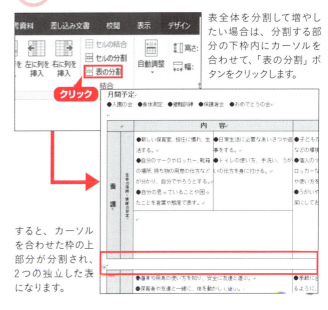

表全体を分割して増やしたい場合は、分割する部分の下枠内にカーソルを合わせて、「表の分割」ボタンをクリックします。

すると、カーソルを合わせた枠の上部分が分割され、2つの独立した表になります。

⑥ 名前を付けて保存する

213ページの説明と同様に、「ファイル」タブの「名前を付けて保存」をクリックして保存しましょう。「Word 97-2003文書」を選択すると、古いソフトでも開ける形式で保存できます。

● 編著者

横山洋子（よこやま ようこ）

千葉経済大学短期大学部こども学科教授。
富山大学大学院教育学研究科学校教育専攻修了。
国立大学附属幼稚園、公立小学校勤務ののち現職。
著書は『保育の悩みを解決！ 子どもの心にとどく指導法ハンドブック』、『子どもの育ちを伝える 幼稚園幼児指導要録の書き方＆文例集』(ナツメ社)、『根拠がわかる！ 私の保育総点検』(中央法規出版株式会社)、『U-CANの思いが伝わる＆気持ちがわかる！ 保護者対応のコツ』(株式会社ユーキャン) など多数。

カバーイラスト／佐藤香苗
本文イラスト／みさきゆい
カバーデザイン／株式会社フレーズ
本文・レーベルデザイン／島村千代子
撮影／清水紘子、布川航太、引田早香
本文DTP・データ作成／株式会社明昌堂
CD-ROM作成／株式会社ライラック
編集協力／株式会社スリーシーズン、植松まり、
　　　　　株式会社鷗来堂
編集担当／小高真梨（ナツメ出版企画株式会社）

● 執筆・協力

＊年間指導計画／月案
東京都世田谷区立上祖師谷南保育園
千葉県浦安市立日の出幼稚園

＊保育日誌／食育計画
東京都世田谷区立上祖師谷南保育園

＊防災・安全計画
東京都世田谷区立豪徳寺保育園　園長　柄木田えみ

＊防災・安全計画／保健計画／食育計画／子育て支援
東京都世田谷区立上北沢保育園　園長　大里貴代美／杉本裕子／苅部 愛

＊特別支援児
千葉県千葉市　みつわ台保育園　前園長　御園愛子
千葉県浦安市立日の出幼稚園

＊異年齢児保育／子育て支援
千葉県千葉市　みつわ台保育園　前園長　御園愛子

＊協力
東京都世田谷区 子ども・若者部 保育課
千葉県浦安市立猫実保育園　園長　三代川紀子

＊環境構成（P42〜45）協力園
A　あやめ台幼稚園（千葉県）
B　杏保育園（千葉県）
C　池尻保育園（東京都）
D　上祖師谷南保育園（東京都）
E　代田保育園（東京都）
F　ちはら台保育園（千葉県）
G　弦巻保育園（東京都）
H　冨士見幼稚園（神奈川県）
I　横浜隼人幼稚園（神奈川県）
J　林間のぞみ幼稚園（神奈川県）
K　芦花保育園（東京都）

CD-ROM付き　記入に役立つ！ 4歳児の指導計画

2015年4月6日　初版発行
2018年3月8日　第2版発行
2025年7月1日　第2版第11刷発行

編著者　横山洋子　　　　　　　　　　©Yokoyama Yoko, 2015, 2018
発行者　田村正隆
発行所　株式会社ナツメ社
　　　　東京都千代田区神田神保町1-52　ナツメ社ビル1F（〒101-0051）
　　　　電話　03-3291-1257（代表）　FAX　03-3291-5761
　　　　振替　00130-1-58661
制　作　ナツメ出版企画株式会社
　　　　東京都千代田区神田神保町1-52　ナツメ社ビル3F（〒101-0051）
　　　　電話　03-3295-3921（代表）
印刷所　TOPPANクロレ株式会社

ISBN978-4-8163-6373-3　　　　　　　　　　　　　　　　Printed in Japan

＜価格はカバーに表示してあります＞＜乱丁・落丁本はお取り替えします＞
本書の一部または全部を著作権法で定められている範囲を超え、ナツメ出版企画株式会社に無断で複写、複製、転載、データファイル化することを禁じます。

ナツメ社Webサイト
https://www.natsume.co.jp
書籍の最新情報（正誤情報を含む）はナツメ社Webサイトをご覧ください。

本書に関するお問い合わせは、書名・発行日・該当ページを明記の上、下記のいずれかの方法にてお送りください。電話でのお問い合わせはお受けしておりません。

・ナツメ社webサイトの問い合わせフォーム
　https://www.natsume.co.jp/contact
・FAX (03-3291-1305)
・郵送（左記、ナツメ出版企画株式会社宛て）
なお、回答までに日にちをいただく場合があります。正誤のお問い合わせ以外の書籍内容に関する解説・個別の相談は行っておりません。あらかじめご了承ください。